社会科学视角下的残疾研究丛书(2)

残疾理论研究进展及学科发展方向

EXPLORING THEORIES AND EXPANDING METHODOLOGIES
WHERE WE ARE AND WHERE WE NEED TO GO

〔美〕沙龙·巴尼特（Sharon N. Barnartt）
〔美〕芭芭拉·奥尔特曼（Barbara M. Altman） 编

郑晓瑛　张国有　张蕾　等译
郑晓瑛　陈功　宋新明　庞丽华　等审校

北京大学出版社
PEKING UNIVERSITY PRESS

著作权合同登记号　图字:01-2012-1816

图书在版编目(CIP)数据

残疾理论研究进展及学科发展方向/(美)巴尼特(Barnartt,S.),(美)奥尔特曼(Altman,B.M.)编；郑晓瑛，张国有，张蕾等译.—北京：北京大学出版社，2013.5

(社会科学视角下的残疾研究丛书)

ISBN 978-7-301-21461-9

Ⅰ.①残… Ⅱ.①巴…②奥…③郑…④张…⑤张… Ⅲ.①残疾人-社会问题-科学研究-文集 Ⅳ.①C913.69-53

中国版本图书馆 CIP 数据核字(2012)第 254823 号

Copyright © 2001 Emerald Group Publishing Limited
Simplified Chinese edition published by agreement with the **Emerald Group Publishing Limited** through the Chinese Connection Agency, a division of The Yao Enterprises, LLC.
ISBN 978-0-7623-0773-9

书　　　名：	残疾理论研究进展及学科发展方向
著作责任者：	〔美〕沙龙·N.巴尼特　〔美〕芭芭拉·M.奥尔特曼　编　郑晓瑛
	张国有　张蕾　等译　郑晓瑛　陈功　宋新明　庞丽华　等审校
责任编辑：	高桂芳
标准书号：	ISBN 978-7-301-21461-9/C·0821
出版发行：	北京大学出版社
地　　址：	北京市海淀区成府路 205 号　100871
网　　址：	http://www.pup.cn　新浪官方微博:@北京大学出版社
电子信箱：	pkuggf@126.com
电　　话：	邮购部 62752015　发行部 62750672　出版部 62754962
	编辑部 62753121
印　刷　者：	北京鑫海金澳胶印有限公司
经　销　者：	新华书店
	650mm×980mm　16 开本　16 印张　296 千字
	2013 年 5 月第 1 版　2013 年 5 月第 1 次印刷
定　　价：	40.00 元

未经许可，不得以任何方式复制或抄袭本书之部分或全部内容。
版权所有，侵权必究
举报电话：010-62752024　电子信箱：fd@pup.pku.edu.cn

译丛总序

随着生产力的不断发展,在生产关系和社会关系领域发生的巨大变革使人类面临的残疾问题更加突出,且影响更为深远。以往在医学模式的指导下对残疾问题展开的研究,已经无法充分回答和解决在社会领域发生的由残疾引发的问题。与残疾相关的社会的、历史的、政治的、心理的以及经济的等方面的问题都是社会科学各学科的研究范围。

残疾的起因是复杂的、多因素的,是人类生命历程中难以避免的,普遍存在于人类社会之中,残疾研究已经成为人口健康和社会发展的重要议题。我国2006年开展了全国第二次残疾人抽样调查,目的是为掌握全国各类残疾人的数量、结构、地区分布、致残原因、家庭状况及其康复、教育、劳动就业和参与社会生活等情况。在这次调查中,北京大学人口研究所承担了调查的数据评估与分析,在残疾研究方面做了大量的工作,为国家制定经济和社会发展规划,以及有关残疾人的法律法规、政策和规划,提供了可靠的依据,以促进残疾人事业与国民经济和社会协调发展。分析国际研究现状、引入国际先进经验对我国的残疾研究和残疾人事业的发展具有重要的意义,为此,我们引入"社会科学视角下的残疾研究丛书"进行翻译出版,期望能够进一步促进我国残疾研究与国际接轨。

"社会科学视角下的残疾研究"丛书共四卷,分别是第一卷《拓展社会科学对残疾问题的研究》、第二卷《残疾理论研究进展及学科发展方向》、第三卷《利用调查数据研究残疾问题:美国残疾人访问调查研究结果》和第四卷《国际视野下的残疾测量方法:建立具有可比性的测量方法》。

第一卷《拓展社会科学对残疾问题的研究》向大家展示了若干从社会科学的视角对残疾问题展开研究的成功范例,使大家能具体了解如何运用社会科学的视角和研究方法对残疾问题展开研究,并且激发读者去深入探讨很多相关潜在问题。该卷的各篇文章对残疾定义的演变及其所面临的挑战,以及社会科学在过去三、四十年中对残疾所展开的研究进行了回顾。同时,基于当前社会各领域发生的重大变革,为残疾研究确定了新的领域,并给出了一些社会科学可以尝试去解读各种残疾问题的视角。例如从社会学、心理学、人类学、历史学、政治学、经济学、流行病学和人口学等视角进行了如下研究:残疾人口及其比例；残疾人社会运动；残疾分类体系及测量工具；辅助器具的发明和使用，对残疾人生活的影响；残疾的法律及伦理问题；新闻媒体在向公众传递残疾公共政策的整个过程中所扮演的角色；残疾人的性别冲突、残疾人劳动力市场、残疾人的公民权利等。所收录文章对各自的研究问题进行了深入而富有创新性的探讨和严谨缜密的分析，数据丰富，案例新颖，使读者对由残疾引发的各种社会问题有了全新的理解。同时，每篇入选的文章都具有抛砖引玉的重要作用，为拓展研究思路，激发研究兴趣，掀起社会科学领域各学科对残疾问题的研究浪潮打下了良好的基础。

第二卷《残疾理论研究进展及学科发展方向》对残疾相关理论体系和实践经验进行了研究，力求可以准确、深入地介绍并引入有关残疾研究的概念、理论与方法，从而扩展中国残疾问题研究的视野，促进中国残疾研究理论与方法的构建与发展。该卷理论部分的文章力图概述和批评残疾的概念以及残疾理论的现状，这些讨论是非常必要的，特别是对于那些视残疾仅仅是一种医学概念的人，必须扩展这些讨论。一个完整的残疾理论必须包括所有相关的概念，明确它们彼此之间的相互关系。理论的建立正是源于这种概念上的发展，但是绝不仅限于此。该卷方法部分的文章对一些社会科学的方法进行了讨论，包括调查、试验、实践观察、内容分析和案例研究。在任何社会科学研究中，方法论问题都包括如下几个方面：数据收集方法对所研究的问题和研究目标是否适用、是否有必要进行抽样、抽样过程是否正确、样本对于特定人群是否具有代表性、测量方法是否可信、是否遵循了所采用的方法、是否根据数据和研究问题做出了正确、恰当的数据分析，以及从这些数据得到的结论是否和所做的分析相吻合。

第三卷《利用调查数据研究残疾问题：美国残疾人访问调查研究结果》重点阐述了对美国健康访谈调查残疾主题的数据分析，主要包括四个部分的内容。第一部分介绍了利用此次调查数据进行残疾研究的方法，如美国健康访谈调查残疾部分被访人员回答模式的影响因素，如何进行调查数据缺失处理，及如何按照国际功能、残疾和健康分类标准对调查所得数据进行残疾现患率指标解释。第二部分主要是针对成年残疾人就业和健康状况的研究，尤其是针对该类残疾人群在就业和就医过程中存在的歧视和差别待遇等问题的研究，包括成年残疾人群的就业限制等问题、成年残疾人群康复服务利用差异问题，以及就业年龄阶段运动残障人口的卫生服务和社会保障情况等内容。第三部分所收录的文章主要涉及儿童发育性残疾相关问题，如儿童发育性残疾的不同定义标准以及如何将这些定义标准转化为基于调查可操作化的研究指标,残疾儿童的经济状况和需求状况,发育性残疾儿童在其整个生命跨度的经济负担,残疾儿童的康复扶助需求,适学年龄残疾儿童和正常儿童的健康结局。第四部分主要是针对特殊人群的残疾问题研究,主要包括两类人群:美国土著人群和患有发育性残疾障碍的女性成年人口。

第四卷《国际视野下的残疾测量方法:建立具有可比性的测量方法》介绍了大量与残疾测量方法评估相关的研究成果。该卷分为三个部分:第一部分的主要内容是为开发适用于不同文化背景之下的具有可比性的残疾测量方法,各国做出的努力及发展的相关背景信息,这一部分所收录的文章记录了华盛顿小组的起源、发展、目标及组织信息,包括"国际功能、残疾和健康分类"的初步介绍,不同文化背景的社会中影响残疾定义的环境因素以及文化环境本身对于必要数据收集的阻碍或推动作用等。第二部分主要内容为各个国家和地区当前应用残疾测量方法的案例,如乌干达,非洲地区的发展中国家纳米比亚、津巴布韦和马拉维等。第三部分援引了一些当前使用的能够改进测量方法并具有国际可比性的使人振奋的方法学成果。如澳大利亚统计局全力设计了能够同时在人口普查和抽样调查中使用的识别残疾的测量方法;在测量残疾各个方面时,ICF的要素"活动"和"参与"之间的差别问题;可供方法学学者用来研究残疾概念多维度,及帮助确定适合数据收集目标的测量方法的工具。该卷所收录的文章都揭示了残疾数据对于满足国际社会政策需要的重要性,同时指出了测量过程的复杂性。

在残疾研究领域存在着一系列研究理论和研究方法未被发掘,在看待残疾以及残疾人群问题上,社会科学理论还很不完善。近年来,残疾研究的方法论问题也得到了越来越多的关注,"社会科学视角下的残疾研究"丛书围绕残疾这一中心话题,突破了学科的界限,适合广泛的读者群体阅读。它可作为残疾专业相关研究用书,可以使各位读者加深对于残疾研究的理解和认识,同时也为残疾相关学者和研究人员提供了关于如何使用大型残疾调查数据进行专业性残疾研究的指导;从事与残疾相关事业或产业的实际工作者也能从此书中得到启发;而对正在社会科学各学科进行学习的学生来说,此书能够加大扩展其研究视野,寻找本学科新的研究问题。

郑晓瑛　张国有

目　　录

引言：理论与方法研究：当前研究进展及学科发展方向
沙龙·巴尼特和芭芭拉·奥尔特曼 ·················· (1)

残疾的社会模式：一个过时的意识形态？
汤姆·莎士比亚和尼古拉斯·沃森 ·················· (7)

残疾的概念化
戴维·菲佛 ······························ (26)

运用角色理论描述残疾
沙龙·巴尼特 ···························· (49)

残疾的定义和操作化，以及在调查数据中的测量：一个更新
芭芭拉·M.奥尔特曼 ·························· (69)

对耳聋和残疾之间关系的研究
苏珊·福斯特 ···························· (88)

残疾人测度的方法论问题？
南茜·A.马修威兹 ·························· (109)

功能受限测度：个人层面和户层面问卷设计的效果比较
珍妮佛·赫斯、珍妮佛·罗格博、杰弗里·穆尔、
乔安妮·帕斯卡、凯瑟琳·基利 ···················· (126)

访谈调查中的残疾人群体：回顾和建议
珍妮佛·A.帕森斯、莎拉·鲍姆、
蒂莫西·P.约翰逊和格里·亨德肖特 ················ (145)

解释性研究和智力残疾人：政治与现实
贝蒂娜·马提席可 ·· （160）

跨文化残疾研究的方法论问题：以印度移民为例
苏珊·加贝尔、西提·维亚斯、
艾塔尔·帕特尔和斯瓦普尼尔·帕特尔 ·············· （180）

对新闻和残疾研究的内容分析方法：来自美国和英格兰的个案研究
贝思·A.哈勒和苏·M.拉夫 ·································· （199）

残疾研究的个案研究方法
桑乔伊·玛祖姆达和吉尔伯特·盖斯 ····················· （223）

关于作者 ·· （245）

后　记 ·· （250）

引言：理论与方法研究：
当前研究进展及学科发展方向*

沙龙·巴尼特和芭芭拉·奥尔特曼

我们将"社会科学研究与残疾"这一卷命名为《理论与方法研究》，我们关注这两个方面，是因为理论与方法构成残损和残疾的研究基础。社会科学所有领域的研究都必须建立在理论体系和实践经验的基础之上；在本卷我们集中研究这些基础，因为从社会科学的角度，它们和残疾息息相关。

研究这些基础的原因之一是由于残疾学者和活动家经常表现出对残疾相关研究质量的不满。这种不满情绪涉及研究过程中使用的模型、被问及的研究问题、用到的词汇、分析方法、结果以及伦理弊端①。一些活动家需要知道已经完成了什么样的研究，也希望知道这些研究是如何完成的。他们需要控制如何在研究中运用他们的身体和思想，他们同时尝试从那些并不懂得残疾或者并不分享他们关于此方面的阐述的研究者那里夺取控制权。如同希望能在完成的成果分析中体现出价值一样，他们同时也希望在被问及的问题中获得发言权。最激进的分子持有的观点是，那些没有残疾的人并不会懂得那些患有残疾的人员的处境，因此有了以下的习语："没有残疾人，也就没有相关的研究。"(Cassuto,1999)因此，这形成一种认识，即没有残疾的人不会做与残疾有关的研究(Darling,2000)。那些某种程度上不过于激进的人认为参与研究的受到培训的残损的人员过少；他们需要更多的培训计划、更多的基金，除此之外，需要允许更多的残疾学生参与培训从而成为研究者。

除了培训以外，残疾人群体中的一些人渴望有一种新的研究方法，他们称

---

* 社会科学研究与残疾,第二卷,
理论与方法研究,1—7 页
Elsevier Science Ltd. 版权所有 © 2001
ISBN:0-7623-0773-0

① 很明显,在残疾研究过程中,会有骇人听闻的伦理弊端掺杂进来。早在 1972 年,发育性残疾儿童的父母就抗议利用他们的孩子进行肝炎病毒的研究(Schmeck,1972)。由于这部分群体被认为是无助和无能的,研究人员可以轻松地利用这些资源。然而,为了达到研究目的而滥用少数群体,比如 Tuskegee 为了推动疾病研究的进展而对黑人注射梅毒的试验,很明确地表明研究者在利用很多少数群体时非常自由。

为参与式研究，用来解决上述这些问题。同样的需求已经在其他社会运动的研究中采用。并且，实际上，研究领域的政治化现象是一种越来越普遍的诉求，也是社会运动的一种必然结果①。各种残疾运动中产生的种种诉求类似于在"女权主义研究"中产生的种种需求一样，最终促进了诸如《社会研究中的女性研究》（Reinharz，1992）等书的出版，以及关注种族方面的研究，最终带来了《种族和种族划分研究》（Stanfield，1993）等书的出版发行。

不仅仅是本卷，本系列其他各卷的研究动因都来源于对与残疾相关的社会科学研究现状的不满。

在此，我们并不争论关于残疾人的已有研究成果在观念上的巨大分歧。我们强烈地感觉到在残疾研究领域存在着一系列研究的理论和方法未被发掘。我们并不认为需要开发一种新的方法，而恰恰可以利用现有的已经存在的方法，进行非常好的研究。我们并不期待关于残疾的相关理论方面的阐述和现有有用的方法一样，我们觉得在看待残损和残损人群的问题上，社会科学理论还很不完善。同样，这种认识促生了"女权主义理论"（例如：Chafetz，1984，1990）与"酷儿理论"（例如：Jagose，1996；Turner，2000）的出现，这两种理论的源起都是由于社会学和其他学科现有理论的不完善。

残疾理论

本卷中 Shakespeare、Watson 和 Pfeiffer 的文章均力图概述和批评残疾理论的现状。为什么我们需要去关心这些？是因为理论在研究过程中扮演了很重要的角色，好的研究不可能离开理论体系。

理论的定义有很多。其中我们通常青睐的定义之一是理论由一系列的主张或者陈述构成，而这些主张中包含了很多相互关联的概念并且预测了它们彼此之间的关系（Blalock，1969：2）。让我们仔细深入研究这种表述。这种表述认为构成理论的基本单元是概念。在对概念建立的各种定义的基础之上构成理论。如同 Frankfort Nachmias（1992：28）的阐述："每个科学分支发展了一系列相关的概念。对于科学家来说，这种组合形成了一种语言，外行人称之为行话。"

这些主张假设了不同概念间的关系。这些概念彼此间的关系可以是统计学的，代数学的，几何学的，计量经济学的等等。统计学上的关系可以被假定

---

① 美国的 AIDS 运动和乳腺癌运动是这种论点的主要实例。

为是正的或负的,从没有关系到关系很强,还可以假定是因果关系还是相关关系。更高层次的统计关系(现在的统计学学生视之为"毒药")是试图确定、解释或者阐述概念之间的关系,它们如何共同变化,或者特定的一些概念或一组概念如何在其他组概念之间发生作用。

当理论没有形成任何研究的时候,演绎推理是最好的科学方法。如果不是,利用归纳推理作出的解释和描述研究,我们希望建立一种可被验证的命题,而这个命题可以在随后的时间里利用演绎实践过程来证明。

从这个角度来说,Shakespeare、Watson 和 Pfeiffer 的文章并不是在讨论理论。最多,他们是在讨论残疾的概念。他们并没有讨论定义的可操作化概念,而是真实的和名义上的概念。Barnartt 利用现存的一种理论带领我们进入一个新的方向。她讨论了彼此相关的一些概念,但是她并没有得到确定这些关系的命题。[她也没有讨论角色理论中包括的部分概念]但是这些讨论是必要的,特别是为反驳陈旧的、不可接受的残疾概念,特别是对于那些视残疾仅仅是一种医学概念的人,我们必须扩展这些讨论。一个完整的残疾理论必须包括所有相关的概念,明确它们彼此之间的相互关系,这一点她并没有做到。

理论的建立正是源于这种概念上的发展,但是决不仅限于此。我们希望呈现在这里的文章为残疾理论的建立增添一份力量。

相关理论和研究

变量是概念被转化成一种可操作化的有用的形式。由于特征具有多样性,并且可以被度量,变量具有真实定义、名义定义、操作化定义以及变量分类(Babbie,2000)。

真实定义是在理论体系中最常用的定义形式。名义定义是某种程度上限制性强一些的定义,通常和特定的研究情景有关。操作化定义确定如何度量这些变量,而变量分类说明了被确定的特征是什么。如果我们关心的变量是年龄,那么我们可以说年龄的真实定义是从出生到现在所生活的年数。而名义定义则是指到最后一个生日的年纪。操作定义则可能是一个调查问题:"你最后一次过生日的时候是多大年纪?"变量分类可能是"小于20","21—30","31—40","41—50",以及"大于50"。

研究者对一个概念可以确定单个或多个操作化定义。它们可以分别单独使用从而多样化地表示同一个概念,或者也可以将它们综合起来形成多种尺度,从而产生最终的变量和一系列变量分类。

有许多方法可以对变量进行估计。这包括上面提到的变量的四种定义之间的关系以及操作化定义的信度和效度。变量的四种定义之间的关系对于联系它们的理论和实践的检验至关重要。一个变量能够很好地被操作化,但是或许不太契合所要求的理论背景。由于这四种定义之间存在一定的联系,因此名义定义须是一个确定的真实定义——在特定的实践环节中的狭隘的真实定义——但是仍然符合真实定义的基本特征。操作化定义和变量分类也需要和名义定义相对应。在上面的例子中,我们或许认为名义定义和真实定义不太相符,因为"过最后一个生日的年纪"比起生活的年数并不够精确。此外,我们也可能认为变量分类和名义定义也不是很符合,因为一个人不可能"21—30"岁。

　　一方面,操作化定义的效度是对真实定义和名义定义之间关系的判断,另一方面是对操作化定义和变量分类之间关系的判断。效度的一种形式是,操作化定义是否真正表达了研究者的研究意愿(表明效度),而另一种是,这种操作化定义是否得到与其他已知的变量度量方式高度相关的结果(结构效度)。

　　Altman 的文章使我们对于残疾概念的讨论由关注其真实和名义定义,转而关注其操作化定义及其与真实定义和名义定义之间的联系上来。她揭示了如何构建名义定义和操作化定义,将对计量研究结果带来很大的不同。Mathiowetz 的文章同样阐述了相关的主题,尽管其中并没有体现相关术语。

方法问题

　　社会科学的方法包括调查、试验、实践观察、内容分析和案例研究。本卷中的文章几乎包括了以上所有的研究方法。

　　在任何社会科学研究中,方法论问题包括数据收集方法是否适用于研究问题和研究目标;是否有必要进行抽样;抽样过程是否是正确的;样本对于特定人群是否具有代表性;测量方法是否是可信的(基于对收集数据的重复使用会产生相同的结果);是否遵循了所采用的方法;是否根据数据和所要研究的问题做出了正确、恰当的数据分析;以及从这些数据得到的结论是否和所做的分析相吻合。

　　本卷中的大部分文章涵盖了一个或者多个上述问题。

　　Parsons 和 Mathiowetz 提出了许多和抽样有关的问题,在调查中使用的各种类型的问题,以及在调查残损人群过程中出现的其他问题等。Hess 等人则提出了家庭户层面调查可信度的问题——这通常是一些政府调查——来统计报告残损人口的数量。Matysiak 和 Gabel 等人也讨论了可信度问题。这些文章都利用定性方法从研究中提出问题,而他们提出的问题同样可以应用到定量的方法中。Haller,Mazumdar 与 Geis 都讨论了案例研究方法的效用。Haller 讨论了一个使用这种方法的特定实例,而 Mazumdar 与 Geis 讨论的则是一般的问题。

未 来

本卷中的文章代表着一个开始。它们呈现了 1965 年在美国召开的一个会议上列举出来的关于残疾研究中的概念化和方法论的问题(参见 Sussman,1965)——而这些问题在当时并未得到完满的解决。实际上,这里所讨论的一些问题和 1965 年列举出来的问题是同样的,可能变化并不大。但是,实际上,已经有一些事情发生了变化。首先,出现了一些新的关于残损和残疾的概念化和分类(Brant & Pope,1997;世界卫生组织,1998)。并且,方法论问题得到了越来越多的关注,正如本卷的文章所体现出来的一样。我们希望本卷中的文章可以持续地激发研究这些问题的兴趣,不仅仅在美国,而是在全球范围内。

(庞丽华、杨存译,陈功审校)

参考文献

Babbie, E. (2000). *The Practice of Social Research* (9th edition). Belmont, C. A.: Wadsworth.

Blalock, H. (1969). *Theory Construction: From Verbal to Mathematical Formulations*. Englewood Cliffs, N. J.: Prentice-Hall, Inc.

Brandt, E., & Pope, A. (1997). Enabling America: *Assessing Disability and Rehabilitation in America*. Washington, D. C.: National Academy Press.

Cassuto, L. (1999). Whose Field is it Anyway? Disability Studies in the Academy. *Chronicle of Higher Education*, 45(28), A60.

Chafetz, J. S. (1984). *Sex and Advantage: A Comparative, Macro-structural Theory of Sex Stratification*. Totowa, N. J.: Rowman&Allanheld.

Chafetz, J. S. (1990). *Gender Equity: An Integrated Theory of stability and Change*. Newbury Park, C. A.: Sage Publications.

Darling, R. (2000). Teaching and Research on Disabilities—Only for Individuals with disabili-

ties? *ASA Footnotes* (May/June).

Frankfort-Nachmias, C., & Nachmias, D. (1992). *Research Methods in the Social Sciences*. New York. N. Y. : St. Martins Press.

Jagose. A. (1996). Queer Theory: *An Introduction*. New York, N. Y. : New York University Press.

Reinharz, S, with the assistance of Lynn Davidman (1992). *Feminist Methods in Social Research*. New York, N. Y. : Oxford University Press.

Schmeck, H. (1972). Researcher, Target of a Protest, is Lauded at Physicians' Parly. *The New York Times* (April 18) :1 +.

Stanfield, J. H. II, & Dennis, R. M. (1993). *Race and Ethnicity in Research Methods*. Newbury Park, C. A. : Sage Publications.

Sussman, M. B. (1965). *Sociology and Rehabilitation*. Washington D. C. : American Sociological Association.

Turner, W. B. (2000). *A Genealogy of Queen Theory*: Philadelphia, PA : Temple University Press.

World Health Organization (1998). *Towards a Common Language for Functioning and Disablement*: *ICIDH-2*. Geneva : World Health Organization.

残疾的社会模式：
一个过时的意识形态？*

汤姆·莎士比亚和尼古拉斯·沃森

摘　要

本文探讨了英国关于社会模式在学术和政治上争论的背景，认为现在已经处于超越这种情况的时代。本文列举了评价英国社会模式的三类核心观点，它们主要关注：残损问题、残损/残疾的二元论、身份问题。本文建议具体化本体论是残疾研究的最好的出发点，并且提供了更加充分地应用残疾的社会理论的标志。

在一些被夸张的现有研究思路面前，很少有新的原理获得它们的生存空间(Isaiah Berlin, *Vico and Herder*, 1976)。

背　景

残疾的社会模式在英国残疾运动史上被称作"重大的思想"(Hasler, 1993)。20世纪70年代，在英国反隔离身体残疾联盟(UPIAS)的活动家们的推动下，通过 Vic Finkelstein(1980, 1981), Colin Barnes(1991)，特别是 Mike Oliver(1990, 1996)的工作的开展，残疾的社会模式逐渐在学术上获得肯定。目前，该社会模式已经在意识形态上成为对英国残疾政策的检验，同时残疾人运动以此来区分组织、政策、法律、进步的以及那些并不准确的思想。

英国残疾模式的核心定义来自于 UPIAS 的文件《残疾的基本原理》，其重

---

* 社会科学研究与残疾，第二卷，
理论与方法研究，9—28页。
Elsevier Science Ltd. 版权所有 © 2001
ISBN:0-7623-0773-0

新编辑的版本由 Oliver(1996)再版,详细引述如下:

> ……从我们的观点看,是社会使得生理上残损的人丧失了能力。残疾是我们施加于残损之上的东西,而在这种过程中,我们并不需要被独立或排除于社会参与之外。因此,残疾群体在社会中是受压迫的群体。为了理解这些,就需要区分生理残损与患有这种生理残疾群体所处的社会环境,称之为"残疾"。因此,我们把残损定义为肢体上的全部或部分缺失,或者肢体、身体的组织和机能有缺陷。而残疾是指由于当前社会环境体制极少甚至没有考虑到生理上残损人群的特点而使得他们从主流社会中脱离出来,而缺乏社会参与的情况(Oliver,1996,22)。

因此,英国社会模式包含了一些关键元素。它认为残疾人群是被压迫的社会群体,被压迫的经历是他们和残损人群的区别。最重要的是,它定义"残疾"为社会压迫,而残损并不具有这种特征。

北美的理论学家和活动家也从社会学角度发展了关于残疾的定义,其中包含了这些元素中的前两个。然而,正如美国术语"残疾人"所阐述的,这些观点并没有像英国残疾模式那样深入到将"残疾"重新定义为被社会压迫的深度。取而代之的是,北美学者们主要在美国传统的政治思潮下,发展了残疾群体是一个少数群体的观点。Hahn(1985,1988)、Albrecht(1992)、Amundsen(1992)、Rioux 等(1994)、Davis(1995),以及 Wendell(1996)等人探究了重要的关于残疾的社会、文化、政治等方面的意义,我们认为其中没有人严格区分(生物学上的)残损和(社会层面的)残疾之间的区别,而后者恰恰是英国社会模式的关键。然而,我们认为本文的很多观点是与目前美国残疾研究的社会学模型相对应的。

社会模式在英国的残疾运动中具有非常重要的意义,这主要表现在两个方面。第一,它可以帮助政治策略的确定,也就是障碍排除。如果残损人群因为社会而变成残疾,那首先要做的就是消除这些残疾障碍,从而促进残损人群的社会参与。比起药物治疗或者康复治疗,进行社会变革的战略更好一些,这种变革甚至可能是整个社会的改变。需要特别指出的是,如果残疾被证实是歧视的结果(Barnes,1991),那就会带来相关的消除歧视的立法,来保护公民的权利——这种法律是美国残疾人法案,以及英国的机会均等和种族关系法律——并作为最终的解决办法。

社会模式的第二个影响在于残疾人群本身。残疾的传统"医疗模式"观点认为残疾问题来自于身体的缺陷,社会模式观点认为问题来自于社会的压迫,用这种观点来代替传统的观点过去和现在都非常有助于残疾个体的解放。忽然之间,人们可以明白他们并没有错误:是社会使然。人们不需要改变什么,而是社会需要改变。他们不用为自己感到抱歉,他们应该愤怒。正如20世纪70年代兴起的女权意识,或者如同女同性恋者和男同性恋者的"登场"一样,残疾人群也开始用一种全新的方式重新思考自己,并开始动员、组织,以及和其他人一样平等地工作。不必再依附于慈善团体或者仅仅抱有美好的愿望,残疾活动家可以开始主张他们的权利。

我们认为现代社会模式的巨大成功反而成为其主要的弱点。因为它是如此强大的一个工具,它是残疾运动的核心,它是如此神圣不可侵犯,以至于不能轻易更改。它的一部分效力来自于它的简单。可以被归纳为一个口号:"残疾来自于社会而不是来自于身体"。我们可以很容易地评价组织和管理:他们使用了术语"残疾人"(disabled people)(社会模式)还是使用了术语"残疾人"(people with disabilities)(医疗模式)?他们关注于障碍排除还是医疗干预和康复?社会模式可以被用来甄别世界是黑或者白,虽然这并不是它的创立者的初衷。从心理学上来说,人们关于社会模式的认可源于他们的自我认同的传递。任何一个加入由社会模式意识形态形成的集体并成为行动主义者的个人,必然对残疾的社会模式定义有深入的调查。"我们"是被压迫的,"他们"是压迫者。"我们"谈论残疾,我们并没有提到残损。除非你接受社会模型作为你的信条,否则你不可能成为一个合格的行动主义者。

研究英国残疾运动的历史会导致某些争论。有人会认为,我们处在建立一个"稻草人"的危险中。毕竟,没有人真的会站在这样极端的立场。残损的问题从来没有真正被忽略。社会模式并没有真正地产生这样强烈的一种对立和分裂的观念。但是,我们的观点是许多英国活动家在他们的一些公众演讲中正是使用了这种"强烈"的、被我们批评的社会模式。在私下,他们的交谈和"强烈的社会模式"并不一致。大部分的活动家们承认私底下他们谈论各种各样的病痛,周身不适以及尿路感染等等,但是他们在这种残疾运动之外会极力否认其间的关联性。然而,这种矛盾是非常错误的:如果我们花言巧语地说一件事情,而同时每个人的个体行为却更为复杂,那么或许就是重新审视这些花言巧语而需要更多诚实话语的时候了。

在学术界,当一些在社会模式方面带头的学术人士声称需要减少采取刚性方法时,他们其实仍然在鼓励加强"强烈"的社会模式。举例来说,Mike Oliver(1996,34)提供了一个表格,其中的两列列举了"个人模式"和"社会模式"的差别。在第一列中,我们发现了类似"医疗"、"调整"、"偏见"、"态度"、

"照料"和"政策"等词语；在第二列，我们发现了另一组词语："自救"、"主张"、"歧视"、"行为"、"权力"和"政策"。Oliver的观点显然是为了追求更强的灵活性而妥协的产物。

需要强调的是，如同所有的表格一样，这份表格将一个复杂的现实情况过于简单化，其中的每一项都可以被视为一个事件的两个极端的方面（Oliver,1996,33）。

在加强社会模型两极化之前：

然而，表中基本的信息同样反映了由 UPIAS 定义的残损和残疾之间的本质差别(Oliver,1996,33)。

Jenny Morris 那本非常流行而且影响深远的书《为反对偏见而荣耀》(1991)，从几个方面模糊了残损和残疾之间的区别：她讨论了残损的角色和残疾人群在生活中的个人经历；她谈论了文化表现；她使用了不一致的术语，有时候她谈论的"残疾"的概念在严格的社会模式中，会认为她实际探讨的是残损的概念。因为这些原因，英国的残疾运动认为她的研究"在意识形态上值得怀疑"。这种衡量其思想是否符合正统的社会模式观点的趋势，可以经常在国际性的杂志《残疾和社会》中见到。举例来说，Colin Barnes(1998,1999)最近对美国研究残疾的学者著作的评论中强烈批评了这样的观点，因为他们忽略了英国的残疾研究工作，特别是他们没有坚持遵循社会模式中关于残疾的定义。Barnes 写道：

……大部分美国和加拿大的研究是关注残损，他们的讨论局限在"具有生理性残疾的人"或者身体残疾的人；"残疾"既是一个生物学概念也是一个社会意义上的概念，"残疾人"(disabled people)和"有残疾的人"(people with disabilities)被相互交换的使用。如同 Mike Oliver 再三明确的，这远远超出简单的"政策的正确性"，而是关于因果关系的重要问题、语言的角色、通常的趋向以及定义过程的政治问题（Barnes,1999,578）。

Carol Thomas 讨论了一些残疾研究学术政策关于撰写残疾的方法，以便排除那些和社会模式不一致的方法（Thomas,1998）。我们认为行动主义具有相似的行为过程：举例来说，基于残损的组织被视作是有问题的（例如：Hurst,1995）。最近的英国政府运动"SEE THE PERSON"(并不是残疾人)遭到活动家们的反对，很大程度上是因为他们用"残疾"的概念指向生理上的残损(例如Findlay,1999,7)。我们并不认为"SEE THE PERSON"运动对残疾人群贫困和排斥等问题做出了充分的回应,我们也不认为英国政府关于残疾的主要问题是概念术语的混淆,虽然以上这些状况都造成了目前残疾运动处于危险之中的印象。

残疾的社会模式已经成为一个刚性的准则,我们并不说要忽略自Jenny Morris的研究以来出现的不同意见的重要趋势。一些作者,特别是一些女性主义视角的作者,已经非常关注英国社会模式问题。例如,以Liz Crow(1996)为代表开始批评该模式的失败之处,认为这种社会模式围绕的关于个人痛苦和局限性的体验往往是残损的一部分。Sally French(1993)描述了残损问题的持续性。她同时研究了阻碍这些观点的原因。

> 毫无疑问,社会活动家们不知疲倦地研究残疾运动很多年,他们已经发现有必要以一种直接、简单的方式来表述残疾,其目的是为了驱除社会上的怀疑和混沌,确信通过改变社会,而不是更多地依靠改变残疾人本身可以减少甚至消灭残疾(French,1993,24)。

最近,Carol Thomas(1999)提出了一些有希望的新的关于残疾的唯物主义方法,这些方法用于研究被她称为"残损影响"的角色。这些批评的声音遭到了来自英国残疾运动和残疾研究方面的强烈反对。

我们的立场和Jenny Morris、Sally French、Liz Crow以及Carol Thomas之间观点的差异在于我们相信"强烈的"社会模式本身已经成为一个问题,而且其不能被改变。我们的主张是相对于其有用性,社会模式的英国版本似乎更加长久。与其发表零散的批评言论或者补充其他论点去填补社会模式的缺口以及弥补其不足,此时更应该将整个事情换个角度并重新开始。将社会模式等同于残疾政策和残疾研究中的单纯和正统具有一定的危险性,我们不得不拒绝这种倾向。毕竟,社会模式只在英国扮演了这个角色。在美国和其他社会,成功地出现了民事权利和社会变革,而缺少关于残疾的"强烈的"社会模式。实际上,在英国,英国反对隔离身体损伤者联盟(UPIAS)倡导的社会模式并不是残疾运动初期唯一的观点。例如,残疾人解放网络提出残疾人是小部分被压迫的群体而不需要将其定义为一个社会压迫:Allen Sutherland,该网络的一个成员,撰写了"我们代表残疾人"(1981),在他的言论中他并没有提出社会模式是一种残疾的激进政治学。

在这篇文章的余下部分中,我们会研究三个对英国的残疾社会模式的批评观点。通过这些观点,我们力图证实这个模型已经过时,相对于它所能解决的问题,其创造了更多的障碍。在结论中,我们会开始一项艰难的工作,力图在体现唯物主义存在论的基础上,创立一种可替代的、更加完善的残疾研究方法。

残损,缺失的存在

我们已经引证了女权主义的研究,他们认为传统的社会模式避免或将残损的概念排斥在外。如同上文提到的 French 的建议,这看起来似乎是由于激进分子采取的表达手段。说"残疾人因为社会而不是因为他们的身体而残疾"似乎听起来比说"残疾人是由于他们的身体和社会而残疾"更好。但结果是残损是完全被包括的,如同在20世纪70年代早期的妇女运动中,性别差异是个很禁忌的主题。在解释压迫方面,伤残的激进分子完全拒绝从身体的角度去寻找原因,他们如同女权主义的先驱一样,完全否认其差别:毕竟

一旦女权主义者承认性别差异,他们即打开了一个缺口,通过它,当前的所有的反对力量都会跟进。一旦错过了经前紧张,如注意力集中在怀孕会耗尽精力,或者成为母亲是充满吸引力的事情,那么你就会进入另外一个境界(Ann Phillips,引自 Cockburn,1991,161)。

我们认为否认这样的差别是残疾研究中的重大问题,如同女权运动一样。从经验上来说,残损是显而易见的事情。如同残疾的女权主义者认为的那样,残损是我们日常生活中个人经验的一部分,在我们的社会理论或者政治策略中不能被忽略。从政治上来说,如果我们的分析不包括残损,残疾人或许很难被残疾运动所认同,并且评论家们会因此拒绝我们的观点,认为其过于"唯心主义"而没有根基。我们并不仅仅只是残疾人,我们也是患有残损的人,假装忽略它们其实是忽略了我们的生平中最重要的部分。如同 Linda Birke 在性别案例中提到的那样,

女权主义理论不仅仅需要考虑我们解释生物学的方式,而且要考虑在实际生活中生物学影响我们生活的真正方式(Birke,1986,47)。

仔细分析来看,不同的残损有不同的表现形式。也就是说,它们相对应于不同的健康状况和个人的行为能力,同时更广泛的文化和社会环境也会带来不同的反馈。举例来说,明显的残损引发社会反应,而不明显的残损或许不会——这种区别被 Goffman(1968)冠以"质疑"和"失信"的污名。先天残损带来的自我认同和后天残损明显不同。有些残损是静态的,而有些是间歇式的

或者是退变式的。一些残损主要影响人的外表,而其他一些会约束人的功能。这些差异都在个人和心理层面以及社会和结构层面产生显著的影响。这并不是要争论去解析所有的残疾,也不是单独地针对临床诊断,而是为了识别不同的主要残损人群,由于他们功能和表象上的影响而具有不同的个人和社会含义。

除此之外,否认残损的相关性会带来一些不幸的结果。因此,残疾群体经常批评主流社会强调"治愈"残损,而反对功能的最大化。例如,Olive 等曾经反对对脑瘫患者采取引导式教育(1989)。最近,人们卷入了一场纷争,认为有些 Peto 法干预治疗会为这些残损人员带来显著的效果(Beardshaw,1989;Read,1998)。为什么最大化地恢复机能和力图降低疾病带来的影响是如此的错误呢?很明显,这些干预疗法中的一部分造成的伤害远比它带来的益处更多。同样,许多临床医生关于治愈的困扰也是由此被误导的。但同时,如果我们忽视避免和降低残损的所有可能性或益处,也犯了同等的错误。

这种观点的一个特殊的应用是在遗传学上。很多活动家反对所有为了减少基因因素影响而做出的尝试。然而,当我们批评当代的遗传学的论点和实践时,在努力避免严重的和虚弱的疾病的过程中,我们并不能发现问题。在怀孕期间,补充叶酸的妇女是明智的,但是这并没有在患有脊柱裂的人群中强制实行。虽然利用遗传学的技术对残障进行筛选在大多数的情况下是适当的和令人向往的,但是我们仍然反对这么做。类似于 Tay-Sachs 病(即 GM2I 型神经节苷脂储积症,又称家族性黑朦性痴呆,是一种常染色体隐性遗传病)以及无脑畸形这样的疾病,都是绝症而且是非常令人厌烦的,大多数人都想尽最大可能避免患这类疾病(Shakespeare,1998)。

如果将社会模式的观点推及到逻辑层面,我们可能不会将残损视作需要去尽力避免的事情。因此,我们或许就不会关心道路交通安全、枪支控制、孕育计划和矿山的清障。当然,在实践中没有人会持有这样的观点。然而,无论是英国关于"强烈的"社会模式的提倡者还是一些美国少数团体,都倾向于认为残疾人过多无疑是一件很糟糕的事情,而我们也不应该总是力图避免残损。

社会模式的传统主义者或许会去区别残损和慢性病之间的差异,赞同对后者实施医疗救助。但是如同 Bury(1996)所认为的,两者之间几乎没有什么实质性的差异。很多残损会发生变化或具有间断性。或多或少都具有医学意义。大部分的残疾人并不具有稳定的、天生的残损(比如失明和耳聋)或者突然的外伤性的病变(比如脊柱损害),取而代之的是风湿病或者心血管疾病,或者其他由于年龄的增长而产生的退行性的慢性病。即使没有后续的变化,类似于脊髓灰质炎和脊柱损伤这样的疾病也不是只此一次的改变:人们已经证明了脊髓灰质炎后综合征的存在,患有脊柱损伤的人必须监管尿路感染、褥疮以及其他问题。同样,Corker 和 French(1998,6)说明了感官残损不会导致痛苦的假设为什么是错误的。

Paul Abberley(1987)是少数几位关注残损的从事唯物主义残疾研究的理论家之一。社会认同指标没有导致受限的具体尺度,比如性别、种族、性特征。他对这些社会认同指标和由身体问题引发的残疾的案例进行了区别:

> 在论及性别和种族的压迫方面,生物学角度的不同仅仅提供了一种完全意识形态下的压力的限定条件,对于残疾人群的生物学上的差异,虽然我认为是社会实践的结果,实际上其本身是压迫的一部分。对于残疾理论,压迫和其带来的自卑感紧紧相扣是至关重要的,因为用以辩解的压迫理论建立在这个基础上,而且从心理学上,在残疾人群中发展政治意识有巨大的障碍(Abberley,1987,8)。

Abberley 的策略说明残损往往具有社会原因。他认为,工作、战争、贫困及其他社会因素产生了残损,因此残损本身来自于残疾人所遭遇的社会压迫。但是这种变动,从其政策的有效性上看来毫无问题,而分析起来却是不可忍受的。毕竟,它可以说明那些由社会因素造成的残损,但是它并不能解释那些由于先天因素、偶然事件或者仅仅是坏运气的因素而导致的残损。

我们需要一些政策的规则去排除导致残疾的障碍。我们同时认为过分的强调医疗的研究,矫正的外科手术,以及不计代价的康复治疗是一种误导。优先考虑的必须是社会的变革和障碍的清除,正如同残疾的社会模式给出的建议一样。然而,适当的针对残损的政策,即使是多种残损预防的方式,它们和移除造成残疾的环境和实践活动还是不能共存,这其实是没有什么原因的。人们因为社会障碍和自身的身体而残疾。这是很简单的道理且是无可争辩的。英国社会模式的观点,由于是一个"多蛋的布丁",整个部分都充满了疑问。

一个可以忍受的二分法?

英国的社会模式理论停留在残损和残疾之间的区别上,残损关注个人的身体或心理特征,而残疾体现患有残损的个人和社会的关系。在生物学和社会层面之间可以建立二元差异(Oliver,1996,30)。这种差别类似于由 Ann

Oakley(1972)等女权主义者建立的生理性别和社会性别之间的差别。在第二轮的女权运动中,残疾研究证明残疾只是可以在特定社会历史背景下被理解,它所处的状态是动态的,是能够改变的。

然而,在女权主义之中,生理性别和社会性别的区别已经在很大程度上被放弃(例如 Butler,1990)。理论家和实践工作者并不以此在生物学上界定女性,家族的传统已经完成了这个工作。取而代之的是,可以观察到性别本身是社会的。所有的事情通常都是社会的。John Hood-Williams 用以下表述总结了他关于二元论的讨论:

> 生理性别和社会性别的区别,显著的增进了在未被理论化的领域(under-theorised area)里的理解。并且,在二十多年的时间里,它提供了充足的可供研究的问题,但是现在,到了跳出其界限去思考问题的时候了(Hood-Williams,1996,14)。

同样的情况,毫无疑问,出现在残损问题上。残损并不是前社会和前文化的生物学基础(Thomas,1999,124),Tremain(1998)在一篇论文中提到了残损和残疾以及生理性别和社会性别存在区别是站不住脚的。我们使用的词汇以及展开论述的观点都声称残损是社会的和文化的产物,并没有纯粹的或者天生的个体可以独立于我们的讨论范围之外。只有通过残疾社会的关系才可以观察到残损。一个粗略的例子是,一个人可以描述特定的残损:痴呆,先天愚型病以及唐氏综合征,21 三体综合征都是被用来描述同样的残损状况,即从遗传学的术语来说一个人具有异于常人的学习能力上的障碍,但是它们的内涵不同。因此当 Mike Oliver 持有关于残损的社会模式和关于残疾的社会模式的并行观点(1996,42)去解决残损问题的时候,我们并不能同意他的观点。虽然我们应该赞许他认识到残损的重要性以及社会模式的局限性,但是这些认识并不是如同他所想的那样,它们既不能直接地也不能恰当地区分残损和残疾。

残损(身体的差异)和残疾(社会产生的差异)二者之间不能证实的差异可以通过询问"残损从哪里结束而残疾从哪里开始?"这样的问题而得到印证。Corker 以及 French(1998,6)认为不仅是可以感知到的状态,包括痛苦,而且痛苦本身也是由于生理、心理以及社会文化的因素共同作用而造成的(参见 ALSO IN THIS RESPECT WALL,1999)。虽然残损往往是残疾的诱因,但残疾本身往往也创造或者激化残损。其他形式的残损,因为其不可见,或许不会造成残疾,但是或许会带来一些功能上的影响,涉及个人身份和心理上的健康。

当然,有些关于残损和残疾的区别是直接的。如果建筑师在建筑设计中包含台阶,那显而易见,会给轮椅使用者带来不便。如果没有手语翻译,耳聋人群会被拒之门外。"无障碍的环境"是一个基本无法实现的童话(一个童话故事,如同 Finkelstein 的描述,1981)。首先,针对某些残损人士消除了一些环境的障碍或许会对其他残损人士产生一些新的障碍。针对所有的残损人士去排除所有的障碍是不太可能的,因为有些不是环境导致的残损状况是无法解决的。如果一个人具有某种残损而导致持续的痛苦,社会环境起到什么样的作用?举例来说,如果某些人存在智力上的缺陷,社会如何转变而使得这些不相关的因素转变为就业的机会呢?主流运动会通过施加压力使得残损运动员失去参与的机会吗——比如说足球运动?这些情况看起来是非常可笑的。但是这指出了社会模式的意义,在整个概念体系中强调了它的缺陷。

Paul Abberley(1996)是指出这一局限性的先锋人物之一。他提出没有障碍的理想社会,其中所有的残疾人群都会获得工作,而这是不可行的。他指出无论多么致力于投入责任及精力来创造就业,仍然会有一些残损人群因为其自身的残损而不能工作。然而,我们并不能赞同其解决这个问题的方法。虽然改变将工作视为社会价值的中心的想法无疑标志着社会重要的发展,但是对于主要由社会模式的局限性造成的问题,它并不是最显而易见的解决方法。对于为什么我们不能接受这样一个观点,即并不是所有人都能够融入到经济发展之中,我们发现没有原因;相反,我们认为一个成熟的社会会在人们需求的基础上来支持每一个人,而不是他们所从事的工作。

在性别研究领域,已经有来自于后结构主义学者比如 Jacques Derrida,以及后现代主义学者比如 Judith Butler 的批评二元论的声音。Mairian Corker(1999)是将这些想法应用到残疾研究领域中的先锋人物,我们认为这将是一个富有成效的关于残疾研究的方法,会为目前的主流社会理论提供更广阔的前景,这是可以达到且政策上可以实现的(Cashling,1993)。我们同时主张,关于残疾的现代理论——力求提供一种大而全的综合分析的方法覆盖所有的残疾人群理论——并不是一个有用的或者可以达到的目标。对于我们来说,残疾是一个典型的后现代概念,这是因为它如此的复杂、多变,具有偶然性并与所处环境有关。它处在生物、社会、媒介以及结构的交叉地带。残疾并不能简化成为一个单一的特征;它是多元的,和很多因素相关。

社会模式理论适用于现代主义环境,以及目前受到积极争论的逻辑规则之下。Nancy Jay 论述了相对理论(没有什么事物都是 A 或者不是 A)以及排中原则(所有事情必定会是 A 或者不是 A)(Jay,1981,42)。这些现代理论已经被应用到残疾研究中,并且否定了身体和社会的障碍共同作用而导致能力丧失,以及反对在医学模式和社会模式之间存在中间状态。举例来说,重新审视 Mike Oliver 所提供的用以区分个人/医学模式和社会模式的表格(1996,34)。我们认为一个充分的社会残疾理论包括残疾人生活经历的所有方面:生理的、心理的、文化的、社会的、政治的,而不是主张残疾要么是医学的,要么是社会的(Shakespeare & Erickson,2000)。

仅仅并且总是残疾?

现今社会没有什么东西是单纯独立的事件。打上印度人,或者女性,或者穆斯林或者美国人的标签都只不过是个出发点,放到现实的经历中,只是瞬间就被带过、被远远遗忘脑后的事情(Said,1994,407)。

残疾政治,就其最本质而言,通常致力于公正的接受残疾和非残疾之间的区别。我们将残疾人看做是如此认定的人。非残疾人通常不受欢迎。残疾的领导能力被视作至关重要的。但是 Liggett 认为:

从解释性的观点来看,小群体方法是双刃剑,因为它意味着扩大了这些杂乱无章的实践活动在残疾的相关理论的构建中的参与程度……为了参与到他们自己的管理中,残疾人必须以残疾的角度去参与。即使是在政治活动中,被倾听的代价是明确这是残疾人在发表意见(1988,271 ff)。

Liggett 追随着那些后结构主义的作者,他们指出了身份政治的成本。作为一个活动家——无论其是一个同性恋者,或者一个女性,或者一个残疾人——就是将这些标签变成标记,使少数人聚居区具有对立的文化。但是对那些只是追求普通,而不希望有所不同的人们呢?

无论是按医学模式还是社会模式,很多残疾人不想把自己看做是残疾的。他们不重视他们残损的标志,而是去寻求主流社会的认可。他们没有政治身份,因为他们也并不把自己作为残疾运动中的一部分。这种拒绝去承认自己的残损或者残疾的行为有时候被视作是残疾运动给残疾人带来的主观压抑和一种虚伪的自由意识。然而这种态度本身就充满了强势和压迫的色彩。根据其明显的局限性,人们可以选择他们归于哪一类。将自己看作是残疾人,而不是一个丧失能力的人,或者简单地作为一个人,或一个公民,而不是一个少数人群体错在哪里呢?毕竟,这种身份政治是一个牢笼,同时也是一个天堂。

不愿意被确定为残疾的现象——在政治层面,或在医学层面——在我们最近针对残损儿童的研究中体现的非常明显("像残疾儿童般生活"计划,由英国经济社会研究委员会资助)。我们用社会模式观点分析他们的生活,并以此目的开始我们的研究。然而,因为我们仍然遵从儿童的新社会学的规则,并且将儿童作为研究对象,认为他们的陈述是可信赖的,所以我们被迫需要重新考虑我们以成人为导向的社会模式假定。孩子们很容易确认他们经历的社会障碍,常常大声地抱怨他们所遭受的对待。但是,他们中的大部分人尽管不同,但希望被视作正常人,积极地去反抗被界定为残疾人(Priestley 等,1999)。通过争辩,很多有学习障碍的人拒绝被定义为残疾人或者异于常人(Finlay & Lyons,1998)。我们假设同样的情况发生在患有残损或慢性疾病的老年人身上,他们构成了英国和美国"残疾人群"的主体。

多元身份也存在一些问题。一些患有残损的人拒绝将自己认定为残疾人,因为他们希望视自己为正常人,而其他一些人更倾向于按照他们经历中的其他方面去认定身份。举例来说,性别是比较显而易见的,或者可能是种族,或性特征,或阶级,或婚姻状况。比如,残疾性特征的研究发现了同性恋群体,他们以性身份为优先,而忽略了他们残损的经历(Shakespeare 等,1996)。社会模式的观点在残疾人中协调性别、种族、性等问题时并不是十分有效的(Morris,1991;Vernon,1996)。大部分人同时处于从属位置的范畴。假定残疾总是他们的身份识别的关键,就是在重复从医疗模式观点定义残损人群的那些人所犯的错误。每个残疾人个体在不同的时间,在战略上可以被确认为患有特定残损的人,丧失能力的人,或者是根据他们特定的性别、种族、职业、宗教、甚至是其足球队进行身份识别。身份其实是在一定限定内的一种选择,而不再会是一种简单、直接的认识。以下是 Foucault 的观点:

> 不要问我是谁,不要让我去保持原样:让我们的官僚机构以及管理部门知道我们的研究是规范的(引自 Kritzman,1990,ix)。

结 论

在前述内容中,我们阐述了三种重要的、批评英国残疾社会模式的观点,来证实我们的论点,即是时候去超越这个方法的局限了。在勾画其他立场的一些主要特征之前,我们需要做一个说明。我们已经处在那些将社会模型带入学术界的人之中(Shakespeare & Watson,1997),尽管我们自己尝试去创造一个更加完整的版本(Shakespeare,1994;Shakespeare & Watson,1995)。因此,在我们当前针对社会模型的批评中,有一种矛盾的因素,并且与 Mike Oliver 一样,我们不能认为我们现在持有的与一贯支持的立场保持一致(Oliver,1996,1)。我们改变的想法涉及我们个人的经历,也涉及改变的环境。在 20 世纪 70 年代早期形成发展的一个模式在 21 世纪初就不再被看作是有用的。如同 Bailey 和 Hall 所说:

> 很有可能自 20 世纪 70 年代和 80 年代以来的改革理论和其他不得要领的机会迎来了其终结的时刻——它们具有一种压制的价值——在那时它们被视为一种主导的流派……它们会逐渐过时;会成为一种风格;人们会使用它并不是因为它们揭示了什么而是因为它们在被谈论,从这点来说,你们需要另外的一种改变(1992,15)。

引用 Kuhn 式的比喻来说,或许医学模式是传统的残疾范式(Kuhn,1970)。当残疾人开始意识到这种方式无法充分了解他们的生活,那么他们开始寻求多种社会模式。这种方法在解释残疾人的经历以及确定不利的原因方面更为有效。在 Kuhn 式的比喻中,我们可以看到医学模式向社会学模式的变迁类似于物理学中牛顿学说的启蒙过程。然而,如同 20 世纪科学家们认识到牛顿学说的局限性一样,在 20 世纪 90 年代社会学模式存在的问题逐渐清晰起来,至少在其比较强硬的版本中是这样。我们相信现在已经到了出现另外一个版本范例的时候了,这个模式可以更有效地说明残疾人的经历。

但是需要铭记的是,在物理学中,爱因斯坦相对论的出现并不是全盘否定牛顿学说的观点,主要是揭示了其局限性。因此,批驳社会模式的观点,我们并不否定在大部分的时间里面,社会模式的观点仍然致力于消除社会障碍,主要是我们需要一个更加尖端的关于残疾的方法。这需要考虑以下几点:

1. 残损和残疾并不是二分的,而是描述一个连续事物的不同方面,或者一个单独经历的不同方面。很难去界定残损从哪里结束而残疾从哪里开始,但是这种含糊不应该成为障碍。残疾是一个关于生物学、心理学、文化和社会政治因素的复杂的辩证概念,它不能被单独抽离出来,除非是一个不准确的概念。

2. 很多对"医学模式"的反对是基于残损基础确定的,或者有临床医生主宰了我们的生活。然而,不通过求助于公平的原始的社会模式,我们也可以改变这些过程。残疾不能被简化成一个医学疾病。它不能被消极的文化含义所覆盖。它也不能单独的被视为社会障碍的产物,无论它在人们生活中多么重要。

3. 如同Oliver(1936,36)持有的观点那样,区分干预的不同水平仍然是至关重要的。有时候,在医学层面或者个人层面进行干预是最合适的。例如,脊髓损伤的新患者毫无疑问需要脊柱固定、脊柱康复治疗和可能性的咨询。然而随后,个人环境的改变非常重要。从更广义的范围上来讲,反对歧视的措施对于他们将来的生活质量至关重要。从生理、心理、环境和社会政治层面去干预是个积极的改变,然而一个人终究不可能代替他人。社会变化仍然是解决残损及其后果带来的问题最有效的方法:这些重点概述了残疾研究和医学社会学之间的区别(Thomas,1999)。

4. 根据Fraser和Nicholson(1990)关于女权主义的观点,我们建议残疾研究不应该幸运成为元叙事,因为残疾社会关系无处不在。无论如何,这些理论必须放在特定的背景环境中。比如针对残疾儿童教育问题,或者是针对黑人或者少数民族残疾人的问题。就像我们认识到的,概括是充满了诱惑力的,但是我们必须拒绝这种诱惑。

5. 当前,残疾研究和残疾政治分享了我们知道谁是残疾主体的假设。然而,这并不是想当然的。在英国就有超过六百万的人患有残损,而我们的行动和理论与他们中的大部分人无关,在世界上其他地方还有五亿人患有残损。没有遵循社会模式的规律,或者没有加入了残疾运动,特定个人会面临更小的失败,而残疾模式和残疾运动本身会有更大的局限性。

我们建议用以上五点作为标尺来构建一个更加充分的残疾社会理论。然而,为了使这种社会理论更好地贴合实际,我们力图构建残疾的另一种方法体系,它不仅仅对残疾研究具有一定的意义,而且对社会学家和哲学家设想的体系的更广阔领域也具有意义。大西洋两岸的学者提议将所有的人都视作是残损的具有重要的意义。比如,我们引用了Irving Zola(1989)的研究,或者如同Allan Sutherland所建议的:

  我们需要一个更加激进的方法:我们需要打破在"正常"和"残疾"[残损的意思]之间错误的区分标志,并且抨击生理正常的完整概念。我们需要认识到无能力[残损]并不仅仅是一小部分人的生理状态。它是人性中正常的一部分(Sutherland,1981,18,italics in original)。

没有人的身体状态完美无缺,始终如一,永远保持原有的状态。我们都或多或少在某种程度上是残损的。Antonovsky(1979)认为疾病是人体的状态。Bauman(1992)也曾经写道,死亡是人生存过程中不可避免的问题。在西方传统思维/身体二元论调里面,这些中心思想是模糊的:从人类教化的时代开始,人类就根据其正常的能力而被界定,即什么是我们区别于动物的因素,而不是与动物相联系的生理自然属性。只有少部分学者,比如Sebastiano Timpanaro(1975)提醒我们内在的脆弱和弱点。

接受残损的普遍存在和生理的局限为我们提供了一个残疾研究的不同的定义方式。英国的社会模式力图去打破残损(身体)和残疾(社会创造)之间的联系,而区别于认为残疾人属于医学范畴的传统观点。争论的焦点在于残疾人和非残疾人的不同不在于身体或者思维的失能,而是是否作为一个小的残疾社会群体而遭受到压迫和歧视。一个现实存在的理论就是认为残疾人和非残疾人没有本质上的区别,因为我们都是患有残损的人。残损不是残疾的核心决定因素(医学模式倾向的观点),它是人类的内在属性。例如,人类基因组计划表明每个人的基因都存在突变:从易患病的体质到新近发作的疾病比如说癌症、心脏疾病和痴呆,如果父母中的另外一方也携带有一个匹配的隐性等位基因的话,这些疾病本身包含的四到五种隐性条件可能会给后代造成残损。

残损的普遍存在是一个经验事实,并不是一个相对的主张。我们并不是试图说明近视等同于盲人,或者不适与麻痹具有相似的经历。很清楚的是,个人身体和思想的局限(通常在特定的环境中)从琐碎的小事到意义深远的大事情中间来回变化。理论和实践必须灵敏地捕捉到这些重要的差别,但是这些差别并不会均等地分配到两个截然不同的情况。我们的观点是每个人都会受限,并且都会经历衰老的过程,不可避免地经历功能丧失和疾病,从而每个人都容易受到更多的限制。我们中的多数人在条件允许的情况下都会尝试最小化甚至消除这些限制,但是这并不等同于"不计任何代价的治疗"。

此外,虽然所有的人都患有残损——也就是说,虚弱、受限、易受伤、死亡——并不是所有人因为残损和疾病受到压迫。只有一部分人经历另外的社会的残疾过程。换个方式来说,社会的发展力图使大部分患有残损的人的问题最小化,但是无法有效的解决少数患有残损的人的问题。事实上,社会排斥、压迫这小部分群体,剥夺了他们的权力。当然,这小部分群体的规模和性质已经发生了变化。很难达到关于"残疾人"的核心的定义,因为很难界定谁在残疾定义之内而谁不在。这是因为不同的社会采用不同的方法来对待特定的患有残损的人群。例如,在中世纪,不能阅读并不是一个问题,因为社会并不需要有文化:学习的障碍只有在一个复杂的、需要更多具有文化的劳动者和市民的时候才会成为一个显著问题。

比起试图打破残损和残疾之间定义的联系来说,我们应该揭示残损和其表现形式之间的本质的联系。毕竟,如同 Shakespeare(1994)所持有的观点,心理学上针对残疾人的敌意部分源自非残疾人否认他们的弱点,缺陷和死亡率,而计划将这些强加给那些被他们压迫,排斥和忽略的残疾人的身上。如同 Davis 等(1995)已经论证过的,残损和其表现形式的统一已经被表述成介于"健全人"和"残疾人"之间的二元论。理解这些排斥和歧视的过程是加强残疾研究的核心焦点所在。

本文的核心观点是:英国的社会模式是政治运动的良好基础,但现在对社会理论来说,它并不是一个充分的基础。这个社会模式是一个现代主义的计划,并建立在马克思主义的基础之上。世界以及社会理论已经将之忽略,我们需要从其他社会运动中学习,从新的理论观点,特别是从那些后结构主义和后现代主义的观点中学习。在 21 世纪,医学和社会干预具有重要的意义,我们相信并不仅仅是"残疾人"而是所有人都会患有残损,这是一个深远和重要的视角。

致 谢

感谢 Bill Albert,Mairian Corker,Mark Erickson,Helen Meekosha,Mike Oliver,Fiona Williams 以及杂志的匿名审稿人对本文早期初稿的建议。

(刘岚、杨存译,陈功审校)

参考文献

Abberley,P.(1987). The concept of oppression and the development of a social theory of disability. *Disability,Handicap and Society*,2,5-20.

Abberley,P.(1996). Work, utopia and impairment. In:L. Barton(Ed.), *Disability and Society: Emerging Issues and Insights*. Harlow:Longman.

Albrecht,G.(1992). *The Disability Business:Rehabilitation in America*. London:Sage.

Amundsen,R(1992). Disability, handicap and the environment. *Journal of Social Philosophy*, 23(1),105-118.

Antonovsky,A.(1979). Health, *stress and coping*. San Francisco:Joissey-Bass.

Bailey, D., &Hall, S. (1992). The vertigo of displacement: shifts within black documentary practices. In: D. Bailey&S. Hall (Eds), *Critical Decade: Black British Photography in the Eighties.* London: Ten-8.

Barnes, C. (1991). *Disabled people in Britain and discrimination.* London: Hurst and Co.

Barnes, C. (1998). Review of The Rejected Body, by Susan Wendell. *Disability and Society*, 13(1), 145-147.

Barnes, C. (1999). Disability studies: new or not-so-new directions. *Disability & Society*, 14, 4, 577-580.

Bauman, Z. (1992). *Mortality, immortality and other life strategies.* Cambridge: Polity.

Beardshaw, V. (1989). Conductive education: a rejoinder. *Disability, Handicap and Society*, 4(3), 297-299.

Bury, M. (1996). Defining and researching disability: challenges and responses. In: C. Barnes&G. Mercer(Eds), *Exploring the Divide : Chronic Illness and Disability.* Leeds: The Disability Press.

Birke, L. (1986). *Women ,feminism and biology.* Brighton: Wheatsheaf.

Butler, J. (1990). *Gender trouble :feminism and the subversion of identify .* New York: Routledge.

Cashling, D. (1993). Cobblers and song-birds: the language and imagery of disability. *Disability, Handicap and Society*, 8(2), 199-206.

Cockburn, C. (1991). *In the Way of Women .* London: Macmillan.

Corker, M. (1999). Conflations, differences and foundations: the limits to 'accurate' theoretical representation of disabled people's experience? *Disability & Society*, 14(5), 627-642.

Corker, M., &French, S. (Eds) (1999). *Disability discourse.* Buckingham: Open University Press.

Crow, L. (1996). Including all our lives. In: J. Morris(Ed.), *Encounters with Strangers: Feminism and Disability.* London: Women's Press.

Davis, L. J. (1995). *Enforcing normalcy: disability, deafness and the body.* London: Verso.

Findlay, B. (1999). Disability rights and culture under attack. *Disability Arts in London*, 149(July), 6-7.

Finkelstein, V. (1980). *Attitudes and disabled people.* New York: World Rehabilitation Fund.

Finkelstein, V. (1981). To deny or not to deny disability. In: A. Brechin et al. (Eds), *Handicap in a social world.* Sevenoaks: Hodder and Stoughton.

Finlay, M., &Lyons, E. (1998). Social identify and people with learning difficulties: implications for self-advocacy groups. *Disability & Society*, 13(1), 37-52.

Fraser, N., &Nicholson, L. (1990). Social criticism without philosophy: an encounter between feminism and postmodernism. In: L. Nicholson(Ed.), *Feminism/Postmodernism.* London: Routledge.

Goffman, E. (1968). *Stigma*. Harmondsworth: Penguin.

Hahn, H. (1985). Towards a politics of disability: definitions, disciplines and policies. *Social Science Journal*, 22(4), 87-105.

Hahn, H. (1988). The politics of physical differences: disability and discrimination. *Journal of Social Issues*, 44(1), 39-47.

Hasler, F. (1993). Developments in the disabled people's movement. In: J. Swain et al. (Eds), *Disabling Barriers, Enabling Environment*. London: Sage.

Hood-Williams, J. (1996). Goodbye to sex and gender. *Sociological Review*, 44(1), 1-16.

Hurst, R. (1995). Choice and empowerment-lessons from Europe. *Disability&Society*, 10(4), 529-534.

Jay, N. (1981). Gender and dichotomy. *Feminist Studies*, 7, 38-56.

Kritzman, L. D. (Ed.) (1990). *Michel Foucault: politics, philosophy, culture*. New York: Routledge.

Kuhn, T (1970). *The structure of scientific revolutions*. Chicago: University of Chicago Press.

Liggett, H. (1988). Stars are not born: an interpretive approach to the politics of disability. *Disability, Handicap and Society*, 3(3), 263-276.

Morris, J. (1991). *Pride Against Prejudice*. London: Women's Press.

Morris, J. (Ed.)(1996). Encounters with strangers: *feminism and disability*: London: Women's Press.

Oakley, A. (1972). *Sex, gender and society*. London: Maurice Temple Smith.

Oliver, M. (1989). Conductive education: if it wasn't so sad it would be funny. *Disability, Handicap and Society*, 4(2), 197-200.

Oliver, M. (1990). *The politics of disablement*. Basingstoke: Macmillan.

Oliver, M. (1996). *Understanding disability: from theory to practice*. Basingstoke: Macmillan.

Priestley, M., Corker, M., & Watson, N. (1999). Unfinished business: disabled children and disability identity. *Disability Studies Quarterly*, 19(2).

Read, J. (1998). Conductive education and the politics of disablement. *Disability&Society*, 13(2), 279-293.

Rioux, M., & Bach, M. (Eds)(1994). *Disability is not measles: new research paradigms in disability*, North York: L'Institut Roeher Institute.

Said, E. W. (1994). *Culture and imperialism*. London: Vintage.

Shakespeare, T. W. (1994). Culture representations of disabled people: dustbins for disavowal? *Disability and Society*, 9(3), 283-299.

Shakespeare, T. W., & Watson, N. (1995). Habeamus corpus? Disability studies and the issue of impairment. Paper presented at Quincentennial Conference, University of Aberdeen.

Shakespeare, T. W., & Watson, N. (1997). Defending the social model. *Disability and Society*,

12(2),293-300.

Shakespeare, T. W. (1999). Losing the plot? Discourses on genetics and disability, *Sociology of Health and Illness*, 21(5), 669-688.

Shakespeare, T. W., & Erickson, M. (2000). Different strokes: beyond biological essentialism and social constructionism. In: S. Rose&H. Rose(Eds), *Coming to Life*. New York: Little, Brown.

Sutherland, A. (1981). London: Souvenir Press.

Thomas, C. (1998). The body and society: impairment and disability, paper presented at BSA Annual Conference: Making Sense of the Body, Edinburgh.

Thomas, C. (1999). *Female forms : experiencing and understanding disability*. Buckingham: Open University Press.

Timpanaro, S. (1975). On materialism. London: New Left Books.

Tremain, S. (1998). Feminist approaches to naturalizing disabled bodies or, does the social model of disablement rest upon a mistake? Paper presented at Annual Meeting of the Society for Disability Studies, Oakland, CA.

Wall, P. (1999). Pain: *the science of suffering*. London: Weidenfeld and Nicholson.

Wendell, S. (1996). *The rejected body: feminist philosophical reflections on disability*. New York: Routledge.

Vernon, A. (1996). A stranger in many camps: the experience of disabled black and ethnic minority women. In: J. Morris (Ed.), *Encounters With Strangers: Feminism and Disability*. London: Women's Press.

Zola, I. K. (1989). Towards the necessary universalizing of a disability policy. *The Milbank Quarterly*, 67(Suppl. 2, Pt. 2), 401-428.

残疾的概念化[*]

戴维·菲佛

摘 要

只有利用残疾范式才能够了解残疾人的经历。本文介绍在发展中地区所使用的不同版本的残疾范式,综合来看,所有的残疾范式得出一个版本即残疾被理解为歧视,并具有同等保护和法定诉讼程序来抵制这种歧视。最后,本文详细阐述一个复合的残疾范式。

引 言

残疾研究是一个分析残疾经历和残疾人生活的学科领域。如该领域的一个组织,残疾研究协会自我定义的那样:

"本协会"是一个非营利的、学术的、专业的以及教育的机构,致力于发展关于残疾的理论及实践知识,提高残疾人在社会中全面、平等的参与(Society for Disability Studies,2000)。

尽管该协会不愿将残疾研究称作一门学科,但是它符合 Kuhn(1970)对于学科的定义,即一个学科领域拥有共同的问题和方法论。更像是政治学、心理学、社会学、历史学及其他学科那样,残疾研究拥有诸多值得研讨的问题和可以使用的研讨方法。正如 Kuhn(1970)所言,作为一门学术学科,残疾研究在今天具备了自己的范式,并且该范式提出了该领域所包括的各个变量,以及

---

[*] 社会科学研究与残疾,第二卷,
理论与方法研究,29—52 页。
Elsevier Science Ltd. 版权所有 © 2001
对任何形式的复制,保留所有权利。
ISBN:0-7623-0773-0

它们之间的关系。

　　残疾范式并非横空出世,而是植根于20世纪上半叶美国成年残疾人以及残疾儿童家长的系列行动的残疾运动产物(Pfeiffer,1993)。1977年的白宫残障人士会议,在政策建议及全国残疾运动领导成员网络分布方面成为残疾运动历史上的分水岭。这次会议的成就主要有:建立了独立的居住中心,促进了政治活动,并形成了新的政策。

　　1977年白宫会议提出建议之后,挂靠在美国教育部的美国国家残疾康复研究所(NIDRR)成立了。在20世纪80年代,NIDRR领导推行新残疾范式的研究。

　　　本残疾范式……主张残疾是个人特征(如条件和残损,功能状态,或者个人及社会经济质量)和自然、体格、文化以及社会环境等特征的相互作用的产物。新的范式……[关注]个人在他或她的环境中的整体作用(U. S. Department of Education,2000:2—3)。

　　医学模式是一种旧的范式,它主要从人的缺陷方面研究残疾,而这些缺陷使得个人能动性不能够得到发挥。

旧 的 范 式

　　理解医学模式以及它为什么不能充分研究残疾的关键是"病态角色"(Parsons,1957:146-50;Parsons,1975;Bickenbach,1993:61-92)。在医学模式中,个人具有一种……状况(缺陷),该状况或者是有害的,或者在过去曾经对个人产生过有害的影响。结果,个人被认为成了病态角色或者患病。在病态角色中,个人没有社会义务(Parsons,1951:285)。如果你患病,你就有理由不去工作或上学。或者,如果你去工作或上学,你可以相对少些勤奋热忱,甚至让他人代替你完成任务。病态角色的人可以被免除日常应尽的义务。处于病态角色的人,为了"好转",必须听从专业人士——你的医生的命令。而专业人士就是要做出决定,病人遵从了这些决定就能够痊愈。

　　如果处于病态角色的人拒绝服从医生的命令,那么他/她将被定义为"不遵医嘱者",并承担后果。此人将会被视为失调者或者拒绝接受现实的人。结果就是拒绝服务或者将此人与一些患有"智力残疾"的人一起强制治疗。

　　并非每一个医学、健康学以及康复学领域的人都接受医学模式(Scullion,1999;Longino & Murphy, 1999)。Engel(1977)曾指出,早在一些年前,医学模式一直被接受,并且没有受到挑战。它成为"……文化上的权威,而其局限性轻易地就被忽视了……[它]获得了教义般的地位"(Engel,1977:130)。然而,如 Mark(1999b:51-76)所指出的,使用该模式研究并理解残疾存在着很多主要的问题。

医学模式的一个基本问题就是它将问题置于人本身,进而指责"受害者"。如果一个人具有永久性残损,导致其必须使用轮椅移动,则这个人将不可能恢复"健康"。为了恢复"健康",这个人必须不再需要轮椅,但是既然此人需要使用轮椅,则他/她将永远保持这种"病态角色",并将永远被视为无法自理的人。

从医学模式的观点来看,人被判定为患病或者不能被雇佣的依据是它能否像"正常人"一样发挥作用。如 Amundson(2000a)写道:"正常"的构想是一种虚构。人们用很多种方法将他们自身进行归类。其中一些——如男人和女人的区分——看似反映出了循道宗信徒和长老教徒这种区分方式无法反映的生物学事实。

医学模式更多地依赖"正常功能"的概念,认可了功能决定论。Amundson(2000a,2000b)质疑这些概念是否是客观的,它们的使用是否科学,或者它们不过是社会统治阶级用来维持其地位和权力的标语。他写道:

> ……生物正态学说本身就是针对某些功能方式或类型的一种社会歧视。被确定为"不正常"的人,所经历的劣势并非来自于生物学,而是来自关于接受生物差异的模糊的社会评价(Amundson,2000a:33)。

这一论点是 Pfeiffer(1998)针对基于医学模式的《国际残损、残疾与残障分类》(ICIDH)提出的批评意见之一。[对于生物医学伦理学家使用的"正常的"与"正常"的概念的深入讨论,还可以在 Silver(1988)和 Crossley(2000)的著作中看到。]

Kirchner(1995)基于医学模式,对盲人或者有严重视力受限人群所下定的结论做出了非常精辟的评论。Conrad(1992)、Barbour(1997)和 Crossley(2000)同样对这一模式存在的问题进行了深刻的讨论。

残疾范式

现今取代医学模式的是残疾范式。它至少有 9 种解释或者版本:(1)建立于美国的社会构成主义版本,(2)建立于英国的社会模式版本,(3)残损版本,(4)受压迫少数人群(政治方面)版本,(5)独立生活版本,(6)后现代(后结构主义、人道主义、体验主义、存在主义)版本,(7)连续统一版本,(8)人类差异版本,(9)歧视版本。所有这些版本都有一些共同的特征,我们利用这些特征提出一个复合的残疾范式。

在此依次总结每一个版本,并附相关参考资料以供进一步研究。版本越成熟,总结越详尽。同时也开展批评性评论。由于是综合总结和评论,我们对一些方面的问题不予考虑,而对一些问题会着重强调。读者应该纵览所附参考文献,对每一版本的残疾范式有全面的理解。

社会构成主义版本(美国)

在美国,残疾作为一种社会构成(社会构成主义版本)可以追溯到许多年前。我们可以在 Goffman(1963)的著作中读到关于这方面的经典论述,他叙述了被歧视的人群和"正常人"在社会环境中的相互作用。残疾人(及其他人)并不希望有这样的差异,因为这种差异导致"正常"人对他们另眼相待,并据此差异构建他们的身份。

其他早期使用社会构成主义观点的有 Meyerson(1948),Barker(1948),一些作者引用 Barker 的论点作为最早的将残疾人士视为少数人群的论点,此外还有 Becker(1963)、Scott(1969)、Schur(1971,1979)、Albrecht(1976)、Blaxter(1976)、Wikler(1979)、Gove(1980)、Altman(1984)以及 Bogdan and Taylor(1982)。Birenbaum(1975,1979)最先清晰地论述了残疾的社会构成,但是他并没有应用理论进行阐述。

在 20 世纪 70 年代和 80 年代期间,社会构建的残疾概念得到了广泛的讨论。在一些研究的碎片中,Zola(1982a)记录了与一位残疾人共同生活的经历,开始将残疾经历解释为一种社会构成。在第 10、11 章,他大幅阐述了从社会构成主义者的角度理解残疾人及其生活所需的理性框架。Zola(1982b)进一步阐述了以上观点。Wright(1983)同 Osberg, Corcoran, DeJong, and Ostroff(1983)做了进一步的分析,着重强调环境因素在建构残疾身份方面起到重要作用。至 20 世纪 80 年代中期,社会构成主义版本残疾范式已经在美国得到了良好的发展。Albrecht(1992:17-18)对此有一番很好的总述讨论。

针对社会构成主义版本的残疾范式的异议主要有三点:首先,通过接受社会中发现的各个角色,该版本使得残疾看似真实(不可避免的)并且不可改变。其次,角色是基于白人男性的"正常"行为、西方角色和价值,而这些限制了它的有效性。再次,从社会角色的角度来定义残疾,则归咎于残疾个人不够合格,这恰恰落入了需要改变个人而不是社会的(医学模式)陷阱之中。该范式有助于解释残疾人为何被称为丧失能力者(因为他们不"正常"),但是对于学术研究和倡导宣传,它的作用不大。

社会模式版本(英国)

建立于英国的社会模式(通常被命名为此)或残疾范式版本十分接近马克思主义见解。它介绍了一种美国版本中所没有的阶级观点(Pfeiffer,1996)。应用这一模式的学者和支持者被认为是工人阶级,并十分强调他们的工人阶级出身。1976年反隔离身体损伤者联盟(UPIAS,1976)提及残疾人士为何受压迫时正式表达了此观点。Finkelstein(1980)和 Oliver(1983,1990)对其进一步详细阐述,除了积极拥护之外,该观点还经常被支持者(Oliver, 1990, 1996; Barton, 1996; Germon, 1998, 1999; Branfield, 1999; Marks 1999a)争议讨论。

根据残疾的社会模式,问题所在是"社会未能为残疾人提供合适的帮助,未能充分保证社会各界组织全面考虑残疾人的需求"(Oliver,1995:32)。Oliver 认为一个很重要的问题是医生不当地为病人做出与医药无关的社会性决定。此外,在英国有一些机构,他们负责处理很多与残疾人息息相关的社会问题,当他们不再负责帮助残疾人满足需求的时候依然对决定残疾人的需求有影响力。根据社会模式,在其他人看来,残疾总的来说被视为个人的悲剧和病态。

根据残疾范式的这个版本,正是社会结构尤其是工业生产方式,将残疾人士置于社会、政治、经济上的不利地位。只有根本的社会重组才能够解决残疾人面临的问题。只有认识到真相,才能够了解残疾的经历和现实。只有这样,才可能对其进行充分的研究。

然而,英国的许多残疾研究学者(包括 Oliver 本人也曾在多处谈及)认为没有任何模式,包括社会模式可以完全解释残疾。如他们所言,这不是一个社会理论,仅仅为一个讲述残疾人士为何社会地位低下的模式而已。但是,英国的这一社会模式存在一些问题,包括来自外界的不信任。Humphrey(2000)认为,英国社会模式可以被理解为将一些残损排斥在外,以至于拥有残损的人感觉自己与其他残疾人隔离了。此外,她还指出学术界对这一模式存在质疑,尤其是那些非残疾的研究者。

例如,脑部损伤幸存者提出社会模式展开的讨论经常间接地涉及一些医学模式关于残损的负面假定,尤其是脑部损伤者的大脑被描述为是有缺陷的。面部损毁的人和诵读困难症患者认为社会模式给残疾人的举止界定使得他们觉得自己不被残疾群体所容纳,原因就是他们的残疾程度不够。精神系统患者也表示对此社会模式以及几乎每一个残疾模式或范式的批评。

Shakespeare and Watson(1997)写道,残疾社会模式(英国所理解的)事实上被社会行为学,例如心理学,和其他社会学领域忽视了。在医学领域,这种忽视是可以理解的,因为社会模式对其不失为一种挑战,但是在心理学和医药社会学领域并非如此。有关在英国使用的社会模式的进一步讨论,可以参见Barton(1996)、Oliver(1996)、Barnes(1996)和 Marks(1999b:77-94)等著作。

残损版本

一些针对社会模式的批评家认为其忽视了残损以及个人的经历,而这些应该包括在社会模式之中(Morris,1991;French,1993;Crow, 1996;Patterson & Hughes; 1999)。归根结底,他们认为真正区分残疾人与其他人的就是残损。不考虑残损,所有人都是平等的。其他反对者认为美国的社会构成主义版本和英国的社会模式版本都体现了残疾与残损的社会构成涵义。

社会模式的支持者拒绝接受残损版本。一些作者写到每个人都有某种残损,所以这个版本使用起来并不够明确。其他作者认为残损版本着重指责个人(拥有残损的个人)而不是产生不利的社会结构。并且认为这种观点重新引入了残疾的悲剧版本,即残损被视为只能与之抗争的悲剧(Branfield,1999;Barnes, 1999;Marks, 1999b: 114-136;Paterson & Hughes, 1999)。

无论如何,残损版本的残疾范式在一些环境中还是适用的。该版本的研究尚未发展成熟,将来也许用处会更为广泛。

受压迫的少数群体(政治方面)版本

Bickenbach(1993:135-181),Branfield(1999),以及 Moore and Feist-Price(1999)均对受压迫的少数群体(政治方面)版本做出了很好的总述。我们可以在 Scotch(2000:213-218)的著作中看到关于受压迫的少数群体版本的简洁描述以及它对《美国残疾人法案》(ADA)形成产生的影响。它经常被误认为是许多残疾研究者的基础范式,这些研究者发表研究成果,但是他们随后就表现出党羽拥护者的特征(Ustun,Bickenbach,Badley and Chatterji,1998)。

受压迫的少数群体(政治方面)版本认为残疾人面临歧视。他们不仅要面对建筑障碍,同时还要面对感觉的、态度的、认知的以及经济上的障碍。他们被当作二等公民对待。尽管残疾儿童不再被公立学校排除在外了(大多数情况),但现在他们通常仍然被隔离在特殊课堂上课。尽管美国的残疾人教育法案要求设置限制程度最低的教室设施,然而残疾学生不过在隔离的教室内接受教育价值很少的东西。由此类歧视所致,许多残疾人感觉他们自身经历和受压迫的少数群体相类似。

根据少数群体的标准定义(Vander Zanden,1972),少数群体具有以下五种特征:(1)无论是整体还是个人,这一群体的成员均面临偏见、歧视、隔离或者迫害,或者以上各项结合。(2)他们具备被主导人群主观否定的特点。(3)他们整体上对于自身和自身的问题有认识。(4)他们拥有自然的成员身份,通常是与生俱来的。(5)他们同族结婚,即在人群内部婚配。

一部分群体展现了以上五种特征:非裔美洲人、西班牙裔人、犹太人、亚裔美洲人、土著美洲人以及女性。以上所有群体各自拥有一个共同点使其得不到尊重:肤色、宗教信仰、文化、语言,以及性别角色。所有群体对自身问题具备集体认识,尽管问题严重程度不同。绝大多数情况下,群体的成员生来就属于这一群体。所有的群体除了女性群体之外,都是同族婚配。换言之,非裔美洲人、西班牙裔人、犹太人、亚裔美洲人、土著美洲人以及女性,各个都是少数群体。根据此定义,是否残疾人也是少数群体呢?

残疾人面临日常的偏见和歧视:他们求职遭拒,他们必须生活在隔离的"残障的社区",很难使用公共交通工具。接受的特殊教育不过是隔离教育。他们被社会拒之门外。残疾人具有一个特征——残疾——这是被社会以否定的方式来看待的。残疾人正在开始具备共同的认识。残疾人或者是先天残疾,或者不是自愿变成残疾的。他们也同族结婚,但是今天这一比率比前些年要降低了。很明显,残疾人是少数群体。

作为少数群体,残疾人被剥夺了他们享有社会资源的权利。正如其他少数群体总结的,挣脱这一束缚和困境的唯一方式是反抗,政变夺取政权或者发动暴乱。然而,除了众所周知的激进分子 ADAPT 使用占领建筑或者毁坏性手段来表明他们的意图之外,所有残疾人发起的反抗通常十分安静。还有一些残疾人士通过更为传统的政治方式和法律诉讼来克服加诸于他们的压迫。

Corker(1999)讨论了关于这一版本残疾范式的一些问题。她认为,主要的问题是受压迫的少数群体(政治方面)版本缺乏足够的理论基础。它过于强调结构而未考虑论述的重要性。它需要从认为所有体验经历都可以由二分法(残疾和非残疾;富裕和贫穷)来解释的观点中脱离出来,因为其限制了残疾人可以做的和理解的范围。

此外,受压迫的少数群体(政治方面)版本的另一个基本的问题就是有很多残疾人生活在社会的主流,并未受到压迫;并且这些人有时是其他残疾人的压迫者,所以他们根本不打算领导反抗争取分享他们已经拥有的社会资源。因此,这一版本不够现实,并且避开了非残疾人与它的交战状态。

然而,受压迫的少数群体(政治方面)版本确实提供了可以进入研究的观点。另外,在组织和宣传方面,它也是所有版本里最为实用的一个。这一版本在理解许多残疾人的行为方面也是十分有用的。

独立生活版本

残疾范式的独立生活版本(DeJong,1983 进行了很好的表述)将残疾人作为一个负责人的决策者。残疾并不代表此人患病,也不代表此人由于残疾就失去健康。专业人士也许会,或也许不会被问到专业知识,同样其他人也许会,或者也许不会被要求提供帮助。与医学模式不同,在独立生活版本中,拒绝接受专业人士的建议并不会作为限制其社会权力的依据。残疾人拥有最基本的选择权。

这一问题被看作是对专业人士和其他人士的掌控态度,还包括不充分的支持服务,以及那些态度、建筑、感官、认知,以及经济上的障碍。此问题的解决方式包括自我拥护、系统拥护、减少障碍,以及残疾人自我选择的结果。正如 Morris(1991)总结的,没有自我,周围一切关于自我的都不复存在。

Ratzka(1999)叙述道,独立生活既是一个理念同时也是一个争取平等权利、平等机会、自尊、和自主的运动。但是,它并不代表残疾人想要与世隔绝的生活。相反的,它意味着残疾人希望和其他人一样享有同等的人生机会和选择。最重要的是,残疾人必须自己掌控自己的人生和为自己说话。另外Brown(1994)较好地介绍了独立生活理念和如何通过独立生活中心将该理念应用于社会之中。

DeJong(1983)的阐释不仅仅对美国残疾运动产生影响,还影响了残疾研究领域的研究。然而,Williams(1983)认为 DeJong 的版本过于狭隘。他在文中写道:DeJong 的术语非常含糊不清,他的研究方法具有不必要的复杂以至于达到自我矛盾的程度;但是,最重要的是,他对于个人主义和自由市场的强调均出于对现行社会、政治以及经济机制的误解。因此,Williams 建议:"如果我们依然囿于个人消费者和客户的印象之中,脱离权力和社会结构意识,那么我们只会重复康复研究的现有缺陷"(Williams,1983:1009)。与 Williams 所提出的问题相似,进一步的研究发现了新的问题,认为独立生活模式只是寻求支持,而并非权利。没有权利,这些支持或者根本无法获得,或者不会持久。类似的道理,一些争议认为独立生活版本是在为假装支持这一理论的专业人士谋利,这些人假意支持的原因就是这一理论将其变为提供支持的人,协助其维持统治地位。

后现代、后结构主义、人道主义、经验主义、存在主义版本

文化研究是这一残疾范式版本的资料来源。它基于一种理念——文化是一种社会政治构成(Gramsci,1971;Foucault,1980)。文化所蕴藏的理念通常是由文章或物质事物表现。要理解整个世界,就要解码这些事物(Marks 1999b)。对于残疾经历,也应该应用同样的方法。有时这被称作跨学科的,但是文化研究其实更倾向于非学科性的,甚至是反学科性的,因为它没有明确界定出知识领域或制定出通用的方法论来产生知识主体。相反,它按需所用任何领域的知识,而且方式十分巧妙且政治化。它抨击社会行动者的理性进步的启蒙思想。当被用于残疾和残疾人时,它主动解构现存的知识,去揭示基本倾向和未阐明的假定。

历史学家、文艺评论家和一些哲学家自然而然地为其尽心尽力,因为他们为了寻求蕴含之意仔细研究文章以及文化产物。进一步的研究讨论,请参见Eagleton(1983)、Huyssen(1986)、Butler(1990)、Arnold(1993),以及 John(1996)。

许多作者对这一方法有所保留,疑问是否真正有可能重建当代社会文化的理论,并以此来了解社会的任何情况,例如残疾。他们将解构这一解构过程。进而,他们认为不仅非学术人士不理解这种方法,就连学术领域也坚决地拒绝接受它。我们对于这一最终论述正确与否将不再讨论,但是许多学者拒绝接受这一残疾范式的版本。此外,他们认为这一版本严重脱离现实以至于它对于那些面临障碍和歧视并急需支持服务的残疾人丝毫没有帮助。更进一步讲,人们坚持认为这一理论作为组织和支持策略毫无用处。

连续统一版本

纵观目前讨论的所有版本,我们可以得到一个并非始终清晰的概念,即残疾有不同表现方式,并且相互关联。Zola(1989,1993a,b,1994)写道,周遭环境和个人残损之间的合适程度决定残疾人所要面对的一切。对住房供给、交通设施和雇佣政策所做的改善可以提高残疾人以及社会每一个人的日常生活质量。很多人最终都会患上长期慢性疾病并且行动受限,所以社会应该做出整体适应,消除对现有残疾人的隔离。

连续统一版本只是略有差异的学说,并不能算作一个先进版本的残疾模式。我们应该记住,在研究残疾的时候,它本身也许并不能被视为一个完整的版本。然而,在将来的某一天,它也许会变成为其他理论的真正对手,而不仅是研究民众的一种方式。它将可以用来解释为何"非残疾"人应该关心残疾人的需求和经历。

人类差异版本

Schriner and Scotch(1998)与 Scotch and Schriner(1997)在 Higgins(1992)的一部分理论基础之上,介绍了残疾范式的人类差异版本。主要介绍了附加的执行策略,他们希望能够实现政策上的目标。

在介绍中他们提到由于残疾人、少数人种、民族群体成员、妇女等群体之间存在相似之处,并且 30 多年前已有学者认识到此类共同之处(tenBroek,1966;tenBroek & Matson,1966;Safilios-Rothschild,1970),因此残疾人受到歧视并不是因为他们共有的群体特征,而是由于人们对待他们的见解和反应(Gliedman & Roth,1980)。Scotch and Schriner(1997)意识到少数群体(政治方面)版本已成为残疾范式的主导版本。他们列出许多论据和事实来支持他们对少数群体版本的观点,他们认为其不仅无法充分理解残疾,而且无法帮助残疾人解决面临的诸多问题。

他们提出任何有效的残疾范式基础必须是残疾的多维特征。然而,在对残疾定义的认同上存在一个很大的问题。任何定义必须涉及各类不同的残损,不同的文化含义,以及不同的社会背景,因为在一定的社会背景下,对某个残疾人来说是障碍的因素对于其他人可能没有影响(Zola,1993a)。

Schriner 和 Scotch 还写道,残疾的人类差异模式与社会制度的局限性有关,社会缺乏良好的制度来解决人类广泛的差异,正如已经在残疾人中所发现的一样。换言之,基于标准化之上的制度化效率并不能解决残疾人的问题。

Scotch and Schriner(1997)进一步指出,在 21 世纪,固定的、狭义上标准化的社会制度,特别是经济方面的,对社会并不适用。灵活的、适用性强的全球系统是很必要的。当一个完全适合残疾人的灵活的社会系统出现时,"残疾"的概念就并不存在了。大众普遍通用的设计,正如有时大家所认为的,促进了这个过程的实现。

残损使患有残损者的生活和家庭以及周围的社会系统复杂化。以此复杂变化观点为基础的理论可以帮助理解残疾并解决问题。它有助于研究资源配置以及制度适用等问题。尽管歧视依然存在,但社会系统在解决人类差异问题上同样无能为力。即便是所有的歧视和陈旧制度都消失,残疾人依旧面临诸多问题。要解决问题，Scotch and Schriner(1997)认为当今的组织和机构，在面临接受残疾人这一义务的时候，通常会通过一个被March and Simon(1958)称为"令人满意的"过程达到"令人满意"的结果。然而，"令人满意的"不包括特例，因为很多残疾人以及其他人如单身母亲、老年父母照料者都属于特殊案例。在雇用员工时，通过将个人生产力最大化，比依赖法律权力如ADA更为合适。此种灵活性在21世纪全球经济(和社会)中是很必要的。

残疾范式人类差异版本主要有如下两方面的问题。首先，人类差异版本依赖"规范"概念。这一概念在文化上受到束缚。在关于残疾的大多数讨论中，规范的事物就是指西方、白人、男性、中产阶级人士的所作所为，以及他们的价值观。此外，规范的概念非常模糊。综上所述，实施职能的规范方法，既未被整体统一，也没有被清晰定义。

人类多样化版本另一方面的问题是它部分以对ADA的错误理解为基础，ADA实际上只是一个民事权利法令，并非如他们建议的那样可以作为任何类型事情的依据。根据ADA，体系内的残疾人和其他所有人一样，有权诉讼和享受平等的保护。人，尤其是残疾人，有权与他人一样得到公平的对待。美国法律体系以这些权力为基础，我们将在下文中讨论。

将残疾作为歧视

许多残疾人如果并非残疾，他们的日常生活完全不是现在的样子，以这一事实为基础，产生了该版本的残疾范式。只有当他们遇到人为障碍带来的歧视行为时，他们才会感觉到自身的残疾。歧视可能来自于进入建筑设施的障碍，感觉的、态度的、认知的以及经济上的障碍。他们没有被公平对待，也没有得到与其他非残疾人一视同仁的对待。

残疾是由社会产生的，以社会机构为基础，残疾与残损有关，是压迫的基础，并且包括单独生活所需的服务，残疾是错误的存在论的产物，基于对人类经历连续性的忽视，并且与"规范"这一观点相关。然而，在以上所有的观点中，可以用歧视来理解正在发生的事情。正是歧视将所有的版本联系到一起。

由于歧视在理解残疾中的重要性，残疾成为一个政策问题，而不是健康和医学问题。通过规定的行为和活动，政策(包括法律)将人们界定为是否残疾(Liachowitz,1988)。法律和政策有效地在非残疾人意识中产生了对特定行为的预期，并将此传达至残疾人。由于这类预期，法律和政策"导致了一种表象的'自我造成'的残疾"(Liachowitz,1988:19)。同样的事情发生在人种、性别、宗教，以及民族出身问题上。残疾人、非白种人、女人、拥有特殊宗教信仰以及民族出身的人都开始表现得如同主导阶层的人所预期的那样。这种行为是学来的行为,并且在歧视的世界中更容易存在下去。

当残疾被视为政策性问题的时候,有一点需要指出:残疾权利是公民权利。残疾人享有被公平地与其他人一样对待的权利(享有同等保护和法定诉讼程序),该权利是一种公民权利。而且,公民权利不依靠任何专款基金或者拨款(Waddington,1996;Gewirth 1996;Percy 1989:245-248)。

Percy(1989)写道,有三种方式将残疾权利看做是公民权利来实施:平等对待、平等进入或者平等结果。通过将三种方式分开来看,Percy 以及许多其他研究者发现这三种方式处于相互抵触的状态。三种方式其实都是某种方式的一部分。残损人不能得到平等对待,除非社会对他们是和对其他非残疾人一样可以平等地进入。对于一个患有残损的人而言,如果不可能得到平等的结果,那么即使得到平等的对待和平等的进入也是没有意义的。一个残疾人必须与非残疾人以同种方式被对待(Illingworth & Parmet, 2000)。对残疾存在的区别对待是不可以容忍的,因为这种观点就是歧视的本质。不理解这种理论的支持者以及对这种理论一无所知的评判者,退而依赖于残疾人需要的某种特殊待遇,而这种待遇导致了不当的补救方式和不公正的歧视。

Burgdorf(1997),引用 tenBroek(1966)和 tenBroek & Matson(1966)的观点,通过更好的方法,主张将残疾人融入社会之中是取代隔离和依赖的更为公正和实用的方法。此外,他认为人为的障碍加剧了隔离,限制了融合,并且是有差异的。全面地参与社会(不是特权)是反歧视法律的目标,例如《康复法案》504 条和 ADA(Pfeiffer,2000)。

Burgdorf(1997)继续指出,之所以对待残疾人与其他人不同,是因为他们的一个特征(残损)使他人产生同情、施惠行为以及负面的老套态度。这些与针对人种、性别和宗教信仰的偏见没有什么区别。一些人需要特定的服务,而其他人需要不同服务。如他所说:"无歧视是平等的前提保证,而不是为选定的少数人保留的特殊服务。"(Burgdorf,1997:568)

性别歧视可以举例证明这个观点。针对妇女的差别性待遇并没有将她们置于受人尊敬的地位,而是将其困于笼中。认为残疾人和他人不同并且需要特殊服务例如保护和专业性指导,这一想法无疑也是一种明显的歧视。残疾人不应该被视为需要保护的阶级,因为这一惯性破坏了所有平等的迹象。在 ADA 系统之下的这一观点,需要残疾人证实他们的残疾何等的严重,进而证明他们又可以何等出色地完成工作、利用服务,或进入公共设施。残疾人之间互不相同,并且残疾人也不同于非残疾人,但所有人都是不同的(Johnson,1981)。所有人需要承认彼此的差异,并且相互适应。

早期的关于残疾范式的歧视版本的讨论可见于 Bickenbach(1993:221-269)。然而,他同 Percy(1989)一样,陷于对权利的要求这一误区之中。Bickenbach(1993:183)写到残疾人应被赋予特定权利,因为他们是残疾的。在讨论如何证明这些权利是正当的过程中,他发展了平等的关键理念。他们被赋予这些权利,使得他们享受平等。然而,在此提出了一个问题,如果所有人都被同样对待,公平对待(同等保护和法定诉讼程序),则没有理由去评断有残疾和无残疾的人被对待的方式是否正当。Illingworth and Parmet(2000)也认同以上观点,他们说 ADA 明确地肯定了法定诉讼程序平等保护的必要。

平等保护意味着在相似情况下获得相似的待遇,并且没有来自于政府、雇主、公共住所经营者/业主的差别对待。这意味着与他人一样得到平等对待。平等保护只有在法定诉讼程序之后或者在极端紧急的状况下才会被侵犯。法定诉讼程序是一个关于一个人为什么不能得到/没有得到平等保护的公正的程序。例如,在被判入狱之前接受的法庭审判。

正当的诉讼通常包括如下内容:在听讼之前适当的/合理的书面通知听讼理由、根据个人需要的公开听讼会、给予个人充分解释境况的机会、无偏见的具备必要的专业知识的听讼人员、用可读的方式书面记录听讼会、允许辩护律师在场、询问任何合适的证人、检查呈堂的物质证据、听讼会结束之后合理时间内提供书面形式的可读的裁决、向其他可以推翻判决的公正方提出上诉的权力、开始新诉讼、或者接受裁决。换言之,得到与他人一样的对待,同时也得到公平对待。无可否认地,Gerstmann(1999)和 Burgdorf(1997)所展现的方式不会经常实现,但是它代表了一种意图。

另外,经常争论的就是残疾人需要特别的、昂贵的便利设施。缓降路缘、坡道、盲文印刷、无障碍巴士、特殊设备、预留停车位,以及高额的医疗看护,均被引用来支持这一论点。但是,其他人从中获得益处并可以享受服务:除雪犁、防火、警务、救护、税收支持的体育场馆、公交工具、公营区域,以及开发者的税务减免等。一些"特殊服务"对于许多人都有用处。缓降路缘对任何轮动的人士(婴儿车、家具搬运车、自行车、溜冰者、轮椅使用者)都有益处,因此很多并不需要的人也从中获益。

有人也许会争论说除雪犁对于保持路面开放很重要,但无障碍公交巴士对于搭乘它去工作的人同样很重要。有人也许还会争论说防火、警务、救护服务很重要,它使得社会为需要的人服务,但预留车位也一样。有人也许会说税收支持的体育场馆对于想去比赛的人来说很好,但盲文对于需要它来理解公共文件的人来说也很好。有人会说公营区域用特殊经营间隙来提供特殊服务,但特殊工具使得使用者可以在社会上行走。有人也许会争论说对开发者的税收减免对于建设新住房是必要的,但高额的医疗看护对于基本的生存通常是必要的。

　　争论可能会继续下去并持续很长时间。毫无疑问,一些人从社会中得到了一些特权,而其他人必须争取平等待遇。Wildman(1996)表示有些人从中获得巨大利益,而其他人——如残疾人——被告知成本过高。这是一个基于人种(作为白人)、阶级(作为富人阶级)、性别(作为男性)、性取向(作为异性恋者)等特权的问题,但有两方面 Wildman 未谈及:年龄(作为年轻人)以及不要成为残疾(身体可行的),在这方面缺少一个更好的词汇。

残疾不代表的含义

　　结束不同版本残疾范式介绍之前,很有必要讨论一下残疾不代表的含义。讨论残疾不代表什么含义之所以重要,是因为它在构成残疾范式的基础陈述中均有解释:(1)残疾不是悲剧;(2)残疾不意味着依赖;(3)残疾不代表潜能、生产力、社会贡献、价值、能力、才干以及爱好的丧失;(4)残疾是每个人生活中自然的一部分;(5)残疾人中的差异总的来说和所有人的差异一样多。

　　换言之,残疾不意味着不幸、内疚和痛苦。残疾人不会比其他任何人更具胆量、更高贵、更勇敢。残疾人可以性欲很强。残疾人可以是很好的父母。残疾人不会贫穷,除非他们失业。残疾人并不无知,如果他们不是被主流教育隔离出来,即使那样,他们有很多人接受了所谓的特殊教育,依然很出色。残疾人不一定非要同"他们自己类型"的人在一起,无论那意味着什么。

　　残疾人(像所有人一样)是人类,因而难免犯错。残疾人会犯错,同时也能够冒险,并有希望从错误中吸取教训。残疾人对抗性不强(也许一些人会),并且大多数针对残疾的公共健康、医药以及康复方面所作的研究都是无价值的。

　　也许问题一部分出自于其他群体——像妇女和非洲裔美洲人——的自我认定。残疾人是被诊断出来的。没有真正的来源于他们的信息,残疾人直接被打上永久的残疾标签。

残疾范式综述

从这些不同版本的残疾范式中,我们都可以理解到什么?它们是否可以结合起来形成一个独立的残疾范式综述?可以,但是针对这一结论将会有许多反对意见和(希望)很多讨论。

残疾范式说明了关于残疾人经历的研究主要关注以下对残疾现象有影响的,相互影响,并与其他人类特征相互作用的概念:(1)担当社会角色和完成社会人物产生歧视的过程;(2)社会组织产生的对残疾人的差别对待;(3)承认残损,不意味着悲剧,也不代表着低质的生活;(4)残疾人是受压迫少数群体并承受着歧视是毫无掩饰的事实;(5)所有人包括残疾人为了独立生活对各种服务存在需求;(6)意识到所有人都有日程安排,所以必须明确关于残疾政策未陈述的假定;(7)认识到随着时间推移,从非残疾到残疾是连续统一体,所以最终每个人都要经历残疾,暂时的或者是永久的;(8)否定可以作为社会政策基础的"规范"的人类行为举止;(9)针对残疾人的歧视无处不在。

对残疾范式的综述也存在方法论的问题。确定和度量残疾是公开的。对于提倡的和研究结论的解释是多样的。在一些研究中,对不同变量的研究比其他方面的研究更多。在一些倡导的行为中,不同的变量明显比其他更为重要。为了获得足够的数据也存在一些其他问题。这个列表可以继续,但是这是一个综述残疾范式的起点。

来自 1999—2003 年 NIDRR 长期计划的执行总结中早期的引述,已经对此综述和各个变量有清晰的阐述或者暗示。

> 本残疾范式……主张残疾是个人特征(如条件与残损,功能状态,或者个人及社会经济质量)和自然、构造、文化以及社会环境等特征相互作用的产物。新的范式……[关注]个人在他或她所存在的环境中的整体作用(U. S. Department of Education,2000:2—3)。

虽然一些措辞有些不同,但是意图是一样的。残疾范式的基本综述是存在的,尽管仍需要进一步的改进。

结论:残疾范式的含义

我们需要提出残疾范式的几点含义。首先,在残疾领域,专业人士不是决策者。做决策的人应是残疾人自己。其次，必须出现社会变革，而残疾人不再是被强制要求做出改变的一方。再次，以残疾范式为基础的研究必须主动地将残疾人作为积极的参与者，因为他们是决策者。以上三点含义需要进一步详细阐述。

Stone and Priestley(1996)和 Kitchen(2000)指出，许多残疾人认为残疾研究都是在社会压迫支持的压迫性理论范式内进行的。他们提出一个可用于所有残疾研究的解放研究模式。这一研究模式不但认为研究结果必须与残疾人的生活相关，还倡导残疾人应积极参与到研究中来。

很显然，大量有关残疾的研究是有压迫性的。世界银行使用的残疾调整生命年(DALYs)视残疾和残疾人为负担(Murray & Lopez,1996a,b；世界银行,1995)。DALYs 的讽刺性在于它们经不起方法论的抨击(Groce,Chamie & Me, 1999)。这一概念基本上没有什么意义。

世界卫生组织和许多研究学者应用的《国际残损、残疾与残障分类》(ICIDH)，在语言上具有残障特征，针对残疾人推进优生学，并且本身有很多逻辑问题(Pfeiffer,1992,1994,1998)。DALYs 和 ICIDH 助长了残疾人的社会边缘问题，证明其本身具有隔离性，鼓励优生学，而且否定了平等保护和法定诉讼程序。它们都推行残疾的个人悲剧论。应用它们就含蓄地或者直接地说明了残疾人的经历不重要，也没有价值(Brock, 1993；Evans, 1994；Goode, 1994；Hughes,Hwang, Kim, Eisenman & Killian, 1995；Kaplan, 1994；Kirchner, 1995；Modell & Kuliev, 1991；Nussbaum & Sen, 1993；Parmenter, 1994；Pfeiffer, 1998；Groce, Chamie & Me, 1999；Rock, 2000)。

这一理论让人难以容忍。如同 Devlieger,Rusch 和 Pfeiffer(接下来)详细论述的那样，残疾人有权和别人不一样，同样有权与别人享受平等的待遇。他们在社会服务、日常生活以及残疾研究的执行方面享有公平保护和法定诉讼程序的权利。

（庞丽华、杨存译，陈功审校）

参考文献

Albrecht, G. L. (Ed.)(1976). *The sociology of Physical Disability and Rehabilitation.* Pittsburgh: University of Pittsburgh Press.

Albrecht, G. L. (1992). *The Disability Business: Rehabilitation in America.* Newbury Park: Sage Publications.

Altman, B. M. (1984). *Examination of the Effects of Individual, Primary and Secondary Resources on the Outcomes of Impairment*. Doctoral dissertation, University of Maryland, College Park.

Amundson, R. (2000a). Against Normal Function. *Studies in History and Philosophy of Biological and Biomedical Sciences*, 31, 33-53.

Amundson, R. (2000b). Biological Normality and the ADA. In: L. Francis & A. Silvers (Eds), *Americans with Disabilities: Exploring Implications of the Law for Individuals and Institutions* (pp. 102-110). New York: Routledge.

Arnold, D. (1993). *Colonizing the Body: State Medicine and Epidemic Disease in Nineteenth-Century India*. Berkeley: University of California Press.

Barbour, A. (1997). *Caring for Patients: A Critique of the Medical Model*. Palo Alto: Stanford University Press.

Barker, R. G. (1948). The Social Psychology of Physical Disability. *Journal of Social Issues*, 4, 28-38.

Barnes, C. (1996). Theories of Disability and the Origins of the Oppression of Disabled People in Western Society. In: L. Barton (Ed.), *Disability and Society: Emerging Issues and Insights* (chap. 3, pp. 43-60). London: Longman.

Barnes, C. (1999). Disability Studies: New or Not So New Directions? *Disability & Society*, 14, 577-580.

Barton, L. (1996). Sociology and Disability: Some Emerging Issues. In: L. Barton (Ed.), *Disability and Society: Emerging Issues and Insights* (Chap. 1, pp. 3-17). London: Longman.

Becker, H. S. (Ed.) (1963). *Outsiders: Studies in the Sociology of Deviance*. New York: The Free Press.

Beresford, P. (2000). What Have Madness and Psychiatric System Survivors Got to Do with Disability and Disability Studies? *Disability & Society*, 15, 167-172.

Bickenbach, J. E. (1993). *Physical Disability and Social Policy*. Toronto: University of Toronto Press.

Birenbaum, A. (1975). The Disabled as Involuntary Deviants. In: E. Sagarin (Ed.), *Deviants and Deviance: An Introduction to the Study of Disvalued People and Behavior* (pp. 201-214). Praeger.

Birenbaum, A. (1979). The Social Construction of Disability. *Journal of Sociology and Social Welfare*, 6, 89-101.

Blaxter, M. (1976). *The Meaning of Disability: A Sociological Study of Impairment*. London: Heinmann.

Bogdan, R., & Taylor, S. J. (1982). Inside Out: *The social Meaning of Mental Retardation*. Toronto: University of Toronto Press.

Branfield, B. (1999). The Disability Movement: A Movement of Disabled People—A Response to Paul S. Duckett. *Disability & Society*, 14, 399-403.

Brock, D. (1993). Quality of Life Measures in Health Care and Medical Ethics. In: M. C. Nussbaum & A. Sen(Eds), *The Quality of Life* (pp. 95-132). Oxford: Clarendon Press.

Brown, S. E. (1994). *Independent Living: Theory and Practice*. Las Cruces, NM: Institute on Disability Culture.

Burgdorf, R. L. Jr. (1997). Substantially Limited Protection from Disability Discrimination: The Special Treatment Model and Misconstructions of the Definition of Disability. *Villanova Law Review*, 42, 409-585.

Butler, J. (1990). *Gender Trouble: Feminism and the Subversion of Identity*. New York: Routledge.

Conrad, P. (1992). Medicalization and Social Control. Annual Review of Sociology, 18, 209-232.

Corker, M. (1999). Differences, Conflations and Foundations: The Limits to 'Accurate' Theoretical Representation of Disabled People's Experience. *Disability & Society*, 14, 627-642.

Crossley, M. (2000). Impairment and Embodiment. In: L. Francis & A. Silvers(Eds), *Americans with Disabilities: Exploring Implications of the Law for Individuals and Institutions* (pp. 111-123). New York: Routledge.

Crow, L. (1996). Including All of Our Lives: Renewing the Social Model of Disability. In: C. Barnes & G. Mercer (Eds), *Exploring the divide*. Leeds: Disability Press.

DeJong, G. (1983). Defining and Implementing the Independent Living Concept. In: N. M. Crewe, I. K. Zola, & Associates(Eds), *Independent Living for Physically Disabled People* (Chap. 1). San Francisco: Jossey-Bass Publishers.

Devlieger, P., Rusch, F., Pfeiffer, D. (Eds) (forthcoming). *Disability at the Crossroads: Emergent Definitions, Concepts, and Communities*. Ann Arbor: University of Michigan Press.

Eagleton, T. (1983). *Literary Theory: An Introduction*. Minneapolis: University of Minnesota Press.

Engel, G. L. (1977). The Need for a New Medical Model: A Challenge for Biomedicine. *Science*, 196(April 8), 129-136.

Evans, D. R. (1994). Enhancing Quality of Life in the Population at Large. *Social Indicators Research*, 33(1-3), 47-88.

Finkelstein, V. (1980). *Attitudes and Disabled People*. New York: World Rehabilitation Fund.

Foucault, M. (1980). *Power/Knowledge*. New York: Pantheon.

French, S. (1993). Disability, Impairment or Something in Between. In: J. Swain, V. Finkelstein, S. French & M. Oliver(Eds), *Disabling Barriers-Enabling Environments*. London: Sage.

Germon, P. (1998). Activists & Academics: Part of the Same or a World Apart? In: T. Shakespeare(Ed.), *The Disability Reader: Social Science Perspectives*. London: Cassell.

Germon, P. (1998). Purely Academic? Exploring the Relationship Between Theory and Political Activism. *Disability & Society*, 14, 687-692.

Gerstmann, E. (1999). *The Constitutional Underclass: Gays, Lesbians, and the Failure of Class-Based Equal Protection.* Chicago: University of Chicago Press.

Gewirth, A. (1996). *The Community of Rights*, Chicago: University of Chicago Press.

Gliedman, J., & Roth, W. (1980). *The Unexpected Minority: Handicapped Children in America.* New York: Harcourt Brace Jovanovich.

Goffman, E. (1963). *Stigma: Notes on the Management of Spoiled Identity.* Englewood Cliffs, NJ: Prentice-Hall.

Goode, D. (Ed.)(1994). *Quality of Life for Persons with Disabilities: International Perspectives and Issues.* Cambridge: Brookline Books.

Gove, W. R. (Ed.)(1980). *The Labeling of Deviance.* Beverly Hills: Sage.

Gramsci, A. (1971). *Selections from the Prison Notebooks.* New York: International Publishers.

Groce, N. E., Chamie, M., & Me, A. (1999). Measuring the Quality of Life: Rethinking the World Banks's Disability Adjusted Life Years. *International Rehabilitation Review*, 49(1&2), 12-15.

Higgins, P. C. (1992). *Making Disability: Exploring the Social Transformation of Human Variation.* Springfield, IL: Charles C. Thomas.

Hughes, C., Hwang, B., Kim, J.-H., Eisenman, L. T., Killian, D. J. (1995). Quality of Life in Applied Research: A Review and Analysis of Empirical Measures. *American Journal on Mental Retardation*, 99(6), 623-641.

Humphrey, J. C. (2000). Researching Disability Politics, Or, Some Problems with the Social Model in Practice. *Disability&Society*, 15, 63-85.

Huyssen, A. (1986). *After the Great Divide: Modernism, Mass Culture, Postmodernism.* Bloomington: Indiana University Press.

Illingworth, P., & Parmet, W. E. (2000). Positively Disabled: The Relationship Between the Definition of Disability and Rights Under the ADA. In: L. Francis&A. Silvers(Eds), *Americans with Disabilities: Exploring Implications of the Law for Individuals and Institutions* (pp. 3-17). New York: Routledge.

John, M. E. (1996). *Discrepant Dislocations: Feminism, Theory, and Post-Colonial Histories.* Berkeley: University of California Press.

Johnson, H. McBryde(1981). Who Is Handicapped? Defining the Protected Class Under the Employment Provisions of Title V of the Rehabilitation Act of 1973. *Review of Public Personnel Administration*, 2, 49-61.

Kaplan, R. M. (1994). Using Quality of Life Information to Set Priorities in Health Policy. *Social Indicators Research*, 33(1-3), 121-163.

Kirchner, C. (1995). Economic Aspects of Blindness and Low Vision: A New Perspective. *Journal of Visual Impairment & Blindness*, 89, 506-513.

Kitchen, R. (2000). The Researched Opinions on Research: Disabled People and Disability Research. *Disability&Society*, 15, 25-47.

Kuhn, T. (1970). *The Structure of Scientific Revolutions* (2nd ed.). Chicago: University of Chicago Press.

Liachowitz, C. H. (1988). *Disability as a Social Construct: Legislative Roots*. Philadelphia: University of Pennsylvania Press.

Longino, C. F. Jr., & Murphy, J. W. (1999). *The Old Age Challenge to the Biomedical Model: Paradigm Strain and Health Policy*. Amityville, NY: Baywood Publishing Company.

March, J. G., & Simon, H. A. (1958). *Organizations*. New York: John Wiley.

Marks, D. (1999a). Dimensions of Oppression: Theorising the Embodied Subject. *Disability & Society*, 14, 611-626.

Marks, D. (1999b). *Disability: Controversial Debates and Psychosocial Perspectives*. London: Routledge.

Modell, B., & Kuliev, A. M. (1991). Services for Thalassaemia as a Model for Cost-Benefit Analysis of Genetics Services. *Journal of Inherited Metabolic Disorders*, 14, 640-651.

Moore, C. L., & Feist-Price, S. (1999). Societal Attitudes and the Civil Rights of Persons with Disabilities. *Journal of Applied Rehabilitation Counseling*, 30, 19-24.

Morris, J. (1991). *Pride Against Prejudice*. London: Women's Press.

Murray, C. J. L., & Lopez, A. D. (1996a). Evidence-Based Health Policy: Lessons from the Global Burden of Disease Study. *Science*, 274 (November 1), 740-743.

Murray, C. J. L., & Lopez, A. D. (Eds) (1996b). *The Global Burden of Disease: A Comprehensive Assessment of Mortality and Disability from Diseases, Injuries, and Risk Factors in* 1990 *and Projected to* 2020. Cambridge: Harvard University Press.

Meyerson, L. (1948). Physical Disability as a social Psychological Problem. *Journal of Social Issues*, 4, 95-100.

Nussbaum, M. C., & Sen, A. (Eds) (1993). *The Quality of Life*. Oxford: Clarendon Press.

Oliver, M. (1983). *Social Work with Disabled People*. London: Macmillan.

Oliver, M. (1990). *Politics of Disablement*. London: Macmillan.

Oliver, M. (1995). *Understanding Disability: From Theory to Practice*. New York: St. Martin's Press.

Oliver, M. (1996). A Sociology of Disability or a Disablist Sociology? In: L. Barton (Ed.), *Disability and Society: Emerging Issues and Insights* (Chap. 2, pp. 18-42). London: Longman.

Osberg, S., Corcoran, P. J., DeJong, G., & Ostroff, E. (1983). Environmental Barriers and the Neurologically Impaired Patient. *Seminars in Neurology*, 3, 180-194.

Parmenter, T. R. (1994). Quality of Life as a Concept and Measurable Entity. *Social Indicators Research*, *33*(1-3), 9-46.

Parsons, T. (1951). *The Social System*. Glencoe: The Free Press.

Parsons, Ta. (1957). Illness and the Role of the Physician: A Sociological Perspective. *American Journal of Orthopsychiatry*, 2, 452-60. reprinted in 1985: P. Hamilton (Ed.), Readings from Talcott Parsons (Reading 11, pp. 145-155). New York: Tavistock Publications.

Parsons, T. (1975). The Sick Role and the Role of the Physician Reconsidered. *Health and Society*, *53*, 257-278.

Paterson, K., & Hughes, B. (1999). Disability Studies and Phenomenology: The Carnal Politics of Everyday Life. *Disability&Society*, *14*, 597-610.

Percy, S. L. (1989). *Disability, Civil Rights, and Public Policy: The Politics of Implementation*. Tuscaloosa: University of Alabama Press.

Pfeiffer, D. (1992). Disabling Definitions: Is the World Health Organization Normal? *New England Journal of Human Services*, *11*, 4-9.

Pfeiffer, D. (1993). Overview of the Disability Movement: History, Legislative Record, and Political Implications. *Policy Studies Journal*, *21*, 724-734.

Pfeiffer, D. (1994). Eugenics and Disability Discrimination. *Disability&Society*, *9*, 481-499. Reprinted in 1999: R. P. Marinelli & A. E. Dell Orto (Eds), *The Psychological & Social Impact of Disability* (4th ed., Chap. 2, pp. 12-31). New York: Springer Publishing Company.

Pfeiffer, D. (1996). Understanding Disability Policy. [A Review of] Michael Oliver, Understanding Disability: From Theory to Practice (New York: St. Martin's Press, 1995). *Policy Studies Journal*, *24*, 157-159.

Pfeiffer, D. (1998). The ICIDH and the Need for Its Revision. *Disability & Society*, *13*, 503-523.

Pfeiffer, D. (2000). The Disability Paradigm. In: L. R. McConnell & C. E. Hansen (Eds), *Disability Policy: Issues and Implications for the New Millennium-A Report on the 21st Mary E. Switzer Memorial Seminar* (September, 1999, pp. 81-82). Alexandria, VA: National Rehabilitation Association.

Ratzka, A. (1999). What is Independent Living? *Personal Assistance Users' Newsletter*, (April).

Rock, M. (2000). Discounted lives? Weighing disability when measuring health and ruling on 'compassionate' murder. *Social Science and Medicine*, *51*(3), 407-417.

Safilios-Rothschild, C. (1970). *The Sociology and Social Psychology of Disability and Rehabilitation*. New York: Random House.

Schriner, K. F., & Scotch, R. K. (1998). Beyond the Minority Group Model: Am Emerging Paradigm for the Next Generation of Disability Policy. In: E. Makas, B. Haller&T. Doe (Eds), *Accessing the Issues: Current Research in Disability Studies* (pp. 213-216). Dallas: The Society for Disability Studies and The Edmund S. Muskie Institute of Public Affairs.

Schur, E. M. (1971). Labeling Deviant Behavior: *Its Sociological Implications*. New York: Harper and Row.

Schur, E. M. (1979). *Interpreting Deviance*. New York: Harper and Row.

Scotch, R. (2000). Models of Disability and the Americans with Disabilities Act. *Berkeley Journal of Employment and Labor Law*, 21, 213-222.

Scotch, R., & Schriner, K. (1997). Disability as human variation: implications for policy. *The Annals of the American Academy of Political and Social Science*, 549, 148-160.

Scott, R. A. (1969). *The Making of Blind Men: A Study of Adult Socialization*. New York: Russell Sage Foundation.

Scullion, P. A. (1999). "Disability" in a Nursing Curriculum. *Disability&Society*, 14, 539-559.

Shakespeare, T., & Watson, N. (1997). Defending the Social Model. *Disability&Society*, 12, 293-300.

Silvers, A. (1998). A fatal Attraction to Normalizing. In: E. Parens (Ed.), *Enhancing Human Traits: Ethical and Social Implications* (pp. 95-123). Washington D. C.: Georgetown University Press.

Society for Disability Studies (2000). 2000 *Membership Directory*. Chicago.

Stone, E., & Priestley, M. (1996). Parasites, Pawns and Partners: Disability Research and the Role of Non-Disabled Researchers. *British Journal of Sociology*, 47, 699-716.

tenBroek, J. (1966). The Right to Live in the World: The Disabled in the Law of Torts. *California Law Review*, 54, 841-919.

tenBroek, J., & Matson, F. W. (1966). The Disabled and the Law of Welfare. *California Law Review*, 54, 809-940.

UPIAS (1976). *Fundamental Principles of Disability*. London: Union of the Physically Impaired Against Segregation.

U. S. Department of Education, Office of Special Education and Rehabilitative Services, National Institute on Disability and Rehabilitation Research. *Long-Range Plan* 1999-2003, *Executive Summary*. Washington, D. C.: Author, 2000.

Ustun, T. B., Bickenbach, J. E., Badley, E., & Chatterji, S. (1998). A Reply to David Pfeiffer "The ICIDH and the Need for its Revision". *Disability&Society*, 13, 829-831.

Vander Z. J. (1972). *American Minority Relations* (3rd ed.). New York: Ronald Press.

Waddington, L. (1996). Reassessing the Employment of People with Disabilities in Europe: From Quotas to Antidiscrimination Laws. *Comparative Labor Law Journal*, 18, 62-101.

Wikler, D. (1979). Paternalism and the Mildly Retarded. *Philosophy and Public Affairs*, 8, 377-392.

Wildman, S. (1996). *Privilege Revealed: How Invisible Preference Undermines America*. New York: New York University Press.

Williams, G. H. (1983). The Movement for Independent Living: An Evaluation and Critique. *Social Sciences and Medicine*, *17*, 1003-1010.

World Bank (1995). *Chile: The Adult Health Policy Challenge*. Washington, D. C.: The Author.

Wright, B. A. (1983). *Physical Disability-A Psychosocial Approach*. New York: Harper and Row.

Zola, I. K. (1982a). *Missing Pieces: A Chronicle of Living with a Disability*. Philadelphia: Temple University Press.

Zola, I. K. (1982b). Social and Cultural Disincentives to Independent Living. *Archives of Physical Medicine and Rehabilitation*, *63*, 394-397.

Zola, I. K. (1989). Toward the Necessary Universalizing of a Disability Policy. *The Milbank Quarterly*, *67* (Supplement 2, Part 2), 401-428.

Zola, I. K. (1993a). Disability Statistics, What We Count and What It Tells Us: A Personal and Political Analysis. *Journal of Disability Policy Studies*, *4*, 9-39.

Zola, I. K. (1993b). Self, Identity and the Naming Question: Reflections on the Language of Disability. *Social Science & Medicine*, *36*, 167-173.

Zola, I. K. (1994). Towards Inclusion: The Role of People with Disabilities in Policy and Research Issues in the United States-A Historical and Political Analysis. In: M. H. Rioux & M. Bach (Eds), *Disability is Not Measles: New Research Paradigms in Disability* (pp. 49-66). North York, Ontario: Roeher Institute, York University.

运用角色理论描述残疾

沙龙·巴尼特

引 言

　　本文运用多个社会学概念并评估它们在残疾问题方面的可应用性。这些概念,包括身份、角色以及主导身份,可以帮助我们来充实研究残疾的社会模式。这一模式的最基本假设是残疾是由社会来确定[构建],因此残疾是一种社会状况,而不仅仅是医学问题。但是,这个模式没有明确指出社会因素是如何确定残疾的。本文讨论一系列机制,社会因素正是通过这些机制来构建残疾。这说明角色、身份和主导身份等机制搭建了社会结构和个体之间的概念性桥梁,这一观点来源于社会学中的角色理论。角色理论包含了角色、角色突显(role salience)、角色设定、角色的不连贯性、角色的传承、角色矛盾、角色模糊性以及角色同步性等。严格地说,它不是一个理论,它并没有在两个或多个概念和变量之间建立联系,也并未给出假设。而上述两点对于理论来说是必需的。另外,它更类似于是一种"社会学观点"而不是社会学理论(Blalock,1969)。① 尽管它没有提出相关假设,但它仍然提供了一条把个体和社会结构、社会文化及亚文化连接起来的概念性路径。

　　本文会运用到角色理论的一些基本概念,把它们应用于研究肢体或精神残损人群,我们还将提供方法来挖掘这些概念的潜在内涵,增进我们对本社会和不同文化社会中残疾现象的认识。

　　尽管 Thomas(1969)在很多年前讨论了把角色理论应用于残疾人研究,但

---

　* 社会科学研究与残疾,第二卷,
　　理论与方法研究,53—75 页。
　　Elsevier Science Ltd. 版权所有 © 2001
　　对任何形式的复制,保留所有权利。
　　ISBN:0-7623-0773-0

　① 但是,为了交流方便,我们还是用已有的社会学用语。

是在随后关于残疾的社会构建的讨论却忽视了这一观点。Thomas 的讨论包含了很多有启发意义的观点,在本文中我们将会引用这些观点。但是,无论是这些观点的语言描述,还是对残损人群社会预期的认识都已经是明日黄花。这里我们将试图重温这些观点,以期在现有社会认识以及现有的残损、残障、残疾概念化之下发挥它们的作用。

身　份

　　社会学家把我们在社会中所处的位置称为社会身份。它们的存在独立于处于这些身份或者位置的人。身份的数量、社会位置以及它们之间的关系组成了社会结构。社会结构控制了某些特定身份的既定数量(例如国会的人数),同时,对于另外一些身份(如父母)的存在数量没有过多限制。它明确规定了各个身份的等级位置。它也规定了身份之间非等级的连接方式。人们可以把社会等级想象成一组小钉板,人就是钉子。钉板上的洞就是身份;他们的数量、社会位置以及相互关系由他们在钉版上的位置决定;人和身份的关系就像钉子和小洞。

　　社会结构控制着身份的获得和丧失。一些身份设置了大多数人都不能逾越的高难度的障碍,让一些人不可能获得这样的身份。例如,尽管我们的文化意识认为"人人皆可成为总统",但是美国总统的身份定义非常明确,而获得这一身份也非常困难。要成为总统的人必须满足宪法要求(出生在美国,35 岁以上),必须有财力进行一系列的选举活动,并且最终获得胜利。因为这样的角色只有一个,并且获得它具有很高的难度,大多数人都无法得到。其他的身份也有特定的要求,虽然难但是可以达到:为了获得医生的身份,一个人需要完成大学学业,进入医学院,从医学院毕业,完成实习期和实习医阶段。拥有资源不多的人,如缺少智慧、金钱、执著等,相比于那些资源丰富的人更难获得这个身份,但并非完全没有可能。还有一些身份更容易获得。几乎每一个 12 岁以上、身体健康的人都可以获得父母的身份[尽管可能没有完全获得社会认可,没有足够的能力完成好这个角色]。最后,一些身份是必须的(如美国的儿童 6 岁开始获得学生的身份),而一些身份则是自愿的(去教堂的人)。

　　身份可以是赋予的也可以是获得的。在第一种情况下,身份是由社会给予这个人的,经常——但不总是——与生俱来。如英国的皇家身份,或者在有明确年龄级别的社会中的年龄角色。获得的身份是可以选择的,既可以是自愿的,也可以是因为没有选择另一个而获得这个。这方面的例子包括从父母身份到职业医师身份。

角 色

每个社会身份都有与其对应的社会角色,来告诉处于该身份中的人们他们需要有怎样的作为。一些社会学者把社会角色类比为剧目中的角色。这两种角色都需要一段扮演时间,之后被放弃。它们都需要脚本,确定具体的台词和扮演这一角色需要具有的性格。最后,演员可以选择他们要扮演的角色(Goffman, 1959)。[但是,尽管社会角色也有脚本,却没有剧目脚本那么的明确。]

社会文化为社会角色提供了脚本。这些脚本说明了社会文化对角色的预期以及社会文化对适合这一角色的演员类型的预期。这样的脚本通常不会明文写出,而是通过一代一代的人传承下来。这些脚本的内容丰富,包括对角色形体的要求[舞者应该苗条、柔软],对个性的要求[公司 CEO 应该有竞争精神],对情感的要求[医生不可以流泪],对认知过程的要求[大学教授应该清晰快速地作答],对语言使用的要求[英国的上层人士不应该讲方言],对行为的要求[大学钢琴专业的学生应该每天练琴很多小时],甚至对衣着风格的要求[医生需要穿白大褂]。除此以外,这些脚本包括一些规定[扮演角色的人应该做什么],还包括一些禁令[扮演角色的人不应该做什么]。还包含违反角色规定的适当的处罚政策[不负责任的父母可能失去孩子的抚养权,不能胜任的律师将失去资格,不给学生上课的教授会被解雇]以及角色允许个人发挥的余地(Edgerton, 1985)。

尽管人们可以选择以何种程度来遵循角色说明,但他们必须原样遵守某些规定项目,否则就不能充分扮演角色。例如,教师应该知识渊博,谆谆善诱,为人师表,教学相长,穿着得体,而不能体罚学生,不需为他们洗衣做饭、接送他们参加课外活动,或者监督他们参加礼拜[家长则需要做到这些,至少做到一部分]。不抚养子女的母亲会被认为是不好的家长,而做不到这些的老师却不是坏老师。

角色设定还规定了扮演这些角色的恰当和不恰当的**地点**[病人的角色应该出现在家里或医院,而不是在篮球场上],扮演这些角色的恰当和不恰当的**时间**[教师的角色很少出现在晚上,而爵士乐手的角色通常在夜晚],角色规定的严格程度[不遵守工作守则的工人可以被辞退,而教会成员却不会],以及违反角色设定的**惩罚措施**[医生穿着有性暗示意义的服装会被认为是一种羞耻,而同样打扮的酒吧招待则不会被这样认为]。

角色设定同样也规定了与某一角色相关联的其他角色,有时候我们把这称为**角色组**,以便更好地执行这一角色。① 例如,没有孩子的人就不能成为母亲。必须有人来扮演孩子的角色,依附于母亲的角色,这样才能使母亲的角色得以实现[但是孩子角色的获得必须通过一些机制,如生育、收养、监护。例如,如果孩子角色的获得是通过从医院偷走婴儿,那么我们就不承认母亲角色的实现,除非无人知情]。

在任何一个时间点上,人们都在扮演着很多的角色。②社会概念会对人们扮演的角色规定出明显的等级划分。这在某种程度上表明了一个人对其角色的"入戏"程度——这个角色是否需要人用一生来扮演,或者是浅尝辄止即可(Sarbin & Allen, 1968)。③因此在美国人的角色观念中,医生角色比家庭角色更有优先级,母亲的角色比情人的角色更有优先级。这种等级划分在社会生活中非常重要,甚至被写入了法律——放弃照管孩子而去与情人约会的母亲,如果可以证实她抛弃子女或对他们疏于照顾,她可能会丧失孩子的监护权。相反,垃圾收集工在角色等级中就没有很高的位置:他们可以很好地完成工作或者被解雇,但是这个角色不能成为一个人身份的核心部分。他们经常会扮演其他比垃圾收集工更重要的角色[例如父母],因此带生病的孩子去看病可以成为请假的充分理由,但是同样的理由对于部队的军官来说就不适用。

残疾作为一个社会角色

从角色理论的角度来讲,残疾也是一种社会身份,社会将这一身份赋予具有可见或可知的肢体或者精神残损的人。④对有残损的人的角色定义和设定

---

① Merton(1976)用另一种方法使用这个概念,用来泛指所有附带在某个身份上的可能的身份。因此,他把教师这一角色组看成是不只包括学生还包括校长、看门人和秘书。在其替代用法中,任何包括了教师和其他身份的人的两人组都可以组成一个角色组。

② 由角色理论的观点,人在任何时候担当的角色都可能成为他们的身份特征。人们的身份特征是由他们扮演的角色组成的,其中一些角色可能比其他的更重要。人们对角色的价值判断也不一样,因此他们会依据重要程度构建一个他们身份中角色的等级,叫做突显等级。例如,"妻子"的角色和"教授"的角色对于不同的人来说重要性不同,对一些人来说"聋"的角色的重要性不如"黑人"的角色。

③ Goffman(1961)把这一连续体的两端称作"角色距离"和"附属物"。

④ 这个人不一定亲身经历了功能障碍,但是会被社会认作如此。例如,一个人可能有面部疤痕,不影响身体功能,但是仍会被社会看成是有残疾。

像对女人、黑人一样的。传统的对残疾人的设定同社会学中的"弱势角色"一样。残疾人的角色要求有残损的人是被动的、依赖性的,孩子一样的"病人"(Albrecht,1992)。有残损的人通常被认为是不漂亮的(Asch & Fine,1988;Hahn,1988),没有性欲望(Zola,1982),不能进行性行为(Murphy,1990);如果是女性,还不能生育,因此也不需要避孕(Nosek et al.,1995);不能抚养孩子(Waxman,1994)。对于有视觉残疾的人还有一些额外的行为设定,如在与人交往的时候善于隐藏自己的情绪而控制他人的情绪,会对同情、公共的赞扬、帮助(无论是否要求)心怀感激,并且默认他们理应获得那些同情和帮助(Cahill & Eggleston,1994)。①

残疾被认为是个体的问题,即使不能完全恢复,也可以通过个人的康复训练和努力得到改善和提高。②医务人员被看做是进行改善和康复训练的最恰当的"角色组"。如其他的非正常状态一样,残疾像是被打上烙印一样的角色,尽管它没有像犯罪行为一样的因果关系(imputation of causality)(Goffman,1963)。因为它只是条件性的合理,如果可能的话,人们都应该愿意脱离那个角色[因此,例如,很多人很难理解为什么聋人即使有可能也不愿意恢复听力,或者聋人们反对给儿童移植耳蜗]。

主导身份

身份并不都是相同的。一些身份有非常重要的社会地位,会对一个人所扮演的其他角色造成影响。这样的身份就叫做**主导身份**。③主导身份可以替代和控制其他所有身份。因此,它可以影响一个人一生当中扮演的所有角色(Schaefer,2000:123)。一些主导身份,包括性别、种族和年龄,在所有的社会中都适用,并且存在于明确的物质条件(physical condition)基础上。其他主导身份,如社会等级,只在某些社会中适用,而且是由文化决定的,与物质特征无关。主导身份的属性是,它们由社会赋予某个人,尽管有时候当事人可能反对。除了个别情况外,人们对于主导身份的分配没有选择权。

主导身份在很多层面上有着主导意义。首先是身份的**范围**(Sarbin & Al-

---

① 当 Cahill 和 Eggleston 只研究轮椅用户时,作者认为他们的观点适用于任何具有可见的残损的人群或者任何时用辅助器具的人群。
② 这是专业康复和训练的政策基础(Hahn,1985a,b)。
③ 这个概念与 Smart(2001:188)的角色诱导观点极为相似。

len，1968：499）。和其他类型的身份一样，主导身份也有关于行为、感情、认知过程、语言应用、动作、反应及其他一切关于角色行为的设定。但是鉴于它是主导身份，它的个人性格、情绪、认知过程、语言应用、动作和反应会延伸到这个人扮演的其他角色。处于主导身份地位的角色会控制其他角色，尽管具有这些特征的人可能会扮演其他角色，甚至做出非角色的行为。①因此，如果一个人的年龄比社会设定的小孩父母的年龄大的话，那么这会被认为是不合常理的，甚至被认为不应获得这个角色。年龄较大的父母更容易被认作是孩子的祖父母。②尽管在我们的社会中，主导身份的效应如种族和性别不像一个人的选举权或者财产所有权那么有力，但是它们仍然是存在的。

鉴于主导身份的统领地位，一些看似无关的行为都与它有本质上的关联，与其他身份则是附带性的相关。因此，如果一个女人的驾驶技术很差，我们会解释说因为"她是个女人"；如果一个老年人的忘性大，我们会解释说因为"他老了"；如果一个人不叠床，我们会解释说因为"她是盲人"。所有这些情况及其他相似行为都会被归因于一个人的主导身份，而不是其他社会角色或者性格特点。

主导身份的统领作用在人与人的相互交往中也有体现。之所以称它为"主导身份"是因为人们在其基础上建立起相互关系。因此，当人们与残疾人交往的时候，他们会遵循与残疾人交往的规则，而不是仍然按照与正常交往的方式，比如和医生或者教师的交往方式。③[Goffman（1963）认为这些规则建立的基础是一个人有"残缺的属性"而其他人没有]。

另一个主导身份体现"主导"地位的是**暂时性**。很多其他身份类型是暂时有限的。他们发生在一天、一个星期、一个月、一年之中的某段时间，或者他们只持续某一段时间。工作角色就是一个例子，在我们的社会中，通常它在人的一生中只存在一段特定时间，而不是存在于他们的整个生命过程或者他们的整个成年时光。工作角色也只是发生在一天、一周、一个月之中的某些时

---

① 角色理论认为所有的行为都是角色行为。但是，有些行为是独立的，例如刷牙，这不算是角色行为，除非是在一定的角色条件下进行的。

② 因此，Neugarten et al.（1968）认为，人对于某些角色可以是适时的，也可以是不适时的。不适时可能引发压力。

③ 建立起相互关系，就好像这个人在不同的角色里，这种现象的发生只和角色有关，而与主导身份无关。例如，医生在参加聚会的时候会被咨询关于医疗的问题，律师也会被问到法律问题。这两个例子中，人的工作角色在相互交往中具有优先地位，这种优先级不应被干涉[这也意味着主导身份不一定是二分的，而是程度问题。我们在此不讨论那种可能性]。

间。尽管父母的角色就会持续很多年,占满一天24小时、一周7天、一个月中的每一天、一年中的每一个月,但它不占据一个人的整个生命过程。与此不同的是,主导身份在一个人一生中的任何时候都会影响他所扮演的其他角色。一个女性的整个一生、任何时候都会被认为[正确或不正确的]是女性。

主导身份也是**说明符**。主导身份可以指明在某一范畴之内其他角色的重要性。因此性别的主导身份决定了工作角色对于男性来说比家庭角色重要,对女人则是家庭角色重于工作角色。

主导身份最重要的意义在于它的**分配机制**。主导身份是一种会影响一个人进入其他身份和角色的社会机制。它通过很多途径来实现这一机制。其中一类分配机制叫做**拒绝机制**:某些角色只有具有某种主导身份的人才能扮演,最极端的例子就是社会等级。社会等级明确规定了哪类职业角色是开放的,而其他可能的职业角色是关闭的。但是,无论在我们的社会还是其他社会,其他主导身份也有同样的职能。例如,年龄。我们社会中的年龄小于14岁的儿童不能进行有偿工作,未达到所在州的法定年龄,他们也不能未经父母同意而结婚。年龄大于40岁的不会担当运动员的角色,也不会被考虑做《17岁》杂志的模特。

还有一类分配机制叫做**附加机制**。与某些类别的主导身份相关的角色会带有一些附加、关联身份,这样的身份是与生俱来的或者只开放给相应主导身份的(Thomas,1966)。这些其他的角色可能是社会赋予的,或者是个人主动承担的,也可能两者兼有。有残损的人也**可能**被赋予或者主动承担病人、照顾对象和/或个人护理助理的"老板"这样的角色。聋人可能——如果其他特征还完好,如与聋人的手语沟通能力——在聋人群体中承担一些角色,这些角色除了对聋人的子女以外是不对外开放的。

[相关的,与这些主导身份处在同一个角色组的人也可能在他们本来的角色以外承担附加角色。因此,配偶患有多种硬化症的人和子女患有智力障碍的父母就需要承担附加角色,如提供照料、维护的角色。聋人的子女需要扮演翻译的角色。]

第三类叫做**分派机制**。主导身份可以提高角色被分配到某些特定人群中的几率。因此,主导身份中有高优先级的人更容易获得级别高的角色,优先级低的人获得这样的角色的难度更大。相反的,他们获得认同度低的角色的可能性会高。因此,男人比女人更容易成为外科医生。但是,女人比男人更容易成为护士。

在一些社会条件下,主导身份分派的不仅是角色,而是获得某些法律保护和赔偿、社会支持、服务的途径。因此,黑人、妇女、残障人士可以获得反歧视法的保护,而白人、男性、非残疾人则不会受到这样的法律保护。①残障人士可以获得职业的康复服务、失业救济、免服兵役(Stone,1984);非残障人士不享受这些福利。

最后,主导身份通常是形成**成见、偏见和歧视的基础**。这是因为它包含了一个或多个标记性的类别以及一个或多个不含标记性的类别。在我们的社会中,一些年龄的类别——特别是老年——是被标记的[老年人歧视],而其他年龄则没有(Streib,1963)。在语言的范畴里,低等身份使用的语言会被标记,因为它有别于我们认定的正常用法。处于带有标记的主导身份地位而改变了对其身份的成见和社会限定的人会被认为是与众不同的。Hughes(1971)把这种情况称为"身份对立"。当描述处于对立身份地位的人时,我们会用他们的差异身份来标记这些人。他们会被称为男护士、黑人医生、女律师、聋人部长等。和他们的主导身份原本的设定相比,无论是较之低等级的身份[男护士]还是较之高等级的身份[黑人医生]都存在这样的现象。Hughes还指出,一种调和社会、人与其所处身份之间不协调性的途径是隔离,即黑人医生通常只给黑人看病。

一个人可以有一个以上的主导身份。在一个以上的主导身份中都处于低级地位的人,被称作有双重[或三重、四重]危险(Deegan,1981),在其所处的不同主导身份中都受到成见和歧视的影响。②这样的情况下,多个主导身份会结合成一个新的主导身份。

残疾作为主导身份

一些学者认为"残疾"的角色高于其他角色,因而也是一种主导身份(如见Lorber,2000)。Thomas(1969)用"有残障的执行者"这一术语来描述残损对其他角色行为的影响,包括与其他主导身份相关联的角色,如性别,以及不与其他主导身份关联的角色,如职业角色。

---

① 这是真实的,尽管歧视仍然存在。例如,听力没问题的学生在Gallaudet大学,一个专门为聋人开办的大学,没有权利要求提供手语翻译。这是美国残疾人法案规定的,即使他/她不能理解只用美式手语的其他学生或者老师要表达的意思。而手语技术差的聋人学生则可以提出这样的要求。

② 因此,例如,黑人员工比白人员工的收入低,女性黑人员工比女性白人员工以及男性白人、黑人员工的收入都低。耳聋的女性黑人员工比耳聋的女性白人员工收入低。但是"双重危险"的反面也存在:白人男性在我们的社会中可以获得两个身份带来的收入优势,他们在教育等特征对收入的回报率上也有优势。

关于残疾作为主导身份的争论的最有利的论据来自性别作为主导身份的可转换性。一些学者认为残疾是主导身份，它作为一个起决定作用的主导身份的地位要高于性别。Fine and Asch(1988)认为残疾女性是不性感的、没有魅力、不可与其结婚、非女人的。她们不能承担家庭生活中女性的角色，因为这一角色组中的其他成员（男朋友、丈夫和孩子）对她们来说是无法获得的。因此他们认为残疾影响了其他所有角色，甚至性别角色。[但是，正如 Lorber(2000)指出的，人们默认残疾女性是无用的、不能独立的，这些观点与社会对女性的预期值之间的不和谐要低于它们与社会对男性的预期值之间的不和谐。]Deegan(1981)和 Barnartt(1982)认为，如果残疾女性比非残疾女性的劳动报酬低，残疾就是工作角色的主导身份。① Doe(1993)证明，对于耳聋的女性，她们聋的特质超过了女性特质，因此他们对于由聋引起的歧视的关注多于由性别引起的歧视。

还有学者将残疾等同于少数民族身份，他们得出了类似的结论。Stroman(1982)给出了把残疾等同于少数民族身份的最明显的例子，他给定了某个少数民族的5个人类学特性并验证这些特性能否应用到残疾人群体中。两类群体都受到经济和政治上的不公平待遇，偏见、歧视、全体内部团结一致、内部通婚，物质和文化与建立在其他特征基础上的少数民族的相应特征类似。Barnartt and Christiansen(1985;1996)做过另一个关于聋人的研究案例，发现几十年以来聋人有着和低等级的少数民族一样的社会经济地位。尽管他们没有给出少数民族的其他特征，相关的证据可见 Schein and Delk(1974)的研究，他们发现少数民族内部通婚比例非常高。还可见于其他一些关于聋人文化的研究(e.g. Jankowski, 1997; White, 1998)。

比较残疾和其他主导身份

上文中引用过的学者认为残疾角色的影响力远远大于其他角色。② 他们

---

① Barnartt(1986)指出，对于聋人员工，由于参加状况不同，收入歧视的程度也存在差异。
② 有事实证明这不是经验案例，事实指出性别是可以影响其他身份的主导身份，包括种族和残疾。例如，Barnartt(1997)指出，近年来女性聋人的职业变化特点与听力正常的妇女近似，而不是与男性聋人的情况近似。男性聋人的工作变化特点与听力正常的男性相似，而不是相似于女性聋人。Barnartt and Altman(1997)指出，收入的最具影响力的决定因素是性别和一组变量，这组变量的类别是拥有平均水平以上教育背景的男性以及其他所有人。Houser 等(2000)和 Hogan 等(2000)指出性别对约会/生育等行为以及成年的过程的影响大于残疾的影响。尽管证据还不足以把残疾从主导身份中除去，但是确实说明主导身份在某些社会情况下，如职业，会和另一些情况下，如面对面交流，发挥不同的作用。

也指出,残疾和种族或性别这类主导身份一样,是有物质基础的。在我们的社会中,种族和性别是建立在明确、不可替换的生物特征之上的,有其固有的类别,容易区分,是一个人不可改变的特质。但是,这些看法越来越被看作是不正确的。性别被重新定义为一个连续体,或者一个包含两个类别以上的组,以上两种新定义都不必然与生物特性相关。Kessler 给出了大量的证据证实,性别分配的结果在生殖器异常的情况下是随机的、不连续的。Fausto-Sterling (2000)认为生物性别的检测需要在基因水平、激素水平、解剖学水平上进行,上述三个方面未必互相吻合,可以产生至少 5 种不同的性别。另外,人类学文献中有很多由文化赋予或接受的性别角色的案例,这些角色与一个人的生理性别并不相符。其中一个案例发生在印度,生理上是男性的 Hijra 近似扮演了文化赋予的女性角色。这个角色被看作是第三性别,被文化清晰定义并接受,它的形成是通过一个宗教仪式和外科手术切除男性生殖器官(Nanda, 1997)。在其他的社会中,包括很多美洲印第安社会和南太平洋社会,存在着 3 种甚至 4 种性别角色,这些角色建立的基础更多的是职业而不是性别特征、爱好或行为(Nanda, 2000; Williams, 1999)。

种族的文化定义假设它是建立在一组容易定义和区分的物质基础之上。事实上,和性别一样,种族的与生理差异的关系不大,反而更容易由文化来定义,来组成一个种族群体。基因分析表明美国各个种族之间的基因组成差异不过 6%(Finkel, 1998)。①因此,在路易斯安那,有 1/8 黑人血统的人直到最近仍被认为是在种族上的"黑人",无论他们的长相、行为、感受是多么地像白人,甚至别人多么地认为他们其实是白人。当地的法律标准是,只要有一滴血来自某个种族,就是那个种族的人,因此他们不能和"白人"通婚,这种法律一直在美国占统治地位,直到 1967 年最高法院才宣布这个仍存在于 16 个州的禁止通婚的法令是违反宪法的(Finkel, 1998)。对于以申请印第安事务管理局的项目为目的、想要获得土著祖先认可的人的法律规定是,他必须具有 1/8 的印第安血统。尽管没有哪个种族具有普遍认可的物质特征,但是上述例子都表明种族是社会性的,在一个社会中的"黑人"在另一个社会中就不一定是黑人(Robinson, 1999)。

残疾在某些方面与性别、种族存在着差异。当物质条件起作用、潜在的物

---

① 此外,一个人可能有很多个不同种族的血统。在美国,只有国家统计局这样的政府部门才开始对这一切复杂的情况给予官方的关注。目前尚不清楚人们是通过面对面的交流来认识到它的,还是通过其他途径,如找工作。

质条件持久作用、身份社会化、产生身份的物质条件缺乏同质性,以及这种身份具有社会反应的时候,这些差异变得显而易见。

残疾的发生时间与种族和性别的发生时间不同。人们会被假定生于一个生物种族或生理性别。除非极个别情况[只对生理性别有效],这些身份不是后天获得的。但是残疾就不同。它可以从一个人出生就存在,直到临近去世。因为肢体残疾的发生率随着年龄的增加而上升,特别是在 60 岁之后又显著上升。肢体残疾人数最大的其实是老年人。

有些人有先天的肢体残损,有些人在儿童时期身患残损。对于后者,残疾的身份在很早的年龄就被获知,于是影响到这个人的整体身份。处于这种情况下的人,其残疾身份更类似于性别和种族。因为他们带着这种身份长大,认为它是理所应当的,而且经常不明白为什么别人把它看成是那么大的一件事。但是他们只是残损人群中的一小部分。大部分残损群体是后天获得的,而在这之前他们已经知道"残疾"是一个贬值的身份。

残疾与性别和种族的另一个区别是身份的稳定性。种族是不可变的,尽管有时候可以篡改或假冒(例如,可参见 Griffin, 1961)。性别也假定是稳定的,尽管有极少在后天改变性别的案例。①残疾则是一个可以让人进入和退出的身份,有时候还不止一次[因为大多数人都有可能在其人生中经历暂时或永久的残疾,一些残疾人活动家把没有残疾的人称为 TABS(暂时性强壮的)]。另外,一些肢体残疾,如腿部发育异常或唇裂,是可以通过治疗而缓解的。这样,有上述残疾的人就可以免除被标记的残疾这一主导身份,而进入被标记的、正常的身份类别。与此相反,性别和种族的类别转移只能通过"死亡"来实现(Goffman, 1963)。

残疾与性别和种族的第三个区别可见于早期的社会化模式。社会化是一个让人们了解到别人和文化对他们的预期的过程,是"学习剧本"的过程。种族和性别的特征在一个人最早的社会化阶段就被接受。人们从他们所处的核心家庭和/或大家族、朋友、老师、宗教、媒体,和/或他们所在的群体中学会了预期、身份和角色。随着他们的成长,他们会遇到与自己相同的人,经历相似的人,可以作为榜样的人,可以教会他们未来如何做的人。他们也会遇见和他们不同的人,这些人的存在是为了教给他们那些"不是我"的人的预期是什

---

① 目前已有的一些证据证明性别改变没有预想的成功。可参见 Colapinto,2000。

么。① 成年人可以成为正面或负面的榜样。儿童可能会仿效他们的榜样，或者看着他们说"我不想变成那样"。一个年轻的黑人可以决定不要成为"汤姆大叔"，小女孩可以决定不要像她妈妈一样成为家庭主妇。但是，无论正面还是负面，榜样有教导别人的力量。

相反的，残损人群经常是家庭中唯一处于残损状态的。这对于聋儿来说是不确切的，因为近8%的聋儿都生活在聋人家庭。但是，对于大多数患有其他类型残损的人，一定是事实。因此，残损儿童身边的社会环境是由在这一重要特征上与他们不同的人组成的。这些孩子不能拿父母做榜样。这些父母对待孩子的残损通常是悲伤、恐惧或者其他的负面情绪（Benderly，1990），他们从专业人士那里获得建议，而这些专业人士自己却没有残疾的亲身经历。这些情绪和错误信息非常可能在孩子成长过程中被传递给他们。

因此，残损儿童的社会化过程相比于性别和种族的社会化要困难许多。在残损儿童的成长过程中，他们可能不会见到与他有相同残损的成年人。（正因如此，在聋人的民间传说中才有聋儿都认为所有聋人18岁都会死去的故事）。对于残损儿童的父母也是同样的，他们也没有见过成年的聋人。

对于很多人，残疾身份的社会化过程是在他们青春期和成年期才出现的第二社会化过程。任何第二社会化过程——发生于儿童期以后的社会化过程——必须建立在初级或儿童时期的社会化过程基础上（Berger & Luckman，1966）。成年后才患残损的人在进行残疾的第二社会化过程时，已经经历了认为残疾是受歧视的身份的儿童期社会化过程。当他们患残损时，他们必须接受自己身份贬低的事实，必须认识到他们基于这个事实的身份特征。一些情况下，他们必须完成从拥有一些有价值的身份（如白人男医生）到拥有一个价值贬低的主导身份的转变；在另一些情况下，他们可能已经有了一两个价值贬低的身份。无论哪种情况，这个人都会经历身份的降低。

残损不是一个二分的情况，要么有要么没有。与怀孕不同，一个人可以"有一点残疾"。这个不仅在概念上成立，在判断是否能获得保险和其他形式的残疾人福利的残疾决定因素中也适用。一部分原因是肢体和精神残损没有共同的或稳定不变的特征。相反的，它们与一系列的连续事物相关，因此不是单一情况，对于患有残损和研究残损的人都是这样。残损在很多层面上都存在不同。包括可见性，稳定性，对肢体、精神或认知能力的影响程度，对生命的

---

① 一个特例是孩子被与他不同种族的家庭收养。他们会被社会归入一个种族类别，但这个类别可能不是他们本来所属的血亲种族。

威胁程度、疼痛程度、带来治疗问题的程度。

表 1　残损特征

特征	是	否
可见性	四肢瘫痪	精神分裂症
有痛感	纤维肌痛	聋
是否威胁生命	心脏情况	盲
引发并发症的可能性	糖尿病	发育迟缓
引发功能障碍	关节炎	面部瘢痕
干扰交流	聋	脊髓损伤
干扰学习能力	认知障碍	行动障碍
是否可逆	腿部发育异常	脊髓灰质炎
是否稳定	盲	癌症
预后（至少某种程度上）可知	斑状恶化	多重硬化症

表 1 是不同层面残损的示意图。它表明，残损可以是可见的，如四肢瘫痪；也可以是不可见的，如精神分裂症等心理残损［另一种可能是，某个残损可能本来是不可见的，但是扩展到人际交往后就会可见，如聋］。残损可能带有疼痛，如纤维肌痛，或者像聋和盲一样是无痛的。它可能威胁生命，如糖尿病和心脏病，或者不会。它也绝对可能威胁生命或者只有危险性。它可能会引发并发症，如糖尿病，或者不会。它可能干扰一个人的肢体功能——如关节炎——而像面部瘢痕一样的残损就不会造成肢体障碍。它可能会干扰精神功能，交流和学习能力，或者不会。它可能是可逆的，也可能不是。最后，它可能是一种稳定的状态（或者有稳定的潜力），或者持续变化。甚至连变化的类型都是多样的。有些残损的变化是可预知的，如癌症，而其他如多重硬化症的病变就不可依据过程、时段、症状来预知。最后，一些有残损的人会感觉到自己患病，而其他人则觉得自己非常健康。

残损是有高度变化性的，其他特征如患病年龄、病理学上的严重程度、可见程度、改善和康复的可能性更增添了它的复杂多变。所有这些特征都会影响到残疾人看待自己和他人看待残疾人的方式。

对于一些类别的残损，始终存在着是否要公开或者什么时候公开的问题。和同性恋的问题一样，残损症状不明显的残损人群有权利选择是否需要、在什么条件下公开他们的残损状况(Charmaz,1991)。一些人尽管残损症状不严重也选择承认自己是"残疾人",也有人尽管有可见的残损和/或严重残损也选择否认(Hirsch,1995)。当我们把这一情况与残疾的可见和不可见联系起来,可以发现不是所有的残损都总是把当事人放入残疾的主导身份。表2中给出了四种可能。如果该残损是可见的并且公开,那么当事人和其他人都接受残损把这个人放入了"残疾"的角色。但是,如果当事人没有公开,那就会有两种可能。如果残损是明显的但是当事人没有公开它(其他方式表明残损确实存在),那么在社会和个人之间就存在明显矛盾,即社会已经认定他处于"残疾"的角色,而他本人却没有。第四种情况,如果残损不明显而且没有公开,当事人就不会承担或者被分配给"残疾"的角色。

表2 公开和可见作为残损主导身份的决定因素

是否可见	是否公开	
	是	否
是	残损是主导身份	个体和社会之间存在矛盾
否	残损是主导身份	残损不是主导身份

角色定义和主导身份作为矛盾和变化的基础

这种把残疾作为一种角色的方法清晰地说明了残疾是由社会构建的,角色定义的问题方面也存在于社会。是社会定义了残疾的角色,为处于该角色的人设定了角色预期,规定了角色的范围。因此,它是否是一个主导身份,又是谁定义了哪个类别,这两个问题的地位就降低了。在特定的社会情形下,这个角色的暂时性、分配性、偏见性等特点才能出现。如果需要变化,必须着重于角色定义或者它作为主导身份的属性,而不是个体的改变。

当角色的文化定义和个体或多个人对该角色的定义相脱离的时候,角色矛盾就会出现。这个矛盾会出现在对该角色主导身份的理解上,也会出现在角色定义、角色赋予、被主导身份控制的其他角色的分配上,以及这个身份或角色的任何方面。特别是当角色的分配机制受法律影响的时候,如黑人没有选举权,妇女没有财产权,聋人不能驾驶等,它就会成为社会矛盾的根源。个体和群体都有可能为改变这个角色及其使命的一个或多个方面而抗争。

有时候角色定义的改变不需要"抗争"。有时候正常的、非暴力的、非政治的社会/历史过程会带来角色的文化定义的改变。工作角色的历史中有很多这样的例子,如复员工人和秘书(Gritzer & Arluke, 1985; Strom, 1992)。有时候角色组织,如专业协会,试图改变角色预期。一个这方面的例子是,护士和社会工作者组织试图通过职业化途径来提高他们角色的形象、地位和权力,由"半专业"的状态到专业。

有时候可以通过严密的政治和法律途径改变角色设定。同样的,可以在医疗领域的历史中找到例子。通过对外科医生的保护法律来保证他们采取某些措施的权利,而剥夺其他工作角色采取这些措施的权利,如护士和助产士。

在其他的情况下,社会变化是通过非常规社会或政治途径实现的。如果一群人想要通过非正常和抗争的政治途径来改变角色的文化定义,这可以算作是社会运动的一部分。在这种情况下,社会运动需要对角色及其属性进行社会化的重新定义。例如,在通过美国残疾人法案之前,社会化的重新定义是必要的(Altman & Barnartt, 1993),这也正是残疾人权利运动的参与者们所追求的(Barnartt & Scotch,第四版)。

主导身份的一些方面可能会引发矛盾。首当其冲的矛盾就是对为什么特性是主导身份的质疑。矛盾焦点可能是,例如,为什么男人和女人,或者白人和其他人种,或者残疾人和健全人,需要互相区别。集体意识会认为男人和女人是不同的,但并不是一个比另一个更好。种族也是不同的,但是没有好坏之分。残疾人和健全人也是不同的,也没有好坏之分。

某一类主导身份的分配也可能引发矛盾。对于像性别和种族这样分类清晰的主导身份,这个问题并不明显,但是经常发生在残疾身份上。Mudrick(1977:56)写道,"种族和性别的公民权利诉讼几乎都不是因一个人是否真的是女人或者是否真的是一个少数民族的一员而起。相反的,残疾问题经常是这样"。事实上,也有一个人的性别或民族存在问题的时候,包括[有些普遍性]奥运会,尽管这些还没有成为大规模的角色重新定义的理由。

身份烙印、成见、偏见、歧视也存在矛盾,具有带有标记的主导身份的人会体验到这些。这样的矛盾多是为了取消这些属性,成为公民权利运动、妇女运动、同性恋权利运动以及美国和其他地区的社会运动的基础。它也是美国和其他地方残疾人权利运动的主要动力。

矛盾还存在于角色设定自身。例如,矛盾焦点可能是是否假定女性婚后就不在外工作,或者是否假定残损人群需要帮助。

我们这里最为关注的所有被标记的三类成员(女人、黑人、残损人群)都经历过偏见、歧视,以及与少数民族相关的区别对待。处在这三类主导身份中的人形成了各种集体意识,成为集体行动和社会运动的源泉(Barnartt,1996),他们试图通过集体行动来提高地位。集体意识的来源是改变由其主导身份带来的社会评价和伴随的社会结果的迫切需要。残损人群通过斗争和传统的政治途径来改变"残疾"的角色定义,它作为主导身份的地位,和它作为主导身份带来的结果。

结论:这种概念化如何帮助我们思考残疾人问题?

残疾角色的概念化促使我们开始分析这个角色是如何被定义的,其他人与这个角色是如何互动的,一个人什么时候会承担这个角色,不承担这个角色会带来怎样的结果,以及残疾人的其他社会环境问题。我们可以解释社会"构建"残疾的机制。同样,作为主导身份的残疾的概念化帮助我们解释了歧视和压迫发生的机制,也帮助我们在一定程度上解释了在我们的社会里残疾人正在试图改变什么。

作为残疾的非医学概念化,这种概念化还提出了在社会学、心理学、政治科学和历史学上进一步研究残疾问题的途径。这些研究应考察残疾角色与其他层面角色的相互关系,如志愿者组织、家庭或工作场所;这一角色是如何与其他角色相连的,取决于它发生的年龄和特点;与这个角色社会定义相关的过去的社会条件;或者,如何利用政治程序来定义、改变或阻止改变角色定义。有些研究已经涉及这些方面中的一些,另一些还未被涉及。

这种概念化的另一个优势是可以很容易地把它拓展到文化比较研究中。我们可以考察其他文化是如何定义"残疾"的;它与角色组中其他角色的关系。它是否是主导身份,它与其他主导身份是如何比较的,以及是否已有一些行动来改变这些特征。

因此,我们认为这种概念化可以被放入到残疾和社会的理论中。这样的理论可以使我们能够分析残疾是如何与一系列社会条件和过程相适应的。通过它我们还可以分析人与环境之间的关系是如何在一定条件下可以产生残疾,而在其他条件下就不产生,这对我们理解残疾的产生有非常重要的作用(Brandt & Pope, 1997)。我们希望以本文为开始可以有越来越多的人关注身份、角色、主导身份等概念在残疾问题上的应用,以达到评估这些概念的理论和经验意义的目的。

(刘岚、杨爽译,陈功审校)

参考文献

Albrecht, G. L. (1992). The *Disability Business: Rehabilitation in America*. Newbury Park, C. A.: Sage Publications.

Altman, B., & Barnartt, S. (1993). Moral Entrepreneurship and the Promise of the ADA. *Journal of Disability Policy Studies*, 4(1), 21-40.

Barnartt, S. (1982). *The Socio-Economic Status of Deaf Women: Are they Doubly Disadvantaged?* Presented at the Conference on The Social Aspects of Deafness, Gallaudet University.

Barnartt, S. (1996). Disability Culture or Disability Consciousness. *Journal of Disability Policy Studies*, 7(2), 1-17.

Barnartt, S. (1997). Gender Differences in Changes over Time: Educations and Occupations of Adults with Hearing Losses 1972-1991. *Journal of Disability Policy Studies*, 8(1), 7-24.

Barnartt, S., & Altman, B. (1997). Predictors of Employment Income: Comparisons by Gender and Type of Impairment. *Journal of Disability Policy Studies*, 8(1), 51-74.

Barnartt, S., & Christiansen, J. (1985). The Socioeconomic Status of Deaf Workers: A Minorities Approach. *The Social Science Journal*, 22(4), 19-33.

Barnartt, S. N., & Christiansen, J. B. (1996). Educational and Occupational Status of Deaf Adults 1972-1991. In: P. Higgins & J. Nash (Eds), *Understanding Deafness Socially* (2nd ed., pp. 60-70). Springfield, I. L.: Charles C. Thomas.

Benderly, B. (1990). *Dancing Without Music*. Washington D. C.: Gallaudet University Press.

Berger, P. L., & Luckman, T. (1966). *The Social Construction of Reality*. Garden City, N. Y.: Doubleday Press.

Blalock, H. (1969). *Theory Construction: From Verbal to Mathematical Formulations*. Englewood Cliffs, N. J.: Prentice-Hall, Inc.

Brandt, E., & Pope, A. (1997). *Enabling America: Assessing Disability and Rehabilitation in America*. Washington D. C.: National Academy Press.

Cahill, S. E., & Eggleston, R. (1994). Managing Emotions in Public: The Case of Wheelchair Users. *Social Psychology Quarterly*, 57(4), 300-312.

Charmaz, K. (1991). Good *Days, Bad Days: The self in Chronic Illness and Time*. New Brunswick, N. J.: Rutgers University Press.

Colapinto, J. (2000). *As Nature Made Him: The Boy Who was Raised as a Girl*. New York: Harper Collins.

Deegan, M. (1981). Multiple Minority Groups: A Case Study of Physically Disabled Women. *Journal of Sociology and Social Welfare*, 8(2), 274-295.

Doe, T. (1993). *Exploring Gender with Deaf Women and their Hearing Sisters*. Unpublished dissertation, University of Alberta.

Edgerton, R. B. (1985). Rules, *Exceptions and the Social Order*. Berkeley, C. A.: University of California Press.

Fausto-Sterling, A. (2000). *The Five Sexes, Revisited*. The Sciences. New York: New York Academy of Science.

Fine, M., & Asch, A. (1988). Disability Beyond Stigma: Social Interaction, Discrimination, and Activism. *Journal of Social Issues*, 44(1), 3-21.

Finkel, D. (1998). Kim and Josh. *The Washington Post Magazine*, (June 28), 13-18+.

Gershick, T. (1998). Sisyphus in a Wheelchair: Men with Physical Disabilities Confront Gender Domination. In: J. O'Brien & J. Howard (Eds), *Everyday Inequalities: Critical Inquiries* (pp. 189-213). Malden, M. A.: Blackwell Publishers Ltd.

Goffman, E. (1959). *Presentation of Self in Everyday Life*. Garden City, NY: Doubleday, Inc.

Goffman, E. (1963). *Stigma*. Englewood Cliffs, N. J.: Prentice Hall, Inc.

Goffman, E. (1961). *Encounters*. New York, N. Y.: Bobbs Merrill Co.

Griffin, J. H. (1961). *Black Like Me*. Boston: Houghton Mifflin.

Gritzer, G., & Arluke, A. (1985). *The Making of rehabilitation: A Political Economy of Medical Specialization*, 1890-1980. Berkeley, C. A.: University of California Press.

Hahn, H. (1985a). Disability Policy and the Problem of Discrimination. *American Behavioral Scientist*, 28(3), 293-318.

Hahn, H. (1985b). Towards a Politics of Disability: Definitions, Disciplines and Politics. *The Social Science Journal*, 22(4), 87-106.

Hahn, H. (1988). The Politics of Physical differences: Disability ad Discrimination. *Journal of Social Issues*, 44(1), 39-47.

Hogan, D., Sandfeur, G., & Wells, T. (2000). *The Transition to Adulthood among Young Persons with Special Needs*. Presented at the American Sociological Association meetings (Washington D. C.).

Houser, J., Giordano, P., & Longmore, M. (2000). *Dating Relationships and Fertility Behaviors of Disabled Teens*. Presented at the American Sociological Association meetings (Washington D. C.).

Hughes, E. (1971). Dilemmas and Contradictions of Status. In: E. C. Hughes (Ed.), *The Sociological Eye: Selected Papers on Institutions and Race* (Book I, pp. 141-150). New York, N. Y.: Aldine/Atherton, Inc.

Jankowski, K. A. (1997). *Deaf Empowerment: Emergence, Struggle and Rhetoric*. Washington D. C.: Gallaudet University Press.

Kessler, S. J. (2000). *Lessons from the Intersexed*. New Brunswick, N. J.: Rutgers University Press.

Lorber, J. (2000). Gender Contradictions and Status Dilemmas in Disability. In: B. Altman &

S. Barnartt (Eds), *Research in Social Science and Disability* (Vol. 1, pp. 85-103). New London, C. T.: JAI Press.

Merton, R. (1976). The Role-Set: Problems in Sociological Theory. In: L. A. Coser & B. Rosenberg (Eds), *Sociological Theory: A Book of Readings* (4th ed., pp. 294-303). New York, N. Y.: Macmillan.

Mudrick, N. (1997). Employment Discrimination Laws for Disability: Utilization and Outcome. *Annals of the American Academy of Political and Social Sciences*, 549 (January), 53-70.

Murphy, R. (1990). The Body Silent. New York, N. Y.: Norton.

Nanda, S. (1999). The *Hijras of India: Neither Man nor Woman* (2nd ed.). Belmont, C. A.: Wadsworth.

Nanda, S. (2000). *Gender Diversity: Crosscultural Variations*. Prospect Heights, I. L.: Waveland Press.

Neugarten, B., Moore, J. W., & Lowe, J. C. (1968). Age Norms, Age constrains, and Adult Socialization. In: B. L. Neugarten (Ed.), *Middle Age and Aging: A Reader in Social Psychology* (pp. 22-28). Chicago: University of Chicago Press.

Nosek, M. A., Young, M. E., & Rintala, D. H. (1995). Barriers to Reproductive Health Maintenance among Women with Physical Disabilities. *Journal of Women's Health*, 4, 505-518.

Robinson, E. (1999). Colors: On the Beach at Ipanema. Washington Pot Magazine, (August 1), 8+.

Sarbin, T., & Allen, V. (1968). Role theory. In: G. Lindzey & E. Aronson (Eds), *The Handbook of Social Psychology* (2nd ed., pp. 488-567). Reading, M. A.: Addison-Wesley Publishing Co.

Schaefer, R. T. (2000). *Sociology: A Brief Introduction* (3rd ed.). New York, N. Y.: McGraw Hill.

Smart, J. (2001). *Disability, Society and the Individual*. Gaithersburg, M. D.: Aspen Publishers, Inc.

Stone, D. (1984). *The Disabled State*. Philadelphia: Temple University Press.

Streib, G. (1963). Are the Aged a Minority Group? In: B. L. Neugarten (Ed.), *Middle Age and Aging* (pp. 35-46). Chicago, I. L.: University of Chicago Press.

Storm, S. H. (1992). *Beyond the Typewriter: Gender, Class, and the Origins of Modern American Office Work*, 1990-1930. Urbana, I. L.: University of Illinois Press.

Stroman, D. F. (1982). *The Awakening Minorities*. Washington D. C.: University Presses of America,

Thomas, E. J. (1966). Problems of Disability from the Perspective of Pole Theory. *Journal of*

Health and Social Behavior, 7(1), 2-13.

Waxman, B. F. (1994). Up Against Eugenics: Disabled Women's Challenge to Receive Reproductive Services. *Sexuality and Disability*, 12, 155-171.

White, B. (1998). From 'deaf' to 'Deaf': Defining Deaf Culture. *Disability Studies Quarterly*, (Spring), 3-5.

William, W. L. (1999). The *Spirit and the Flesh: Sexual Diversity in American Indian Cultures*. Boston, M. A.: Beacon Press.

Zola, I. K. (1982). Missing *Pieces: A Chronicle of Living with a Disability*. Philadelphia, P. A.: Temple University Press.

残疾的定义和操作化,以及在调查数据中的测量:一个更新[*]

芭芭拉·M.奥尔特曼

引 言

通过调查数据来反映残疾的医疗、身体和社会特征是一项艰巨的任务。利用各种概念模式(model)来探讨和说明残疾的定义从而得到操作化定义和测量方法的文献汗牛充栋(Nagi,1965;Wood,1975,Williams,1979;Verbrugge & Jette,1994;WHO,1999)。这些模式都旨在通过明确地阐述残损、受限、残疾和活动几个概念的关系来区分这些概念。残障一度也属于这个范畴,但这个术语现在已经很少使用了。

最广为接受的模式最初是由 Nagi(1965)和 Wood(1975)提出的。Nagi的模式确认了病理和疾病的状态会导致残损,从而可能导致某些功能受限。(这并不是一一对应的关系,只是一种可能的联系)。在原始的模式中,这些与残疾有关的元素割裂了个人与环境的关系,社会角色行为理论也认识到了这一点(Nagi,1965)。同时也在医学所委员会所做的研究中得到详尽的体现,如 Pope and Tarlov(1991)。

另一个是由 Wood(1975;1980)提出的模式,同样涉及了残障的概念。这个概念反映了残疾人在其社会角色环境中面临的不利地位。最近,世界卫生组织对早先的基于 Wood 思路的残疾模式和分类进行了修正和扩展,制定了《国际残损、残疾与残障分类》(ICIDH-2, International Classification of Impairments, Disabilities, and Handicaps),残障这个词暂时得以保留,但不作为概念

---

[*] 社会科学研究与残疾,第二卷,
理论与方法研究,77—100页。
Elsevier Science Ltd. 版权所有 © 2001
ISBN:0-7623-0773-0

化定义的一部分(WHO,1999,2000)。因为术语已经改变,因此残障这个词也就不再使用了。消除"受限"和"残障"这两个词的负面意涵,目的在于从活动的角度定义受限,而取代基于参与角度定义的残障。前者表达了残疾人受到环境的限制,这种视角已经被新的观念取代——不认为参与受到限制,而认为由于限制性的或支持性的身体和社会环境带来了不同的参与程度。

几乎所有的模式都认为病理学和/或残损代表了生物物理问题和由于生理学问题导致的功能受限。①而残疾在理论模型的发展中有多种解释,包括:(1)是始于残损而终于社会角色和行为受限的过程;(2)是功能受限——与残损相关的身体活动和行动受限;(3)是社会和环境交互作用的结果。所以,当一个生病/残损或是功能受限的人试图参与到物质和社会环境中去时,就是我们所认为的残疾的个人行为。这种概念的重叠和含混与法律术语和外行的叫法混杂在一起,更不用说医学术语。外行人往往不区分残损、受限、残疾、残障。虽然法律法规致力于为残疾人提供多种福利,但是很多术语的使用并不总是清晰和简洁。

残疾的理论模型的意义在于它是该领域真实世界的抽象概括,在广泛的基础上定义了主要概念和它们之间的关系,不受具体经验和细节的干扰。它为我们提供了研究和思考概念及其关系的空间,摆脱了细枝末节问题的干扰。然而,要使用理论观点,也就是将其应用到日常社会中,就需要对存疑的现象进行经验性解释。要缩小概念范畴,对形成理论的概念进行定义是第一步。在社会中,同一个概念可能由于观察者角度的差异有多重定义。**一旦选定了一种定义,具有无限的具体特性的理论概念与现实的经验性概念之间的巨大差异也就形成了。**这是由于选择了一种定义就限制了只能从这个角度得到指标。例如,如果残疾以上文中的(2)来定义,是功能受限,那么最好的指标就是反映功能的指标,包括身体、感官和精神。我们需要测度以上一个或全部三个方面的功能来代表我们的概念么? 当试图用多种指标来反映原始理论性概念的复杂性时,我们会遇到很多方法论上的局限。例如,在调查中,问题简洁、调查的时间与负担、预调查的能力和其他方法论的考虑等方面存在的局限将会综合到一起,从而导致我们会优先选用单一指标来测度结果。以功能受限为例,缩小范围可能意味着只测量身体功能——弯曲、站立、弯腰、走路、伸手,因为这类的功能受限代表了大部分残疾人。

---

① 由 Finkelstein(19)和 Oliver(1990)等提出的社会模式认为病理学和身体症状或残损没有直接关系,并成为残疾的原因,而认为残疾完全是一个社会现象。

当使用综合指标测量时,是对概念进行的第二次缩小过程。最后,测量成为定义的一种方式(Lundberg,1939)。除非我们知道变量定义的整个过程,包括理论、概念定义、操作化的问卷及答案分类、综合不同指标的方式,否则我们很难明白那些反映概念的测度指标的含义。只关注从概念到测量结果的转化,对分析结果的精确解释依赖于测量的基本含义,我们会在对关于单一维度定义概括进行假定时用到这种测度。对测度的怀疑随处可见。在本例中用到的调查研究的重点,与对调查中用到的错误的测量概括的关注息息相关,特别是全国性的随机抽样调查。其他分析中也有概念转化为测度引起的问题,而且并不局限于定量分析方法。然而,使用小样本和定性研究方法的研究者在某种程度上对该问题更为敏感。

社会现象越复杂,概念能被操作化的方式就越多,问题的数量和类型也就越多,在调查要反映概念的多方面时尤其如此。Blalock(1968,1979)讨论了偏见的概念,说明一个定义不能适用于各种环境。同样,残疾也是一种复杂的社会现象,包括由于身份、物质和社会环境、社会文化和准则而受到特定限制的个人之间的相互作用。所以,除非把定义的范围减小到某一特定领域,否则残疾是很难被定义的。Northrup(1947)将理论定义作为"假设概念",而将操作定义作为"直觉概念",并认为没有将他们统一在一起的方法。Blalock(1968,1979)提出,理论概念可能有多种操作化概念和相关的指标,"借此可以避免无休止的关于哪个能真正测量偏见的争论"①(假设我们已经理解了事情的本质)。Blalock 还认为研究者应该注意到不同操作化的差异,并利用它们来正确理解其反映了偏见的哪一个方面。Blalock 的重点在于,研究过程可以用于澄清理论概念。不同的测量模式会对从个人利益到法律权利的各种公关政策产生重要的影响,目前或未来这一争论能否达成共识尚不可知,但关于残疾的讨论至少已经涉及这些方面。

本文采用 Blalock 的多种操作化概念和测度。尽管在改进残疾定义和发展分类系统以完善操作定义方面的尝试很多(Nagi,1965,1979;Wood,1975,1980;WHO,1999),但很少有人关注能从现存的测度中得到什么启示。因为数据的采集来自不同的政府级别和渠道,在一段时期内这些测度还将得到使用。因为人们仍在应用最初的残疾测度,它是用来说明特定的政治问题,并且不会很快得到改变。所以,由此造成的混淆也依然存在。管理决策将有限的资源在残疾人和非残疾人间进行分配(Altman,即将出版),这解释了为什么

---

① Blalock 讨论过偏见的概念化和操作化,而这种讨论也易于应用到残疾概念中。

工作受限在残疾测量中使用得最多(Krause,1976;Duckworth,1982;LaPlante,1996)。人口学估计,公共卫生监测以及流行病学研究要求不同的测度,要应用不同环境下的不同指标、不同类型的功能或行动受限来实现这些目标(Census and NCHS)。

Slater 等(1974)区分了六种能反映残疾的不同操作化定义,用来度量残疾的现患水平。这些定义包括了个人和社区的主观定义。Krause(1976)更精确地了给出三种定义,分别是生物生理学、管理或法律,以及社会角色。最近,世界卫生组织修订了 ICIDH-2(1999),将与活动和参与有关的残损(利用涉及的活动来定义特定的活动受限)纳入残疾的概念中,反映了社会领域的互动和参与。这与 Krause 的生物生理学和社会角色概念形成了对比。尽管活动和参与因素可以与美国法律和法规的状况相结合,但 ICIDH-2 没有包括国际管理和法律的定义的维度。

在本文的分析中,我使用了由 Krause(1976)提出的代表三种定义的五个指标来分析他们所定义的残疾人群的异同。为了评价这些测度的异同,我们将会比较各个人群的特征,并对不同测度定义的人群的工作状况进行比较,同时还将对这些异同在理论发展、未来数据收集和政策分析中的重要意义加以讨论。

数据和方法

数据来源

国家医疗支出调查(NMES)为研究残疾测度的一致性提供了一个独特的方法,这个数据包括了三种操作化定义的信息。在过去通常是使用出于不同目的的不同数据源中的相似的测度来进行比较,包括社会保障调查、美国健康访谈调查、收入与项目参与调查。这种比较之所以很困难,不仅是由于问题和调查目标的多样性,而且也来自于样本的差异。

本研究用到的数据来自 1987 年国家医疗支出调查的家庭调查部分。这是美国住户人口的一个具有代表性的样本,整个家庭户调查经历了四个月的四阶段访谈,另外最后还有一次简短的电话访谈,所有的四阶段数据都用来对一些测度进行估计,特别是与那些慢性病与残损以及残疾持续时间有关的指标。最后一阶段收集的数据提供了残疾补助金的信息。

在该调查第三阶段的数据搜集中,还包括了一个健康状况的自填式问卷,从中得到了一些角色受限和功能受限的变量。不过，目前这部分数据还无法获得，因为对许多相关的问题而言，这是揭示概念组成和测量技术相关关系的有用数据。关于调查的其他具体问题以及抽样、调查程序参见 Edwards and Berlin(1989)。

由于角色行为受限主要体现在就业方面，这个分析的人群主要是指18—64岁的人口。

变　量

残疾的五种测度

我们用五个指标来代表残疾定义的三种类型，它们包括两个生物生理学的测度、两个社会角色的测度和一个管理/法律的测度。说明如下：

生物生理学测度

1. 慢性疾病和残损——这是最广泛的残疾指标，因为它涉及可能造成受限以至于造成残疾的条件和物质环境。条件的数据包括：看病、住院、急救病房利用、家庭健康照料、药物治疗，以及残疾天数。调查根据 ICD9 的量表进行，采用了美国健康访谈调查的模式，这些指标都是依据 ICD9 的编码。在与 James Panagis 医生沟通后，作者认为身体和生物条件是慢性的、可控的或退行性的（例如糖尿病、关节炎），疾病发作以及控制之后导致的危及生命（例如，中风），以及由于疾病、事故或出生缺陷造成的残损不再与活动病理学有关（如截肢、失明）。不包括短期和传染性疾病。ICD9 编码的使用仅限于数据中有并且作者能够获得的。这种测度的局限性在于健康状况是自评的并与医学治疗和残疾天数有关。在过去一年中没有残疾及没有医疗保健需求的不包括在内。

2. 功能受限——用于测量身体功能，使用了自填问卷中三个关于行走、爬楼梯、弯曲、提举、弯腰的问题。具体的问题和方法参见附件。

社会角色/行为测度

1. 角色受限——这与美国健康访谈调查的测度类似。使用了自填问卷中的四个问题，是否离开工作，是否由于健康状况在工作、家务和学习的类别和强度上受限，是否在工作之外的活动上受限。具体的问题和方法参见附件。

2. 残疾导致卧床天数——在调查中询问被访者一年间由于健康问题而卧床或住院的合计天数。30 天或以下就归类为非残疾，31 天或以上就归类为残疾。经济学家经常用残疾天数来衡量疾病。如果病人不能下床，卧床天数就可以用来衡量严重性和功能受限。然而这也反映了个人选择卧床，或者无法获得必要的下床或穿衣帮助的行为。后者与残障而不是残疾的概念更切合（Chamie,1993,个人交流）。①

管理/法律测度

残疾救济金——是否因为残疾而得到保障收入补贴（SSI）、社会保障或养老金。

这里应该注意到，一种特别是在老年人中常用的残疾测量方法并没包括在分析中。日常生活能力（ADLs, Activities of Daily Living）和工具性日常生活量表（IADLs, Instrumental Activities of Daily Living）在残疾的定义上综合了身体功能和社会角色行为，本文难以解释说明，因此我们没有包括这两种测度。由于我们分析的目的在于研究考虑不同残疾定义的操作化定义的本质，所以采用综合性的操作化定义将不会有助于从经验中理解这些概念间的关系。

其他变量

除了与残疾有关的变量，个人特征包括年龄、性别、种族和教育也被用来描述群体特征。

描述就业和劳动参与的测度有三个。调查中以三个月来确定就业状况，用来衡量被访者一年中是否工作，使用了综合指标反映就业状况。如果被访者在过去一年中没有工作（包含在工作状况变量中），就询问他们是否在过去一年中找过工作。综合这几个就业状况的指标来构造一个指标，反映被访者在过去一年中有没有工作或有没有找过工作。最后询问被访者在调查年之前是否曾经工作过。

本研究的目的有三个。首先，分析残疾的概念如何转化为各种可行的操作化概念。其次，比较由五种不同的概念定义的残疾人群的异同。最后，我们使用不同的变量来研究残疾和就业状况间的关系，并且研究基于不同的操作化概念和残疾测度得到的对残疾和就业状况间的关系的不同解释类型。

---

① 在本研究中包括残疾天数是因为它是很多经济研究领域常用的一种测度方式。

结　果

现患率估计

　　残疾测量的一种用途就是用于估计社会中的残疾现患水平。由于这里利用到的每一种测度一定都会与残疾的某一个方面或某一种定义相联系,因此由某一种测度得到的现患率估计就会有差异。图1详细地反映了这个结果,反映与医疗、慢性病、残损等生物生理学有关的定义所占比例最大,大约达到工作年龄人口的30%。相反,使用残疾卧床天数所得到的人群比例最低,只有1.4%的劳动力人口,他们每年有31天或更多天的时间卧床或是住院。

18至64岁人口的自评残疾状况——五种测度

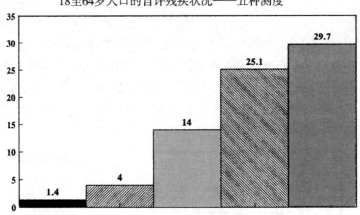

图1　残疾百分比

　　从图1我们还可以发现,那些使用并符合残疾的管理或法律定义,且获得残疾救济金的人群比例占工作年龄人口的4%。与功能受限的人(14%)相比,在工作之外的其他活动中角色受限的人群则更为普遍(25.1%)。反之,从体现病理学/残损——功能受限——残疾不同层次的理论模型可以推出相反的结果。

　　如果我们基于引言中的残疾模型对所得到的各种测度的一致性进行研究,它们之间的关系可以用图2中的等级化关系来表示。残疾的概念不断地缩小,得到一个嵌套的模式,有慢性病或者残损的人不一定会有功能受限,而有慢性病或者功能受限的人,不一定会有角色受限,以此类推。从另一个角度来讲,有

31天及以上卧床天数的人将会得到残疾津贴,也会由于功能受限而带来社会角色受限,也可能会有慢性的或有威胁性的疾病或者残损。

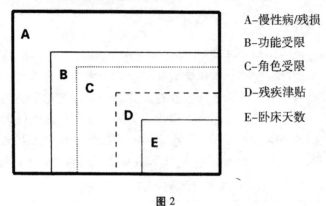

图2

然而,在使用现实数据的时候,结果似乎有所不同,参见图3。① 与预期相比,现实现患水平分布有两个主要差异:(1)角色受限的人群要比功能受限的人群大,因此它们的位置互换了。(2)很多被访者只在一种测度上受限,包括但不仅限于慢性疾病。所以,由五种测度定义的大部分人群并不能完全重叠。

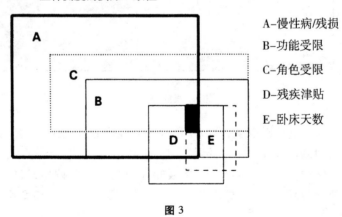

图3

对图4进行分析可见,基于每个合并组的比例,我们发现,至少在数值上有2—5个测度一致性的人群比例符合预期的层级模式。基于预期的嵌套模

---

① 这个图和下个图都不是以真实尺度绘制的。

式,符合五个测度的比例应该是最小的。目前他们占总人群的1.2%,然而在所有被至少一个测度定义为残疾人的人群中,有53.5%的残疾人仅仅被一种测度定义为残疾人。

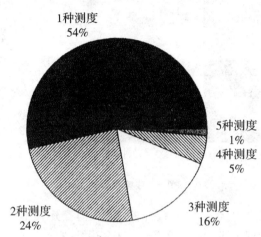

图4 不同测度下定义为残疾的所有人群

当我们基于测度来估计自评残疾现患水平时,理论上应该是一致的,但是事实上并不是这样。我们发现将五种测度来衡量有43.7%的工作年龄人口被认为有某种残疾的特征。① 图5表明,46.5%被定义为残疾的总人口在两种或两种以上的测度上患有残疾。余下的53.5%只在一种测度上被定义为残疾。同样在这个图里,我们分别利用那两个组来分别估计现患水平。如果用两种或两种以上的测度来定义残疾,那么工作年龄人口的现患率为20.3%,如果只用一种测度来定义的话,这个比例为23.4%。

总的现患率43.7%远远高于利用慢性病测度得到的29.7%的现患率。这说明嵌套的模式很可能是不准确的,或者操作化定义是不准确的,或者有其他的方法论问题。另外,在图3中我们也看到受限的比例要高于慢性病/残损的比例,这两个问题使得我们研究慢性病/残损测度与其他测度的关系。

---

① 用五种测度来衡量的残疾人口的规模说明了用来指导经验测度的不同的残疾定义可能缺少一定的特异性,或者用来获得被访者信息的问题或方法无法准确的反映定义。如果测度真正具有一致性,那么通过全部五个测度得到的残疾现患率不会大于单一测度估计的最高的现患率。在本研究中我们发现,如果利用慢性病这个指标,那么估计有29.7%的工作年龄人口是残疾人口。

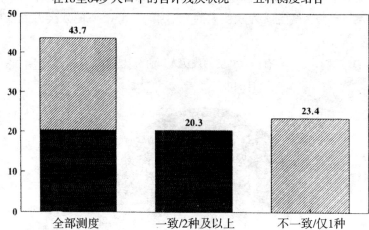

图 5 残疾百分比

一些文献已经开始关注一致性的模式,但是还没有进行全面的研究。McNeil(1989)发现很多功能受限的人工作上并没有受到限制,而很多工作上受到限制的人并没有功能受限。一项美国健康和人力资源部(1989)的报告也证明了工作年龄人口在工作受限、功能受限以及残疾救济金等方面的测度上缺乏整体一致性。以上两个例子都有一个暗含的假设,即工作和功能受限的指标都与健康状况直接相关,而目前分析的价值在于它包含了慢性病以及残损的数据,它说明了并不是所有的残疾都与当前的健康问题或者暂时的、急性的健康问题有关系。

图 6 说明了慢性病/残损的测度和其他另外四个残疾测度的一致性的关系。当沿用图 2 的理论模式时我们发现 35% 的人只有慢性病和残损,而没有身体受限和角色受限。第二组显示了如理论和模式的预测,慢性病和残损的测度与至少一种其他测度的一致性。基于综合指标的测度,34% 的人群患有残疾,这显示了在健康状况、慢性病、危及生命或残损,以及某种功能受限、社会角色受限,或者接受残疾救济金等指标之间的一致性。在现实中这些个体被认为最能代表目前理论模型所确定的残疾定义。

然而,在图 6 中还有第三组,他们代表了那些在 NMES 调查中变量的操作化中并没有显示出慢性病或残损,然而却有角色、功能或者管理测度上患有残疾的人。在利用这些测度定义的残疾人中,他们所占的比例为 32%,占工作年龄人口的比例为 13.8%。表面来看,这说明我们的定义存

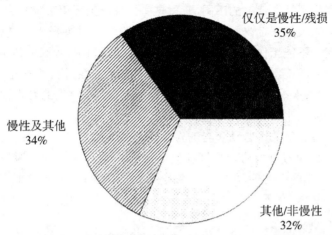

图6 不同测度下定义为残疾的所有人群

在一定的局限性,或者存在一定的测量问题,或者二者皆有。这留给我们很多问题,包括:(1)慢性病和残损的基础是社会角色和功能障碍还是临床的诊断和治疗,也就是由于药物和酒精依赖而造成的不能工作是不是一种残疾?(2)慢性病人和残损者能否在没有医疗的状况下或是不受残疾困扰的情况下度过一年?(3)我们能否在大肌肉群运动技能之外的领域定义和测度功能受限?

应用测度的例子

表1显示了被多种测度认为是残疾的人群的社会人口学特征。出于比较的目的,依据严重性对一些残疾测度进行了分解,有残损的人平均年龄为39.4岁,而得到残疾补助金的平均年龄为48.7岁,不能工作的人平均受教育的年限为10.8年。而那些在工作之外还受限和那些只患有慢性病的人,平均教育年限为12.5年。不同测度间的最大差异来自于性别和种族,只患有残损的人群中56%是男性,得到残疾补助金的人有64.4%是男性,然而仅35.9%有多重问题的人为男性。同样的,有30天或以上卧床天数的人中24.4%为黑人,而只患有残损的人中黑人的比例为7.5%。在对人群的估计中,回答不能工作的人群中9.5%为西班牙人,而回答有多重问题的人中只有3.5%是西班牙人。最后,在只患有残损的人中有36.4%收入等于或大于2万美元,而这个比例在严重的功能受限以及超过30天卧床天数的人群中只有11.7%和

10.6%。

表2展示了就业状况的不同信息,这些信息产生于用来定义残疾的测度。如果利用卧床天数来定义,那么只有27.6%的人在过去一年中是就业状态。即使认为自己不能工作的人,也有一些在过去的一年中从事了某种工作。然而,领取残疾补助金的人中只有略高于1/4的比例在过去的一年曾经工作。患有残损、慢性疾病甚至致命疾病的人都比除了工作之外的其他活动受限的人有更高的就业水平。

当根据劳动部关于劳动参与的定义将寻找工作的人也合并进方程时,我们发现参与劳动力市场的人数增长高于工作人数。在领取残疾救济金的人中,正在找工作的人的劳动力参与的增长水平不足1%。而对于有危及生命的疾病、残损以及有工作之外受限状况的人而言,他们工作参与水平的增长在3%—4%之间。

除了患有残损的人之外,曾经工作过这个指标在其他测度上具有很强的相似性。78%—84%的被访者在调查年之前都曾经有过一次及以上的有偿工作,这说明残疾测度在预测当前的就业状况比预测以往的就业状况更有优势。这也说明目前因为残损或受限而无法工作的人中,大部分是有某种工作经验的。

表1. 由三种不同测度定义的不同残疾群体的特征

	平均年龄	平均受教育年限	男性比例(%)	黑人比例(%)	西班牙人比例(%)	个人收入超过2万美元的比例(%)
功能受限(中等)	43.7	12.3	43.4	9.2	6.7	20.1
功能受限(严重)	49.1	10.9	38.8	18.9	8	11.7
活动受限(除了工作)	44.4	12.5	40.6	11.4	6.9	35.2
在工作种类和强度上受限	45	12.4	42.1	9.3	6.1	31.2
不能工作	46	10.8	46.1	18.8	9.5	12.1

	平均年龄	平均受教育年限	男性比例(%)	黑人比例(%)	西班牙人比例(%)	个人收入超过2万美元的比例(%)
卧床超过30天	46.8	10.9	45.1	24.4	8.7	10.6
只有慢性病	44.1	12.5	41.1	12.5	6.2	35.1
只有危及生命的状况	40.2	12.1	52.7	12.7	6.9	30.7
只有残损	39.4	12.7	56.2	7.5	6.7	36.4
多重状况	47.3	12.2	35.9	10.9	3.5	28.6
获得残疾救济金[1]	48.7	10.5	64.4	19.9	6.7	17.3

[1] 包括SSI、SSDI、Veteran残疾救济金或其他与就业有关的残疾救济金(如劳动赔偿等)

表2. 按残疾种类划分的过去一年的就业状况(18—64岁)

	调查前曾经工作比例(%)	调查年期间就业比例(%)	总劳动参与(%)
功能受限(中等)	84.6	53	59.2
功能受限(严重)	84.2	31.9	36.6
活动受限(除了工作)	80.7	79.1	82.6
在工作种类和强度上受限	84.2	71.9	75.3
不能工作	81.8	36.5	43.3
卧床超过30天	84	27.6	39.3
只有慢性病	83.9	75.4	78.6
只有危及生命的状况	78	70	73.8
只有残损	73.8	78.7	81.1
多重状况	84.8	59.9	62.9
获得残疾补助金[2]	81.5	26.5	27

[2] 包括SSI、SSDI、Veteran残疾救济金或其他与就业有关的残疾救济金(如劳动赔偿等)

讨 论

理论和方法论的思考

本文的研究结果证明,利用调查数据来确认残疾的测度是非常困难的事,而且在问题和方法方面,非常依赖于所使用的概念化定义以及那些定义的操作化。来自国家医疗支出调查的发现补充了现有的研究工作,Haber(1990)利用不同的调查研究了现患水平估计存在差异的影响因素。不同测度导致现患水平估计的差异,McNeil(1993)继续研究了这其中的信度和效度问题。这些结果对于目前的政策层面具有新的重要意义,我们需要收集关于残疾现患水平的信息,并尝试为这些人群制订计划和改善他们现有的状况。这些结果也与正在进行的关于这个主题的数据收集密切相关,并且需要改进概念的操作化,更详细的阐述残疾的概念,注重其产生的社会环境,以及更深入的理解对于特定的研究,哪个测度更为合适。下面将根据这些结论来讨论理论、方法和分析问题。

本文的一个有趣的结论是:慢性病/残损测度与残疾的角色受限、功能受限测度和管理测度的一致性模式问题。在 1/3 的被访者中,很明显慢性病和残损与任何残疾没有什么关系。因为疾病并不必然导致残疾,所以这个结果也比较合理。第二组证明了依据理论模型,在变量中至少存在一些一致性。然而,最后一组提出了一个没有相关状况或残损的残疾,这就产生了残疾与健康状况无关的合理性的问题。然而这些差异也可以被解释为目前的精神和情绪的状态并没有被包括在慢性病和残损度量之中。这是不是完整的答案尚不可知。事实上对于没有疾病和残损而残疾的那组的初步分析显示事实并非如此,因此需要更深入的分析来确定这个人群的特征以及方法论上的问题,从而解释这种差异。

这些结论提出了关于基本理论和假设的问题,即健康问题是造成功能和角色受限继而残疾的唯一原因。残疾实际上不仅仅是个人受限和残疾特征的概念,也包括与物质和社会环境以及其他人的联系(Nagi,1989),其原因不仅出于个人。因此,对残疾的测度也不应该仅仅局限于个人水平的特征(Brant & Pope,1997)。尽管它可以被作为一种结果来测量,例如不能工作。理论上而言,是不是个人与社会环境的分离对残疾的概念至关重要呢?或者残疾的确定必须结合个人与环境吗,以及如何使之有效并保持一致?另外,疾病健康的因果联系是定义的重要组成部分吗？如果健康是一个重要的组成部分，我们该如何理解受限群体，而他们并没有报告患有相关慢性病或长期健康疾病（再次重申急性和暂时性的健康问题，例如腿部受伤，并不包括在健康问题之中）？是不是我们对健康的理解应该扩展到临床的诊断和症状之外呢？

从方法论的角度而言，我们应当认识到在本研究中所有与角色受限以及功能受限测度有关的问题都包含了健康是一个原因这样的假设；"是否由于健康问题而不能够行走一个街区的路程？"那么是什么造成受限与健康有关，但是却没有疾病表象这二者之间的冲突呢？是被访者忽略了受限测度的健康原因还是对健康有不同的解释？在 NMES 中角色和功能受限的问题直接跟在健康问题后面。利用一个问题来询问受限问题，而不参考其后询问原因的问题是否更为合适？问题的位置和措辞都会影响答案。在一个问题中涉及不同的概念，如受限和健康，也是一个需要研究的因素。

研究思考

这些理论和方法问题对于改进未来的数据收集非常重要。然而，一个迫切的问题是多元概念的影响以及由此带来的研究过程中的测量矛盾。不同残疾测度代表残疾概念的不同方面，并确定不同的个人群体，本研究关注的一个领域是这些不同的测度在研究中，特别是政策研究中的解释力具有怎样的差别。这些结果是否与不同测度下的现患率一样存在一定的变化？由于测度缺乏一致性，采用某一个单一定义来研究残疾人群或者是某个政策的目标人群将会得到什么样的普遍性的结论？我们引入多维度的经验并将其缩小至一些主要的组成部分，从而完成测量过程。尽管单一指标对于比较人群的不同部分以及研究复合人群很有意义，但是认识到他们并不是一个人口中最敏感的残疾测度也是非常重要的。

要正确地对结果进行解释就必须首先正确的了解目前所使用的测度的局限性。研究所选的测度与其他残疾测度之间关系，将会有助于改善这个解释过程。利用现有指标思考和研究复合测度是很有意义的。有人认为残疾就如同"生活质量"，包含了客观和主观经验的很多方面，而这些经验是根本无法测量的。然而理解目前可用测度的优点和缺点，选择正确的单一或者复合指标，将会对目前的分析和未来的分析计划很有帮助。

本研究得出的一个明确的结论是，使用一个测度来测量残疾意义不大。使用一个问题或者一组三个问题希望能够解决残疾的测度问题是很具有欺骗性的。问题的好坏仅仅与它们的形式、措辞以及位置的好坏有关，而且只能代表与残疾有关的多重概念的一部分。使用同样或者相似的测度能够得到一个比较稳定的人群,但是同时也会造成概念代表性的偏差。

就像偏见的概念一样,我们在操作化定义和测量上面临很多选择,有些更适用于流行病研究,有些更适用于残疾的某些特定方面的研究。人们更加关注(复合)慢性病、残损和受限的结果。因此,在这种情况下,研究者们应当更谨慎的选择测度方式、询问的问题以及他们想要代表的人群。不应当再出现残疾的测度不明确的研究。比如只包括一、两种医学的测度或者包括一个是否由于残疾而接受救济金的问题的指标,这些是在20世纪70年代和80年代主要残疾研究中经常使用的测度方式(Altman,1986)。很明显,在残疾的数据收集过程当中,残疾的定义、被测度的相关概念要素、操作化概念的本质,都会影响到基于这些数据的任何分析结果。并且,应该对此进行讨论,解释结果以及相关变量中的因果关系。

致 谢

本文最初是为1993年7月20日由国家卫生统计中心资助的档案和统计公共卫生会议准备的,并且被收录于会议论文集。那时作者服务于美国国家健康保健研究质量局。本文进行了修改和材料补充,新版本的出版得到了国家卫生统计中心、马里兰Hyattsville疾病控制中心的许可。

本文的观点来自于作者和美国卫生与人类服务署的非官方意见。作者感谢Jane Faulman和Michael Hetu在项目上的支持,Sharon Barnartt,Karen Beauregard,Pam Short和Renate Wilson对原始文稿的建议,Sharon Barnartt和匿名审稿人对本文的意见。

(庞丽华、杨爽译,陈功审校)

参考文献

Altman, B. (forthcoming). Disability Definitions, Models and Classification Schemes. In: G. Albrecht, K. Seelman & Bury (Eds), *Disability Studies Handbook*. Los Angeles: Sage Publishers.

Altman, B. (1986). Definitions of Disability in Empirical Research: Is the Use of an Administrative Definition Coopting the Results of Disability Research? Paper presented at the Annual Meetings of the American Sociological Association Meetings.

Blalock, H. (1968). The Measurement Problem: A Gap between the Languages of Theory and Research. In: H. Blalock & A. Blalock (Eds), *Methodology in Social Research*. New York: McGraw Hill Book Company.

Blalock, H. (1979). *Social Statistics* (2nd ed.). New York: McGraw Hill Book Company. Department of Health and Human Semites, Assistant Secretary for Planning and Evaluation (1990). Task 1: Population Profile of Disability. Report prepared by Mathematica Policy Research, Washington D. C.

Duckworth, D. (1983). *The Classification and Measurement of Disablement*. Department of Health and Social Security, Social Research Branch, Research Report No. 10, London; H. M. Stationery Office, Krause, E. (1976), The Political Sociology of Rehabilitation. In: G. Albrecht (Ed), *The Sociology of Physical Disability and Rehabilitation*. Pittsburgh: University of Pittsburgh Press.

LaPlante, M. P., & Carlson, D, (1996). *Disability in the United States: Prevalence and Causes*, 1992. Disability Statistics Report, No. 7. Washington, D. C.: National Institute on Disability and Rehabilitation Research, U. S. Department of Education.

McNeil, J. (1989). *Measuring Disability Status in Household Surveys: An Assessment of Goals and Methods*. Proceedings of the Social Statistical Section. American Statistical Association Annual Meetings. Washington D. C.

McNeil, J. (1993). *Census Bureau Data on Persons with Disabilities: New Results and old Questions about Validity and Reliability*. Presentation for the Annual Meetings of the Society for Disability Studies. Seattle, WA.

Nagi. S. (1965), Some Conceptual Issues in Disability and Rehabilitation. In: M. B. Sussman (Ed.), *Sociology and Rehabilitation*. Washington D. C.: American Sociological Association.

Nagi. S. (1979), The Concept and Measurement of Disability. In: E. D. Berkowitz (Ed.), *Disability Policies and Government Programs*. New York. N. Y.: Praeger Publishers.

Nagi. S. (1989). *Issues in Disability Statistics*. Proceedings of the Social Statistical Section. American Statistical Association Annual Meeting. Washington D. C.

Northrup, F. S. C. (1947). *The Logic of the Sciences and the Humanities*. New York: Macmillan, Oliver. M. (1990). *The Politics of Disablement: A Sociological Approach*. New York, NY: SI. Martin's Press.

Pope, A. M., & Tarlov, A. R (Eds) (1991). *Disability in America: Toward a National Agenda for Prevention*. Committee on a National Agenda for the Prevention of Disabilities, Division of Health Promotion and Disease Prevention, Institute of Medicine, Washington, D. C.: National Academy Press.

Slater, S. B., Vukmanovic, C., Macukanovic, P., Prvulovic, T, & Cutler, J. L. (1974), The

Definition and Measurement of Disability. *Archives of Physical Medicine*, 40, 421-428.

Vebrugge, L. M., & Jette, A. M. (1994). The Disablement Process. *Social Science rind Medicine*, 38(1), 1-14.

Wan, T. (1974). Correlates and Consequences of Severe Disabilities. *Journal of Occupational Medicine*, 16, 234-244.

Williams, R. G. A. Johnson. M.. Willis. L. A., & Bennett, A. E. (1976) Disability: A Model and Measurement Technique. *British Journal of Preventative and Social Medicine*, 30, 71-78.

Wood, P. H. N. (1989). *Classification of Impairments and Handicaps*. Document WHO/ICDO/REVCONF/75.15 Geneva: World Health Organization.

Wood, P. H. N. (1989). Appreciating the Consequences of diseases: the International classification of Impairments, disability and Handicaps, *WHO chronicle*, 34, 376-380 World Health Organization (1999).

附 录

残疾的测度

通过联系作者获得用以定义慢性/退行性疾病,危及生命的疾病和残损的 ICD9 编码。

活动受限

使用四个问题来测量工作受限：

1. 你的健康状况是否会限制你能从事的剧烈活动的种类和数量？比如,奔跑、提重物或者是参加激烈的运动。

2. 你的健康状况是否会限制你从事中等强度的活动的种类和数量？比如,搬桌子、搬运杂物或者是打保龄。

3. 你是否由于健康状况而不能从事某种工作、家务劳动或学习？

4. 是否你的健康状况使得你无法从事工作、家务劳动或者学习？

对于前两个问题中的一个或两个回答"是",被认为在非主要活动中受限。

第三个问题回答"是",第四个问题回答"否"而不论第一、二个问题的答案,被认为在主要活动中受到某种限制。

第四个问题回答"是",而其他问题无论回答"是"或者"否",都认为不能够工作。

四个问题都回答"否",被看作不受限。

功能受限

使用三个问题来测量功能受限：
1. 你是否因为健康问题而不能够行走一个街区？
2. 你是否由于健康问题而在爬山或爬楼梯中遇到困难？
3. 你是否由于健康问题而在弯曲、提举和弯腰中遇到困难？

对这三个问题以如下方式编码：

a. 答案中有 0 个"是"——"不受限"；
b. 答案中有 1 个"是"——"轻微受限"；
c. 答案中有 2 个"是"——"中等受限"；
d. 答案中有 3 个"是"——"严重受限"。

对耳聋和残疾之间关系的研究*

苏珊·福斯特

引 言

在笔者所在的大学中,招聘启事是以电子邮件的形式发布的。以下声明常常出现:"能够胜任学校给予的任务,并尊重文化、多族群和个人的差异,鼓励耳聋或听力障碍残疾患者、女性、少数民族者申请"。这个声明触及了目前对耳聋问题的主要争论——耳聋是一种残疾还是一个言语少数群体?

当残疾社群认为自己有独特的文化、愿意凸显自己的不同之处,而不是关注一致性和融合时,为什么他们认为自己是文化聋人而不愿意加入残疾人①运动呢?如果聋人不是残疾人,那么残疾人是否还应得到保障性收入补贴(SSI,Supplemental Security Income)、特殊教育以及如《美国残疾人法案》之类的法律保护?把聋人归为言语的少数群体对教育政策和实践有什么意义?本章意图检验耳聋和残疾之间的关系,以及耳聋在残疾研究中的地位。

本章分为三个部分。第一部分,回顾了残疾的三个模式,以及他们对耳聋研究的影响。在第二部分,研究耳聋和残疾之间的异同。最后,探讨了耳聋和残疾之间的关系,以及耳聋研究和残疾研究的关系。

---

* 社会科学研究与残疾,第二卷,
理论与方法研究,101—123页。
Elsevier Science Ltd. 版权所有 © 2001
ISBN:0-7623-0773-0

① 大写的"Deaf"在本文中指那些拥有共同语言、文化以及价值观的聋人。(本文基本翻译为文化聋人,同 culture Deaf)而小写的聋人"deaf"是指那些听觉受损的人。同样地,大写的"Disability"是指那些认为自己有着共同价值、经历和文化的残疾人。

第一部分：残疾的三个模式及其对耳聋研究的意义[①]

残疾的定义有很多种，每一类模式都会对残疾人，包括聋人的政策和观点产生深远的意义。本章将描述(1)医学，(2)社会结构，(3)政治这三类主要的残疾模式。

医疗模式：残疾是一个个人问题

一般而言，医疗模式认为，残疾人所遇到的各种问题都可以归因到他自己身上，并定义为身体或精神的某种异常，也就是问题出在他本人身上。因此，需要对残疾人进行诊断和治疗，包括检查、评定和干预。这个模式也将康复归为残疾人的责任，因此残疾人认为他们自己是有缺陷的，并且愿意参与到诊断和治疗的过程中去。医学模式的核心是相信专家和专业人士的作用，并且重视和信任专业意见。医学模式的术语包括诊断、处方、痛苦、缺陷、疗程、康复、预防和治愈。

传统上，医学模式是最广为接受的耳聋模式。出于临床和病理模式，耳聋的医学模式把它视作一种感官系统的重要缺陷，因此是残损。这个解释的含义就是有什么东西坏掉了，例如耳朵。康复需要对这一缺陷进行修复，康复的目标是在生理上和社会中，减少差异并增进融合，使聋人融入社会的主流。

在医学模式之下，耳聋是一个需要被避免的缺陷，并且康复的重点在于聋人本身。聋人个体本身受到了耳聋的影响，他们应当被治疗并且希望能够康复。无论采取哪种治疗方式，医学的(外科手术、药物)，技术的(助听器、耳蜗移植)，教育的(特殊课程、个人教育计划)，职业的(复健)，心理上的(心理治疗)，对象都在于聋人本身和口语而不是美国手语(ASL，American Sign Language)。诊断预测和治疗都是由各个不同领域的专家做出的(包括内科、听觉病矫治专家、聋人教师、语言病理学家、专业顾问)。医学模式的术语也反映了这个思路，例如听力损失、听力受损、言语疗法、交流障碍。

医学模式对耳聋的学术研究产生了重大影响。二战以后，听觉矫正有了长足的进步，听觉矫正和医学之间的密切关系强化了医学和耳聋之间的关系。

[①] 讨论参见 S. Foster, "Doing research in deafness: some considerations and strategies", in P. Higgins and J. Nash (Eds), Understanding Deafness Socially, Second Edition, 1996. Courtesy of Charles C. Thomas, Publisher, Springfield, Illinois。

很多耳聋的原因被归为疾病或遗传,例如风疹的流行导致了1963—1965年大约8000名婴儿在出生时罹患某种听力缺陷(Stuckless & Walter,1983)。在生理学和心理学领域,听觉病的矫治与病理学研究都起了很大的作用。大部分的工作都集中于对听力和言语系统功能的研究,医学和技术的发展以及旨在恢复听力的治疗方法,增强快速阅读和说话的能力以及个人接受或者是适应他们患有耳聋的能力(Bender,1981;Liben,1978;Myklebust,1964)。最近,耳聋医学模式的专家们在基因研究方面取得了重大的进展,他们将基因与耳聋联系在一起,缩小了助听器并发展了耳蜗移植技术。

社会结构模式:残疾是一种社会概念

从20世纪60年代开始到现在,残疾的医学模式就受到来自Thomas Szasz(1961)、Howard Becker(1963)、Erving Goffman(1961,1963)、Dorothea和Benjamin Braginsky(1971)、Jane Mercer(1973)、Robert Bogdan以及Steven Taylor(1976)、Frank Bowe(1978,1980)、Mike Oliver(1983,1986)等诸多学者的研究的挑战。这些学者认为残疾人所罹患的残疾可以被视为是个人和社会之间的一种相互影响的作用。并且,他们认为残损、残障、残疾①这些概念都是具有社会性的。一些解释性的或交互性的文献,其干预的重点既包括个人也包括环境,并且注重残疾人本人在定义残疾经历中的观点。

社会结构模式要求对残疾研究的设计、方法及解释进行重新审视。这种模式研究包括描述和解释个人经历的环境研究。过去只考察残疾人的行为,而现在对专家的判断和行为也要进行详细的研究(Scott,1969;Conrad and Schneider,1980)。同样地,也要对社会文化进行分析以更好地理解对残疾人的歧视和怀有刻板印象的原因(Zola,1987,1985;Bogdan,1982;Kriegel,1982)。社会的态度是研究和讨论的重点(Makas,1988)。

在社会结构模式中,一些概念如听力残损、聋哑、复健等被认为是社会对聋人理解的一种反映,同时也受到了使用这些术语的人的观点的影响。聋人在日常生活中遇到的各种障碍,例如购物、上学或参加公共集会,也被认为是在大多数人(听力完好的人)和少部分人(聋人)之间存在语言和文化差异。

---

① 在《美国残障》(1978)一书中,Frank Bowe将残疾定义为至少有6个月在主要的生活活动能力上受损(154页)。他将残障定义为残疾和一个给定的环境的互动(154页)。因此一个残疾人可能在某个环境中遇到障碍,但在另外一个环境中却没有。残疾和残障的主要差异在于合适的便利设施的可获得性,以及在环境中人们的态度。残损是对一个人不佳的身体状况的一种表达,是一种残疾的定义。也就是某一个部分或者系统损坏。

耳聋的社会模式使用的术语包括双语者,聋人文化以及言语少数群体。

　　社会模式在耳聋的学术研究中的应用,在关于聋人的历史、语言和文化的大量描述中得到了体现(Sacks,1989;Van Cleve and Crouch,1989;Padden 和 Humphries,1988;Groce,1985;Lane,1984;Stokoe,1960),并且也体现在聋人在流行文化如何被描述的研究中(Hafferty & Foster,1994)。我们还需要做一些研究工作,即从聋人的角度,利用聋人的语言来理解他们的经历。例如,Foster(1989c),Seidel(1982),Becker,(1980)和 Higgins(1980)等的作品就探讨了聋人的社群和文化,另外还有作品研究了聋人的就业状况(Emerton et al.,1987;Foster,1987,1992;Crammatte,1968)以及他们的教育状况(Foster,1988,1989a,b;Mertens,1989;Saur et al.,1986)。

政治模式:残疾是一种主张和政治问题

　　在过去十年中,出现了一些对于医疗和社会模式的批评。这些批评认为残疾人和非残疾人之间的传统的权力关系构成了这两种模式,结果导致了对残疾人的排斥和压迫(Hahn,1985,1988;Oliver,1992;Scotch,1984;Zarb,1992)。政治模式,也被看作是一种解放,就是要从权力的角度对残疾的概念进行重新定义,也就是用权力来定义残疾,来决定应该采用哪一种治疗方式(如果有的话),并且有权在社会中要求同样的地位和权利。在这一模式中,假定残疾人比那些没有残疾的专家们在决定行动、研究和政策的日程上有更大的权力。政治模式常用的术语包括解放、公民权利、控制、权力、赋权和压迫。在政治模式中文化也是一个重要的元素,但更重要的是一种相对的权力和资源的分布,而不是社会的接纳和包容。

　　在政治模式中,聋人被视为一种言语少数群体,并受到了听力良好的多数人的压迫。从历史上来看,人们对于以下的表述存在争论:耳聋的人较听力完好的人享有更少的权利,所以听力完好的人能够将他们对于耳聋的定义强加给耳聋的人,包括将耳聋定义为一种残疾。听力完好的人控制了资源的获得,并且已经成为聋人治疗和政治决策的主导力量,而这些治疗和政治决策会影响耳聋的人的生活。耳聋的政治模式认为,听力完好的人是不能够真正了解聋人的经历的,这好像男性不能真正了解女性,而高加索人不能够真正了解黑人,所以无论动机有多好,听力完好的人都不应该处于能够控制聋人的命运及其治疗的地位。

　　聋人的社会模式的关注点在于公民权利、公共政策和对资源的控制。例如,加勒德特大学大学(Gallaudet University)的"现在就让聋人当校长"(DPN,

Deaf President Now)运动就是时时被引用的例子。聋人学生和他们的导师经过斗争,终于使一个聋人当上了 Gallaudet 大学的校长(Christiansen & Barnartt,1995)。同样地,《美国残疾人法案》赋予聋人享有无障碍交流设施的权利,它被认为是残疾人的公民权利法案。

在政治框架中,学者们已经开展了一些聋人研究。例如,Baker-Shenk and Kyle(1990)在语言研究领域研究了听力研究者和聋人社区之间的冲突。他们认为听力研究必须注意到那些容易引起冲突的领域,并且赋权给聋人而不是疏远聋人。还有的研究从权力和压迫的角度研究了耳聋的历史(Lane,1992)以及聋人在社区中政治活动的角色(Bateman,1991)。

明确模式的意义

我们应该对这些不同的,而且经常冲突的残疾和耳聋模式做些什么解释呢?这些模式的一个可能的解释是他们是演进的。例如,医学模式被社会结构模式取代,继而又被政治模式取代。这一理解的核心是后一种模式是前一种模式的改进。

另一个解释是医学模式是唯一真实和具有持久性的模式。这种解释认为,社会结构模式和政治模式就像流行时尚一样嬗变,他们反映的是20世纪60年代到90年代的政治和社会背景。一个相关的看法是政治和社会结构模式的鼓吹者,是残疾人和聋人社群中的一小部分激进分子,并不能够真正的代表这个群体。

以上的解释意义都不大,也不能够反映美国社会和政治的真实状况。受政府资助的一些大项目,比如人类基因组计划或残疾预防项目,都带有强烈的残疾和耳聋医学模式的特点。很多聋人和残疾人希望接受医疗干预,从而预防、改善或者治愈他们的耳聋或残疾。对于这些人来讲,医学研究康复服务和专家意见都是非常重要的资源。另一个方面,从聋人和残疾人的视角而言,也很少有人会怀疑社会结构和政治模式已经成为了主流,很多例子都证明了这些模式已经改变了美国对残疾人的观点。比如,残疾学生所接受的主流教育、《美国残疾人法案》、"现在就要聋人当校长"运动以及媒体中对于聋人和残疾人的正面描述。

与其比较这些模式谁最准确、有代表性和有用,不如将它们视为代表了残疾和耳聋的不同方面。在某些环境和某些限制之下每一种模式的应用都是有用的,而任何一种模式充分地解释聋人和/或残疾人经历的各个方面是值得怀疑的。可以将它们视为相互竞争的模式,每一个模式都可以刺激其他模式来重新审视和质疑它们关于残疾和耳聋的假设和方法。

在残疾研究中综合各种模式

"残疾研究"的定义说明了这个领域与残疾的社会结构模式以及政治模式更为密切，而与医疗模式区别较大。例如，Pfeiffer and Yoshida(1995)写道，"在医疗模式中残疾是一个健康问题，而在残疾研究范式中，残疾是一个政策和政治问题"（478页）。这清晰地显示了医疗范式与残疾研究范式之间的差异。其他的学者也讨论了残疾研究在扩展大学教育以及社会知识结构当中的作用：

> 残疾研究不再认为残疾人的社会经济地位以及角色是他们残疾状况不可避免的结果。这类似于对女性的角色和定位的生物决定论的批评。但残疾研究超出了歧视的范围，并且要求社会改革，它质疑了现有课程内容和结构的充分性。就像妇女研究一样，残疾研究在现有的基础之上修改了被忽略的历史、概念以及文献，分析了残疾这个分类的结构，以及这种分类对于社会知识的内容和结构的影响——这是基础的认知论的问题(Linton，Mello and O'Neill，1995，p.5)。

就像残疾一样，耳聋被从医学、社会结构以及政治的角度进行定义，由于它存在着社会结构和政治的维度，它可能更加适用于残疾研究的范式。但也有些耳聋文化(Deaf)的观念不认可这一关系，会有哪些原因和影响？这些问题将会在下面的章节进行讨论。

第二部分：耳聋和残疾之间的异同

本章开始部分对过去和现在定义残疾和耳聋的模式做了研究。在这一节我们主要讨论残疾和耳聋之间的异同，它们结合点在哪，在哪些方面它们有差异等。本节内容分为两个部分，第一部分讨论它们的一致性和相似处，第二部分讨论残疾和耳聋的差异。

残疾和耳聋的结合点

残疾和耳聋有很多共通之处。在上文所讨论的三个模式中，残疾和耳聋都有着共同的定义和历史。对于残疾和耳聋来说，医疗模式过去和现在都是一个重要的定义范式。最近，残疾和耳聋社群的成员都开始认为他们是一种少数群体，认为他们的地位与其他在历史上受压迫的群体，例如女性或者黑人相似：

> 残疾人特别是那些大学中的残疾人，参加过反越战的运动，很多人参加黑人民权运动，很多女性受到了70年代女性解放运动的影响。残疾人权利运动的领导者，意识到残疾人应该也将会享有到那些其他运动所主张的权利（Brannon,1995,p.4）。

聋人和残疾人就像妇女和非洲裔美国人一样，认为他们自己有独特的文化、历史和政治任务。很多聋人和残疾人将这些政治运动，如1990年的《美国残疾人法案》和现在就让聋人当校长运动，与新民权运动联系在一起。

残疾人和聋人学者发展出一套类似的词汇和隐喻来形容这个少数群体。一个例子是使用大写的D来代表残疾文化和残疾人（比如Gill,1995）也代表耳聋文化和聋人（例如，Padden and Humphries,1988）。这个符号是用来强调少数群体和他们的文化地位。在对聋人进行描述的时候，他们也用来区分那些认为是少数群体的人和那些不认为自己是少数群体的人（Padden and Humphries,1988；Bienvenu,1991）。

另外一个例子是使用殖民色彩的比喻和家长式的作风来形容聋人残疾人的地位。例如Hirsch(1995)就使用了这个比喻，写道：

> 殖民主义是一种根植于现代世界观的现象。被殖民者应当被殖民者征服和教育，从而能成为现代世界的一部分。如果残疾人是被殖民者，那么帮助他们的专家就是殖民者，在殖民者所建立的机构中，他们就应该为解放自己而斗争和反抗。如住宿式机构、群组之家、护理机构、特殊教育和职业康复。当残疾人还是被认为在现代社会中不具有自我管理独立的控制和使用财富和权力的能力时，医疗模式和它的家长式作风带来的影响，将会通过帮助残疾人的专家们来压迫残疾人。这种状况应当被抵制并且被少数群体的模式所取代。残疾人应当使用法律和政治的方法，来取得在政策、教育机构和公共政治发展中的控制权。原住民要反抗殖民者来取回他们的权利（Hirsch and Hirsch,1995,pp.22-23）。

同样地，Lane(1992)也描述了非洲反抗殖民统治的历史与聋人社区反抗历史的相似性。

> 家长式的作风无论是来自于非洲的殖民者还是帮助聋人社区的听力健全的专家们，都是愚昧、失败和自私的。但是他们的害处还不仅于此，

他使他的受害者处于一种依赖的地位,并且使他们为了心理的和经济上的利益而安于这种地位。他剥夺了他们的历史以及他们可能享有的生活。家长式的统治腐蚀了被压迫者中的一部分,并使他们成为同谋来维持这种状态。家长式的统治强调被统治者生物上的劣等性,并以此来逃避他们的失败。为了延续统治,他们将价值观灌输给被统治者,这种压迫是内在的,最后被压迫者鄙视那些长久地压迫了他们的压迫者,压迫者谴责他们背信弃义(Lane,1992,pp. 38-39)。

第三个例子是种族主义和性别主义这两个词。Bogdan and Biklen(1977)创造了"残障歧视"这个词,旨在描述"对于具有明显的或假想的身体、精神或行为差异的人,促进对其差别或不平等对待的一系列假设和行为"(p. 14)。类似地,Lane(1992)将听力歧视主义定义为能听见的人对聋人统治、调整和训练的权力(p. 43)。

残疾人和聋人已经意识到,他们的残障是根植在某种特定的社会条件之下的。例如,当使用轮椅时,行走便道、进入设施完备的盥洗室、接听高度合适的电话以及乘坐电梯不会遇到残障的问题。当阅读 Braille 盲文书时,盲人也不会遇到障碍。同样地,在聋人俱乐部或者是有翻译的时候,由于语言差异消失了,聋人也不再遇到障碍。确实,Groce(1985)对马撒葡萄园岛的聋人的研究记录了地点和时间,在这段时间和地点里耳聋并不是一种残障,因为所有的岛民(无论聋人还是听力健全人)都懂手语。

聋人和残疾人了解他们的文化都面临障碍,一般而言在青年或者成年时期才会接触到这些文化。一个原因是聋人和残疾人通常出生在非聋人和非残疾人的家庭中。另外一个则是人口统计学的原因——与其他残疾人或者聋人的交流的机会很有限,这种状况下,一种能够被了解的聋人或者残疾人的文化对于他们来讲非常重要(Padden & Humphries ,1988;Gill,1995)。

聋人和残疾人中的一个重要争论是非残疾人和听力健全人在研究、领导和政治活动中的角色。特别是残疾和聋人的政治模式经常要求限制非残疾人和听力健全人在他们活动中的角色和影响。例如,Oliver(1992)在他关于"解放研究范式"的讨论中建议研究者"了解如何在他们的研究课题中配置他们的知识和技能,并利用各种他们选择的方式"(p. 111)。在讨论由听力健全人所做的聋人个体研究时,Stinson(1993)写道,"作为一个聋人研究者,我似乎更重视那些由聋人作者所做出的研究成果。因为我们有共同的经历,即便我不赞成作者的某些特定的观点"(p. 19)。Bienvenu(1991)写道,"现在是时候由我们聋人自己来宣告我们是谁,而不是由没有耳聋的专家来定义或描述,因为他们很有可能根本没有上过一节美国手语或者是美国聋人文化之类的课程"(p.21)。

更通常地,提出了一些折中的立场。例如 Foster(1993)就提出了一个由耳聋和听力健全研究者共同协作的方案。Woodill 建议健全人可以在某些特定的条件下参与残疾人权利运动,也就是,"他们不能在运动中担任领导角色,他们会受到残疾人社群的资助以及在他们的要求下从事活动,他们准备学习从残疾人的角度看待世界"(p.47)。Altman(1994)和 Batavia(1994)在他们的研究中区分了研究者和倡导者的角色。Watson(1996),O'Day(1996)和Foster(1993)认为,为了参加残疾和耳聋研究项目/政治运动而对身体特征提出特殊的要求存在着潜在的"缺陷",也就是,聋人或者残疾人会发现他们在个人选择上同样受到限制(他们受限于残疾或耳聋范围和原因,或者基于身体特征来对他们进行评定而不是他们的经验和技能)。

耳聋和残疾之间的差异

耳聋和残疾在很多方面都存在差异,一个主要的差异是从文化上来看,聋人属于一个语言少数群体而不是一个残疾群体(Lane,1995a;Bienvenu,1991)。支持这个观点的证据很多,但最有力的是从文化上而言聋人会选择使用美国手语来交流[①],从这一点上来看,他们与其他的语言少数群体而不是残疾群体更为相似。

另外一个相关的差异在于,聋人和残疾人对于 PL94—142 的解释和确保所有残疾儿童在公立学校读书成为主流趋势(Lane,1984;Van Cleve and Crouch,1989;Higgins,1990;Foster and Emerton,1991)。当残疾人权利运动将回归学校视为一种重大突破的时候,聋人文化主义者却将其视为一种文化灭绝主义,原因是特殊的或独立的聋人学校可以被视为聋人文化的孵化器和传播器。他们认为如果没有独立的学校的话,聋儿将很少有机会接触他们的同伴和耳聋的成年人,不能够学习美国手语,也就不能够学习聋人文化。由于为所有的残疾儿童提供教育成为主导,很多聋人学校关闭了,或者是招生困难。Roe(1993)年将 PL94—142 形容为"这是一个广受欢迎的法律……它对于有身体残障的孩子来说是一种福利,但对聋儿来讲却是一种灾难"(p.146)。

[①] 美国手语的概念是一种"选择语言",而不简单是一种聋人交流方便的方式。这个概念很重要,因为它强调了语言和文化之间的关系,也就是通过选择美国手语的,文化聋人借此来表达他们的文化归属以及身份认同。

耳聋和残疾的另外一种微妙的差异是,对于后者而言,文化意识和政治行为之间的关系更为密切。例如 Brannon(1995)说道,"残疾人权利运动的部分议题在于呼吁,促进群体意识的文化传播,协调不同的残疾人群体以及进行赋权的努力(第3页)"。同样地,Gill(1995)也描述了残疾文化的四个作用。每一个都与政治发展和社会认同有关。它们是,(1)强化,(2)统一,(3)交流,(4)召集。另一方面,早在聋人权利运动之前,聋人文化和聋人群体就已经存在,这可能是因为主要的契合点是他们有共同的语言,而不是压迫或公民权利。很多聋人组织特别是地区性群体,比如社区聋人俱乐部,主要精力集中在创造机会促进社会融合以及增强联系,而不是政治运动。① 而聋人领袖们表示他们在努力动员残疾群体参与政治运动时遇到了挫折(Batemen,1991)。与残疾人相比,聋人更有可能为单纯的社会目的而集合在一起。大约有86%的已婚聋人是与另外一个聋人或者有听力障碍的人结婚的②(Schein & Delk,1974)。

关于残疾研究中的主要议题和耳聋研究课程的回顾说明了在各自领域里倡导和政治的相关重要性。在对20世纪80年代和90年代的残疾研究进行分析后,Pfeiffer and Yoshida(1995)发现一半或更多的课程包含有五个话题,它们分别是(1)态度,(2)倡导,(3)定义,(4)发育性残疾,(5)政治。对加勒德特大学和美国国立聋人技术学院(NTID)的聋人研究进行回顾,发现了不同的关注点。在加勒德特大学,耳聋研究的介绍性课程旨在帮助学生们"在社会、历史、语言和心理的角度等各个方面建立一种有不同程度听力丧失的人的视角"(加勒德特大学课程介绍,第50页)。耳聋研究的选修课包括三个主题:文化、社会和语言。课程提供的例子包括"诗歌比较:美国手语和英语(文化)","大众传媒和聋人群体的历史"(社会),"手势交流的双语性"(语言)。美国国立聋人技术学院的聋人研究旨在"给予学生机会去建立良好的知识基础,包括聋人文化和聋人群体的美国手语、历史、人类学、语言、文学以及多文

---

① 这并不意味着聋人不会为了政治目的而集合起来,例如成立于1880年的美国聋人联合会就是为了反对米兰大会以及保留手语。成立于1901年的美国聋人兄弟会,也起因于聋人在争取他们的生命保险中遭遇的挫折。

② 很多看过本文早期初稿的学者都认为,研究残疾人选择残疾人做配偶的百分比是很有趣的问题。可是,很遗憾我找不到这个数据。但是,我知道的是,残疾女性的结婚率比非残疾女性或者残疾男性要低(Fine & Asch,1988),而聋人妇女却比聋人男性更有可能结婚(Schein & Delk,1974)。此外,与残疾男性相比,残疾之后结婚的残疾女性有残疾配偶的可能性更大(Fine & Asch,1988:21);对于聋人夫妻而言这个状况正好相反,88%的聋人男性有耳聋或者严重听力障碍的配偶。而这个比例在聋人妇女中只有85.8%(Schein & Delk,1974)。

化方面"(Preliminary Rationale…,p.1)。以美国手语或耳聋研究为主攻方向的学生将会学习五个方面的课程:美国手语、手语教育、创造性艺术和文学、倡导和社会,以及聋人耳聋史。虽然在美国国立聋人技术学院的课程中倡导是一个核心主题,(在加勒德特大学的课程中也有一些选修课是有关于政治和人权的),但是很显然这些课程的重点在于语言、历史、艺术而不是政治。

我们也可以从这两个群体首选的"称呼方式"看出残疾和耳聋的差异。例如,第一个群体的成员通常被我们称为"残疾人",主要强调的是人,残疾是第二位的。然而,"耳聋的人"却不是聋人群体通常的首选称呼。一位聋人这样解释这种偏好:

> 有一种运动的趋势是残疾人要摆脱他们身上的标签。由于这个原因,他需要弱化他的残障状况。因此耳聋的人比聋人更好。然而,聋人群体中的很多人并不赞成这一点(好像聋人在很多方面都与残疾群体有着不同的意见)。总之,很多聋人并不在乎被认为是聋人。这个短语……"有耳聋的人"似乎与"肤色为黑色的人"或者"性别是女性的人"或者……"同性恋的人……"一样奇怪。对于这些群体而言,更好的称呼为黑人、或者非洲裔美国人、女性、同性恋等等。我也发现在许多聋人中(包括我自己),如果一个聋人的故事出现在报纸上而不提及他/她是聋人,我们将会不高兴。作为一种聋人的认同感对我们很多人而言都是非常重要的,以至于当发觉报纸上不提及聋人时我们就会觉得受到了冒犯;同样地,我发现很多残疾人如果发现报纸上提到他们是残疾人,特别是故事与残疾本身无关时,会觉得这种提及是不需要的,而觉得受到了冒犯(Thomas Holcomb[①],个人经验,3/31/96)。

很多聋人特别是认同聋人文化的人都有同感。在聋人社会、聋儿、耳聋的成年人以及现在就让聋人当校长这些短语中,耳聋都处于首要地位。当将言语的少数群体这一概念应用于聋人群体时,这种自豪感和角色认同就处于首位,就处于核心地位,因此也就需要特殊的教育来保持和发展聋人的认同感。

聋人和残疾人的另外一大差异是对很多聋人而言"空间"是非常重要的。(Lane,1995b;Van Cleve and Crouch,1989)。"美国的聋人认为他们应该有属于自己的空间。我们需要用这种观念组织美国聋人历史的显著事实,证实耳聋的意义与前文所述的基于残疾的意义是不同的"(Lane,1995b,p.76)。聋

---

① Thomas Holcomb 博士是加利福尼亚州弗里蒙特市奥龙尼学院耳聋中心的教职工。

人寄宿学校仅仅是"共有空间"的一个例子,聋人俱乐部,"在那块小地方中,聋人工作时可以经常使用美国手语管理,社会化和交流"是另一个例子(Lane,1995b,p.76)。加勒德特大学作为美国唯一一所聋人大学,也已经成为一个聋人们的特殊空间。美国国立聋人技术学院,Rochester科技研究所的一个学院,大概有1100名聋人学生,对这些学生进行招生研究表明很多耳聋年轻人需要有机会参与到聋人社区中(Foster and Elliot,1987)。正如Lane(1995b),Van Cleve and Crouch(1989)提到的,聋人时不时地想建立一个他们自己的国家。这就好像一个乌托邦,居民和管理者都是聋人。

一个明显的但常常被忽略的残疾人和聋人之间的区别在于大部分残疾人不是聋人。聋人和其他残疾人之间的差异可能就像聋人和听力完好的人之间的差异一样大。就像一个朋友所指出的,"在一个残疾人群体中,很多聋人仍然会感到自己是残疾的或残障的。例如在一间屋子里,如果其他人都是残疾人,或者是其他人都是健全人,对聋人而言在被孤立的感觉上没有什么差别。因此,听力健全的人和残疾人对我们来讲没有什么差别,他们都是"听力健全的"。就好像女性宣称这是一个男权社会,黑人宣称这是一个白人社会,而不对其他的少数族群进行区分一样。我们认为这是一个听力健全者的社会,包括其他有残疾的人(Thomas Holcomb,个人书信)。

耳聋和残疾的核心区别在于,至少对于认同耳聋文化的人而言,耳聋不是一种残疾。从这个方面而言,他们对诞生一个耳聋的儿童表示高兴,就像Lane(1995a)所说的那样,美国的聋人认为耳聋文化是一件好事,并且也希望看着它繁荣,聋人的准父母就像其他的言语少数群体一样,希望有一个聋人宝宝,分享他们的语言文化和独特的经历(第178页)。而且,很多认同聋人文化的人不愿意接受治疗,比如说耳蜗移植,即使这些治疗的成功率为100%(D'Antonio,1993)。

耳聋和残疾之间的差异造成的结果就如Padden(1988)所言,会产生一种让人不安的联盟。大部分时候这种联盟的原因都是政治的或者经济的,例如耳聋者和残疾人,共同推动了1990年《美国残疾人法案》的实施通过。很多聋人也要求在现有的残疾人法律法规体系下享有残疾福利或服务。特殊教育基金将会资助公立学校里的残疾学生,也会资助主流的聋人学生以及针对耳聋学生的特别项目。在讨论一个耳聋朋友在使用地铁中的"残障"折扣的复杂情绪时,Padden and Humphries(1988)对残疾和耳聋之间的复杂关系做了如下描述:

> 历史上,"残疾"的这个标签不属于耳聋者。这表明这个群体具有政

治自我代表性和特殊的目标。当聋人讨论他们的耳聋时,他们使用的术语与他们的语言,他们的过去和他们的群体密切相关。他们关心的是保留他们的语言,教育聋儿的政策,以及保持他们的社会和政治组织。聋人对于那些现代的术语如"无障碍"和"民权"很陌生。领袖使用这些术语是因为公众对这些方面比对聋人社区关注的方面更为熟悉。考虑到这些经济的和其他各方面的利益,聋人开始管他们自己叫残疾人。尽管时有矛盾,但是聋人还是和其他残疾的群体进行合作。但正如地铁中我们的朋友提醒我们的一样。残疾不是一种主要的自我认同,事实上它代表某种放弃(Padden and Humphries,1988,p.44)。

正如 Lane(1995a)所认为的那样,如果文化的耳聋被重新定义为语言的少数群体(而不是一种残疾),那么很多现有的特权和服务将不能再被继续应用了。相反,聋人在文化上将会适用于公民权利法律和法规,将会给聋儿发放用于资助语言少数群体儿童的教育补助。现在还不清楚分界线在哪里。例如,如果建立了独立的聋儿学校,如何确认申请资格并如何应用? 会有人认同聋人文化而申请这个学校而其后又声称自己是残疾人么? 还是应该做出一种终身的保证? 有多少聋人愿意放弃他们目前作为残疾人所享有的经济补助和法律权益呢? 如果要正式改变聋人的地位就必须对这些以及其他问题做出回答。

第三部分:分析耳聋与残疾之间的关系

本章的重点是分析耳聋与残疾之间是"相同或是不同的"。第一部分所提到的残疾与耳聋的三个模式可以被看作是一种从相同到差异的变化。医学模式可以看作是一种依从模式,它强调鼓励或使残疾人或者聋人依从于某种标准或者某种行为水平。社会结构模式是一个纳入模式。在这种模式下社会会做出一些改变,为残疾人或者聋人进入主流社会和经济提供便利。政治模式是一个多文化模式。残疾人或者聋人追求一种独特的自我认同和文化,从而保证他们相同的权利和机会。

在本章的第二部分,我们讨论了残疾和耳聋的共同点和差异,并且为双方都提供了有利的证据。那么答案是什么呢? 它们是同一个主题下的变奏,还是有根本的差异呢? 要回答这个问题,可能需要从多维度的经验来讨论残疾和耳聋以及考虑如下三个层次的问题:什么是聋人社会,什么是残疾人社会,什么是美国社会。在第一层残疾人群体的差异很大。正如 Bienvenu(1991)

注意到的,两千万美国人有某种程度的听力损失,但是只有五百万是文化上的聋人,也就是"分享共同的语言、标准和价值"的聋人。大部分的文化聋人是天生的或者是在学习说话之前致聋的(有语言能力前的耳聋),他们的第一语言为美国手语,他们支持为聋人开办独立学校,并积极参与聋人俱乐部的活动。那些认为自己有听力障碍、支持口语教学法的人是在有语言能力之后致聋的,他们支持耳聋儿童进入全纳式学校,不参与聋人俱乐部的活动,他们通常被认为是非文化聋人。耳聋发生的时间、语言偏好、上学的经历、父母的听力状况,都会影响一个聋人对自我的认识。再加上种族、民族以及性别的差异,聋人群体的异质性是很强的。两个生理状况相同的聋人,可能仅仅有这一点相同,也有可能他们有着同样的特点和经历,例如民族、性别、教育等等。

在残疾人群体中,聋人既有相同点也有不同点。像在上一部分指出的那样,聋人和残疾人有很多共同的经历和环境,但是他们在很多方面也有很多大的差异。那些将自己定义为文化聋人的人,会认为他们与残疾人之间有很大的差异,不认为自己是残疾人。而更大范围的聋人以及听力不良的人不认为自己是文化聋人,而认同残疾人的经验和视角。也有可能聋人会同时认同残疾人文化和聋人文化。

在美国社会这个层面,就像残疾人一样,聋人也有相同点和差异。他们都希望接受良好的教育,有机会就业并得到晋升,都和其他公民一样享有同等的资源和服务。从这个角度来看,他们和其他的美国公民是一样的。他们的差异并不一定与他们的"残疾"或"耳聋"的身体状况有关,而是与在各种不同模式中他们被认为所具有的各种特点有关。

相同或不同? 一个多维度的视角

对于耳聋的少数群体身份特征的研究,为探讨耳聋和残疾之间的关系提供了一个有用的方式。Foster and Kinuthia(1995)对33名耳聋的少数群体学生进行了深入的和开放式的访谈,包括11名非裔,11名亚裔和11名西班牙裔。这些研究的目的在于描述这些学生在进入大学之前的家庭和学校生活以及他们进入大学之后的生活。一部分问题集中于身份认同;要求学生们回答他们如何看待自己和如何定义自己,比如是黑人、聋人、男性或者女性等。

学生们对于他们身份特征的回答表明了答案可以根据环境需要而改变,例如一个聋人学生说,在学校里他是一个聋人,而在家里他则是有严重听力障碍的西班牙人。用他的话来说,"相对于在家里,在这里[学校]我更觉得自己是聋人,因为在家里没有那么多的聋人……在那我觉得自己有听力障碍……

但是,在这我觉得我是聋人是因为我使用很多手语……在家里和我的父母在一起时我不用手语,我会说话并讲西班牙语"。对这个学生而言,影响身份认同的决定性因素是交流和语言环境。

在另外一些例子里,学生的身份被塑造,或者由于新的环境而被永久地重新塑造。例如有一个耳聋的黑人学生也是一个单身母亲进入了大学,她发现她与那些高加索人的聋人单身母亲更有共同之处,这种认同感要超过了她与那些没有孩子的黑人聋人朋友们之间的。在她的生活中种族和耳聋依然是很重要的因素,但是母亲的身份占了主导。

压迫和歧视的环境是塑造身份的第三种因素。一位学生说,他认为自己首先是一名聋人,因为他认为由于他的耳聋他丧失了很多就业机会。另一位学生认为她首先是一位黑人,是因为别人对待她的方式,"当我走进餐馆的时候他们都看我,是因为我是黑人。当我走进商店的时候因为我是黑人,他们跟着我,他们认为我可能偷东西"。

这些学生们的故事的特点,是他们都有一种或以上的身份特征。性别、民族、婚姻状况、父母身份、耳聋/美国手语、耳聋/口语,这些是学生们所指出的核心身份中的一部分。根据环境的需要,这些身份特征的一种或更多将会显露出来。那个西班牙裔学生不会因为在学校是聋人而在家里是听力障碍者而显得虚伪,或者对自己不自信;他只是适应了不同环境,不同场合和不同的机会。

简而言之,身份是可变的、具有反馈性的和累积的,根据环境的要求和实践而改变。这并不意味着参加访谈的人缺乏"核心的身份",或者有关他们是谁的认识。相反,他们的身份是多维的。在聋人文化和语言多样性以及身份特征的讨论中,Parasnis(2000)也有一个类似的观点,她将身份定义为一个动态的概念,它受到心理、环境以及关系变量的影响。

耳聋和残疾更为趋同还是存在差异?身份的多维度的和动态解释表明这两者都有。就像是一个人既可能是聋人也可能是听力障碍者,对一个聋人来说他可以融合在一种环境中,并且在另一种环境中被隔离。聋人可能选择与听力完好的人一起进行日常工作,这其中他们可以采取多种方式交流,包括说、写、手势和翻译。随后这个人可以去当地的聋人俱乐部或者一对聋人夫妇的家,在那他们可以使用美国手语交流。聋人的父母可以为他们的耳聋孩子选择特殊学校,但是又鼓励他们进入主流大学。聋人政策倡导者可能与残疾人政策倡导者一起来寻求立法的通过,但是却与残疾文化存在差异。一个从来没有用过助听器的聋人妇女,如果她有了一个听力完好的孩子后,可能会选择使用助听器,因为她发现当她使用助听器之后她更有可能听到她隔壁孩子的哭声。

残疾和耳聋研究的意义

必须注意到残疾研究和耳聋研究当中有重叠和差异的部分。例如,大部分残疾人研究中的课题都对聋人有意义(例如,种族、技术、女性、心理健康、教育、就业)。但是,残疾人和聋人对这些主题的理解可能非常不同(例如全纳式学校)。其他的一些聋人研究中的核心主题,例如美国手语,并不包括在残疾人研究的课题中。必须认识到这些差异,如果可能的话,学生们在接受进一步指导和进行深入研究时必须应该接触到这些课程或其他一些资料。从长期来看,指导教师们会发现,将残疾研究中的一门或多门课来讨论聋人问题,并且和学生们一起发现、描述和思考耳聋"既趋同又差异"的多种方式将是非常有好处的。这种对话有助于深化残疾研究领域里的进一步交流,这些研究是关于我们既是独特的又是彼此紧密联系的方式。

最后,残疾研究的课程必须承认,聋人有相同点也有差异。这包括认识到文化聋人的观点,即他们不是残疾文化的一部分,以及持有这种观点的原因。还必须包括其他90%的聋人或者是听力障碍者所持有的各种观点,包括一些人的观点,即认为在某些环境下耳聋的确是一种残障。这并不意味着残疾研究必须推动或者支持耳聋作为一种残障的定义。他们只是需要认识到这种观点是个人观点广泛综合后的一部分,以及聋人作为一个群体的集体认知。

致 谢

本文写作于美国国立聋人技术学院,要感谢罗切斯特理工学院和美国教育部的支持,还要感谢Pat DeCaro、Joan Erickson和Mike Stinson对本文初稿给予的宝贵意见。特别感谢Thomas Holcomb,他的意见对于本文的修订起到了关键的作用,也感谢他允许我引用他个人信件中的很多精彩论点。

(张冰子、刘岚译,陈功审校)

参考文献

Altman, B. (1994). Thoughts on Visibility, Hierarchies, Politics and Legitimacy. *Disability Studies*, *Quarterly*, 14(2), 28-51.

Baker-Shenk, C, & Kyle, J. G. (1990). Research with deaf people: issues and conflicts. *Disability, Handicap & Society*, 5(1), 65-75.

Batavia, A. (1994). Representation and role separation in the disability movement: should Researchers be advocates? *Disability Studies Quarterly*, 14(2), 51-55.

Batemen, G. C. Jr. (1991). Perceptions on political activism: definitions and attitudes. *Perspectives on Deafness: A Deaf American Monograph*, 7-13.

Becker, G. (1980). *Growing old in silence*. Berkeley: University of California Press.

Becker. H. (1963). *Outsiders: studies iii the sociology of deviance*. New York: The Free Press.

Bender, R. E. (1981). *The conquest of deafness: a history of the long struggle to make possible normal living to those handicapped by lack of normal hearing*. Danville, IL: The Interstate Printers & Publishers. Inc.

Bienvenu, M. J. (1991). Can deaf people survive "deafness?" *Perspectives on Deafness: A Deaf American Monograph*. In: M. D. Garretson (Ed.), Silver Spring (pp. 21-28). MD: National Association of the Deaf.

Bogdan, R., & Biklen. D. (1977). Handicapism. *Social Policy*, 7(March/April), 14-19

Bogdan. R. Biklen. D., Shapiro, A., & Spelkoman, D. (1982). The disabled: media's monster. *Social Policy*, (Fall), 32 -35.

Bogdan, R., & Taylor, S. (1976). The judged, not me judges: an insider's view of mental retardation. *American Psychologist*, 31, 47 -52.

Bowe, F. (1978). *Handicapping America: barriers to disabled people*. New York: Harper &Row.

Bowe, F. (1980). *Rehabilitating America: toward independence for disabled and elderly people*. New York: Harper & Row.

Braginsky, D., & Braginsky, B. (1971). *Hansels and gretels: studies of children in institutions for the mentally retarded*. New York: Holt, Rinehart & Winston.

Brannon, R. (1995). The use of the concept of disability culture: a historian's view. *Disability Studies Quarterly*, 15(4), 3-15.

Christiansen, J., & Barnartt, S. (1995). *Deaf President Now! The 1988 revolution at Gallaudet University*. Washington D. C.: Gallaudet University Press.

Conrad, P., & Schneider, J. (1980), *Deviance and medicalization: from badness to sickness*. St. Louis. MO: The C. V. Mosby Company.

Crammatte, A. B. (1968). *Deaf persons in professional employment*. Springfield, IL: Charles C. Thomas.

D'Antonio. M. (1993). Sound and Fury. *Los Angeles Times*, (Sunday. November 21), 1993. Home Edition. Los Angeles Times Magazine, p. 44.

Emerton, R. G., Foster, S., & Royer, H. (1987), The impact of changing technology on the employment of a group of older deaf workers. *Journal of Rehabilitation of the Deaf*, 21(2), 6-18.

Fine, M., & Asch, A. (Eds) (1988). *Women with disabilities: essays in psychology, culture and politics*. Philadelphia: Temple University Press.

Foster. S. (1987). Employment experiences of deaf RIT graduates: an interview study, *Journal of Rehabilitation of the Deaf*, 21(1), 1-15.

Poster, S. (1988). Life in the mainstream: reflections of deaf college freshmen on their experiences in the mainstreamed high school. *Journal of Rehabilitation of the Deaf*, 22(2), 27-35

Foster, S. (1989a). Educational programmes for deaf'students: an insider perspective on policy and practice. In: L. Barton (Ed.). *Integration; Myth or Reality?* (pp. 57-82). London: The Falmer Press.

Foster, S. (1989b). Reflections of deaf adults on their experiences in residential and mainstream school programs. *Disability Handicap and Society*, 4(Ⅰ), 37-56.

Foster. S. (1989c). Social alienation and peer identification: a study of the social construction of deafness, *Human Organization*, 48(3), 226-235.

Foster, S. (1992). *Working with deaf people: accessibility and accommodation in the workplace*. Springfield. IL: Charles C. Thomas.

Foster, S. (1993). Outsider in the Deaf World: Reflections of an Ethnographic Researcher. *Journal of the American Deafness and Rehabilitation Association*, 27(3), 1-11.

Foster, S. (1996). Doing research in deafness: some considerations and strategies. In: P. Higgins & J. Nash (Eds), *Understanding Deafness Socially* (pp 3-20). Springfield, IL: Charles C Thomas.

Foster, S., & Elliot, L. (1987). Why students decide to attend NTID at RIT: an interview study with First year college students Technical Report, National technical Institute for the Deaf at Rochester Institute of Technology, Rochester, NY.

Foster. S., & Emerton, G. (1991), Mainstreaming the deaf student: a blessing or a curse? *The Journal of Disability Policy Studies*, 2(2), 61-76.

Foster, S., & Kinuthia, W. (1995). The development of cultural identity of deaf persons of Black, Asian, or Hispanic heritage. Paper presented at the 1995 annual meeting of the *New York State Sociological Association*, Hobart and William Smith College, Geneva, NY, October 28, 1995.

Gallaudet University Course Book. Washington, DC: Gallaudet University.

Gershon, H. (1992). Reasonably deaf: television's representation of deafness. Paper presented at the annual meeting of the Society for Disability Studies, Seattle, WA, June7-19.

Gill, C. J. (1995). A psychological view of disability culture. *Disability Studies Quarterly*, 15

(4),16-19.

Goffman, E. (1963). Stigma: *notes on the management of spoiled identity*. London Penguin.

Goffman, E. (1961) *Asylums: essays on the social situation of mental patients and other inmates*. New York: Anchor Books.

Groce, N. (1985) *Everyone here spoke sign language: hereditary deadness on Martha's Vineyard*. Cambridge, MA: Harvard University Press.

Hafferty, W. F, & Foster, S. (1994). Decontextualizing disability in the crime mystery genre: the case of the invisible handicap. *Disability & Society*, 9(2), 185-206.

Hahn, H. (1985). Toward a politics of disability: definitions, disciplines, and policies. T*he Social Science Journal*, 22,87-106.

Hahn, H. (1988). The politics of physical differences: disability and discrimination. *Journal of Social Issues*, 44, 39-47.

Higgins. P. (1980). *Outsiders in a hearing world: a sociology of deafness*, Beverly Hills, CA: Sage.

Higgins. P. (1990). *The challenge of educating together deaf and hearing youth: making mainstreaming work*. Springfield. IL: Charles C. Thomas.

Hirsch, K., & Hirsch, J. (1995). Self-defining narratives: disability identity in the postmodern era. *Disability Studies Quarterly*. 15(4),21-27.

Kriegel, L. (1982). The wolf in the pit at the zoo. *Social Policy*, (Fall), 16-23,Lane, H. (1984). *When the mind hears: a history of the deaf*. New York: Random House.

Lane, H. (1992). *The mask of benevolence: disabling the deaf community*. New York. Alfred A. Knopf.

Lane, H. (1995a). Constructions of deafness. *Disability & Society*,10(2), 171-189.

Lane. H. (1995b). Reproductive control of deaf people and the deaf search for a homeland. In:M. Garretson (Ed.), *A deaf American Monograph* (pp. 73~78). Silver Spring, MD: National Association of the Deaf Liben, L. S. (1978). *Deaf children: developmental perspectives*. New York: Academic Press.

Linton, S., Mello, S., & O'Neill, J. (1995). Disability studies: expanding the parameters of diversity. *Radical Teacher*, 47, 4-10.

Makas, E. (1988). Positive attitudes toward disabled people: disabled and nondisabled persons perspectives. *Journal of Social Issues*, 44(1), 49-61.

Mercer, J. (1973), *Labeling the mentally retarded: clinical and social system perspectives on mental retardation*. Berkeley: University of California Press.

Mertens, D. (1989). Social experiences of hearing impaired high school youth. *American Annals of the Deaf*, (March), 15-19.

Myklebust, H. R. (1964). *The psychology of deafness: sensory deprivation, learning, and ad-*

justment. New York: Grune & Stratton.

Oliver, M. (1983). *Social work with disabled people*. Basingstoke, United Kingdom: MacMillan.

Oliver, M. (1986). Social policy and disability: some theoretical issues. *Disability, Handicap & Society*, 1, 5 -18.

Oliver, M. (1992). Changing the social relations of research production? *Disability, Handicap & Society*, 7(2), 101-114.

Padden, C, & Humphries, T. (1988). *Deaf in America: voices from a culture*. Cambridge, MA: Harvard University Press.

Parasnis, I. (2000). Cultural and Language Diversity and Identity: Implications for Deaf Education. Proceedings of the 19th International Congress on Education of the Deaf, July 9- 13. Sidney, Australia.

Pfeiffer. D., & Yoshida, K. (1995). Teaching disability studies in Canada and file USA. *Disability & Society*. 10(4) 475-500.

Preliminary Rationale Format. *Center for Arts and Sciences. American Sign Language/Deaf Studies*. Rochester. NY: National Technical Institute for the Deal

Roe, C., & Roe, D. (1993). The dismantling of a culture: PL 94-142 and its effects on the education and future of deaf children, In: M. Garretson (Ed.), *A Deaf American Monograph* (pp 143-147). Silver Spring, MD: National Association of the Deaf.

Sacks, O. (1989) *Seeing voices: a journey into the world of the deaf*, Berkeley: University of California Press.

Saur, R., Layne. C., Hurley. E., & Opton, K. (1986). Dimensions of mainstreaming. *American Annals of the Deaf*, 131, 325-329.

Schein, J., & Delk, M. (1974). *The deaf population of the United States*. Silver Spring, MD: National Association of the Deaf.

Schuchman, J. (1988). *Hollywood speaks: deafness and the film entertainment industry*, Urbana, IL: University of Illinois Press, Scotch, R. (1984). *From good will to civil rights: transforming federal disability policy*. Philadelphia: Temple University Press.

Scott. R. (1967). *The making of blind men*. New York: Russell Sage Foundation.

Seidel, J. (1982). The points al which deaf and hearing worlds intersect: a dialectical analysis. In: P. Higgins and J. Nosh (Eds), *Social Aspects of Deafness, Vol. 3: the deaf community and the deaf population* (pp. 131-167). Proceedings of the 1982 Conference: Sociology of Deafness. Gallaudet College. Washington D. C.

Stinson, M. (1993). Research on deaf individuals by hearing persons: one deaf researcher's perspective. *Journal of the American Deafness and Rehabilitation Association*, 27(3), 17- 21.

Stokoe, W. C. (1960). *Sign language structure*. Reissued. Silver Spring, MD: Linstok Press.

Stuckless. E. R., & Walter, G. (1983). Students hearing impaired from the 1963-1965 rubella epidemic begin to enter college. *The Volta Review*. (October-November), 270-278.

Szasz, T. (1961). *The myth of mental illness*. New York: Hoeber-Harper.

Van Cleve, J. & Crouch, B. (1989). *A place of their own: creating the deaf community in America*. Washington, DC: Gallaudet University Press.

Watson, S., & O'Day, B. (1996). Movement leadership, *Disability Studies Quarterly*, 16(1), 26-30.

Woodill, G. (1994). The role of an able-bodied person in a disability movement. *Disability Studies Quarterly*, 14(2), 47-48.

Zarb, G. (1992), On the road to Damascus: first steps towards changing the relations of disability research production. *Disability, Handicap & Society*. 7(2), 125-138.

Zola, I. (1985). Depictions of disability-metaphor, message and medium in the media: a research and political agenda. *The Social Science Journal*. 22, 5-18,

Zola, I. (1987). The portrayal of disability in the crime mystery genre. *Social Policy*, (Spring). 34-39.

残疾人测度的方法论问题？*

南茜·A. 马修威兹

摘 要

残疾人的测量问题是一个复杂的测量议题，这部分归因于"残疾"这个词所代表的现象的多样性和复杂性。尽管有大量的和越来越多的标准尝试来测量残损和残疾，但是我们对最常见项目测度的误差属性和组成标准所知甚少。这篇文章重新讨论了与残疾测度相关的经验文献，确定了影响测度过程的许多方法论因素。

引 言

残疾人的测量问题是一个复杂的测量议题，归因于概念范式的多样性和不同的范式所采用的大量的方法，它们被可操作化为不同的调查工具（Jette & Badley, 1999）。尽管存在大量标准试图来测度残损和残疾，并且这些标准还在增长，但是我们对最常见项目测度的误差属性和组成标准所知甚少。经验性的文献表明对残疾人数量的估计不但与测度工具的概念性框架相关，而且是测度所发生的实质性调查条件的函数，包括用来测量残疾的特定问题、这些问题的背景、信息来源（自我 vs. 代理反应）、数据收集方式和方法的差异，以及致力于数据收集的资助者（如 Sampson, 1997；Haber, 1990；McNeil, 1993）。另外，残损、残疾、功能障碍和参与等术语的使用经常是不一致的，这

---

* 社会科学研究与残疾，第二卷，
理论与方法研究，125—143 页。
Elsevier Science Ltd. 版权所有 © 2001
ISBN：0-7623-0773-0
这篇文章的早期版本提交到 1999 年 5 月 27—28 日国家医药科学学院/研究所举办的工作残疾的测度研讨会上，这

导致对发生水平估计的差异和矛盾。尝试测度残损和/或残疾的发生水平以及严重程度使得测度过程更加复杂。

在现行的残疾测度概念范式下，残疾被看做是一个动态的过程而不是一个静态的测度，是一个患有残损的人与环境的互动而不是个体的内在特征，这对残疾的测度有一定的影响。特别是，这种范式暗示了那些负责残疾测量开发的人应该将环境因素影响的测度与能力的测度区分开来。比如，残疾经常被定义为残损的环境适应；因此，遭受相同残损的两个人并不一定具有相同的残疾或者对于他们的残损具有同样的认知。对于一个有行动障碍的人来说，如果他生活的环境已经对残损有一定的适应，那么辅助器具的使用加上环境的适应使得他与非残疾人没有什么区别。同样这个人，如果他住在没有电梯的二层公寓楼里面，那么他对其残损的认知将会是非常不同的。

这种范式也把残疾描述为一个动态的现象，患有残损的人与特定的环境背景之间的作用结果，包括自然环境、创造的环境，以及社会和文化环境。这种现象的动态特征使得不同的残疾调查测度的质量评估进一步复杂化，特别是测量的信度。作为一个动态特征，我们会期待由于各种因素的变化将会导致所报告残疾程度的变化，其中包括自然，社会和环境因素。测度过程的挑战是从没有信度的状态中剥离出真正的变化。

这篇文章的目的是研究关于测度残损或残疾人的调查工具的测量误差属性，我们已经知道什么，需要进一步研究什么。首先，我们研究一些独一无二的挑战，这与利用调查作为残疾人的测量工具息息相关。另外，这篇文章还从认知和社会心理学理论框架的角度来研究残疾人的测度。我们提供了经验证据来强调一些与现有问题和标准有关的测度问题。最后，我们对降低测量误差提出一些建议，并确定和测度了观测误差的不同来源。

残疾人测度误差的潜在来源

与其他通过调查来进行测度一样，残疾人的确定同样会有许多误差。残疾测度过程本身及其要求的复杂性，为残疾人测度提出了特殊的挑战。下面我们强调一些不同的误差来源，它们在设计测量残疾的发生水平的调查时非常重要，对以残疾人群体为对象的研究来说也是非常重要的。

覆盖面、享用和参与。尽管这篇文章主要关注观测误差，但是不可观测误差对残疾人估计的潜在影响也是非常重要的。不可观测误差可能产生于抽样框未能包括研究群体的所有人,未能联系到样本个体,受访者拒绝参与调查。与研究设计有关的一些选择,如数据收集模式,抽样框的选择,被访者代理被允许的程度,将会影响研究的估计程度,包括未能覆盖和拒绝参与带来的估计误差。举例来讲,我们考虑选择数据收集模式。数据收集模式的决策会影响残疾人群的覆盖面、享用和参与。这一点并非残损人群或残疾人群测度所独有。例如,用电话来进行数据收集就把样本限制在拥有电话的家庭。在美国,大约5%的家庭没有电话。在贫困线以下的人群中,几乎30%的群体没有电话,而贫困线以上群体的比例为4%(Thornberry & Massey, 1988)。就健康特征来讲,生活在没有电话的家庭中的人更有可能由于慢性疾病而导致活动受限,同时更可能有行动障碍和更多的卧床不能自理的时间,并且很少去看医生。因此,由于没有覆盖研究群体,用电话来进行数据收集(例如,行为风险因素监视系统[BRFSS]就是如此)会导致对残疾人比例的低估。

如果用电话进行数据收集这种方法未能充分考虑到患有听觉障碍的人群的特殊情况,那么潜在的覆盖误差将会进一步加大。相似的,自助的纸笔问卷将调查对象限定在能够读写的人群之中,只有这样的人才能够读懂问卷,并利用笔来回答问题。

调查访谈的互动属性对受访者的感觉和身体的资源产生了巨大需求。面对面的访谈要求受访者能够听懂问题,口头回答问题,理解每个问题以及回答范围,保持认知注意力,并且满足访谈对身体上的需要,这是一项需要大约一到两个小时的任务。辅助设备的使用,来自其他人的协助,接受代访回答,或者进行数天的访谈将会提高残疾人的参与水平。

当测度残疾人群体时,没有任何模式可以完全避免潜在的覆盖或参与受限问题。允许使用其他替代方案来收集数据可以促进参与水平并获得所要研究的群体。例如,国家疾病研究,设计了面对面访谈的方式来度量精神紊乱的发生水平,起初回答率高到85%(Mathiowetz & Wunderlich, 2000)。然而,调查者认为,就所关注的研究议题而言,未回答者在人群中不是随机分布的,也就是说与其他人相比,那些最有可能患有精神紊乱的人更有可能拒绝参与调查。为了应对这个问题,针对未回答者进行了第二轮的调查。提供给未回答者一些激励,和其他的数据收集模式,同时选择了其他地点来进行访谈。这项研究发现,愿意完整回答问卷的人有着相对较高的急躁紊乱发生率,不愿有陌生人进入他们的家庭。对于这项特殊的研究,数据收集方式的选择导致了无应答误差。通过选择其他的数据收集模式和地点,这项研究减少了无应答率和无应答误差。

残疾人群的认知和测度。从认知的角度来讲,残疾的测度提出了特殊的挑战。理解个体如何对残损和残疾信息进行编码,能力的测度独立于环境背景,以及信息的编译如何随认知角度的变化而变化(自我 vs 他人;受访者与访谈员关系的性质),这些对于有效问题的设计是至关重要的。

许多用来测度残损和残疾的问题在理解上会受到一些干扰,这往往与语义和词汇的复杂性有关。对于一些术语如"困难"、"限制"和"残疾",不同的访谈者会给予不同的解释。有关工作残疾的问题会出现理解上的障碍,这是由于"工作"具有共同的含义。受访者必须推断出工作受限是否包括与准备工作、上下班的交通、到达工作场所、工作的性质本身有关的因素(即,"工作"是否包括参与到工作场所之中)。

我们需要一种经济节俭的方法来评价与残损和特殊功能受限有关的个体状态,而这会产生"复合的"甄别问题。例如,2000 年人口普查包括了以下的问题:

> 由于持续 6 个月或以上的身体、精神或情感疾病,受访者在从事以下活动时有困难吗……
> d. (16 岁或大于 16 岁的人回答)正在从事工作吗?

受访者需要在"是"或者"否"的框中打钩。

虽然节俭的需要对于十年一度的人口普查是至关重要的,但是由于问卷形式的限制,在以访谈员为主导的问卷中找到同样形式的问题很普遍。这类问题在认知上是复杂的,由于以下原因对工作记忆有着巨大的压力:

- 受访者必须考虑健康的多个维度,并将工作困难归因到一个或者多个健康问题上。将物质,心理和情感疾病全部列举出来,能够向受访者阐明一个事实,就是所设计的问题涵盖了健康的所有三个维度,但是代价是受访者对其有一个额外的认知过程。
- 受访者必须评价疾病的持续时间,并决定六个月是否是确定的六个月,还是泛指一段较长的时间。
- "困难"这个词语需要解释。如下所述,困难这个词语的认知评价暗示对于某些受访者这个词语表示有能力去实施这项活动,但并不意味着实际参与到活动中去。
- 什么属于和什么不属于"工作"这个词语,这个词语是否包括为工作自己所需要的准备(例如洗澡和穿衣服的困难),或者上班所用的交通工具由受访者来决定。

我们也注意到这些问题并没有区分工作的能力和参与的能力,对问题的反应也不允许个人去理解参与到工作环境中的方式是被障碍所阻碍了,还是被便利设施所促进了。

减少诸如上文所述复合甄选项目认知复杂性的一个方法是将包含在介绍中的限定性词语分解成几个独立的部分。例如,需要问一下这样的问题,一个人是否有工作困难,如果有的话,将会有一系列如下的问题:(a)是否是由于健康问题;(b)困难的持续时间;(c)困难的性质;(d)决定这个人是否正在工作,如果是的话,其任务是如何实现的;(e)对于那些没有正在工作的人来讲,如何才能使得他们为工作做好准备。虽然有人会说,问一个单一的问题会更有效率,但是考虑到管理时间和数据的整体质量,方法论调查会决定是否这样数个小问题的形式的成本更高。

完成回答任务要求受访者理解信息,决定与问题有关的信息相关性,进而形成一个答案。受访者的回答形式经常被限制于一个简单的分类(如,是的,在工作中受限 Vs. 没有受到限制),这种分类无法获得能力—残疾(enablement-disablement)过程的全貌,以及所关心现象的复杂性。这种将复杂问题映射到有限的答案分类的方法非常可能充满误差,并且导致残疾和残损问题的信度偏低。

为了说明残损和辅助器具使用问题缺少可信度,我们来看一下收入和项目参与调查(SIPP)的数据。这些数据提供了经验证据,表明即使在同样调查环境下提问,问题的回答也会出现很高比例的不一致。作为 SIPP 1992/93 面板数据的一部分,同样主题模块分为两次调查。第一次调查是在 1993 年 10 月到 1994 年 1 月之间,第二次是在 1994 年 10 月到 1995 年 1 月(McNeil,1998)。两次的问卷内容是一样的。主题模块通过核心访谈进行,这些访谈关注于收入,转移性收入,其他项目参与和其他形式的收入。调查收集了家庭户中所有成员的信息,通常是让一个人报告他或她自己和所有其他家庭成员的状况。另外,谁作为受访者的信息也被记录下来;这样,我们就能够分析不同时间所有自我回答的信息的一致性。表 1 列出了在时间 1 和时间 2 上一些残损和辅助器具使用的比较。比较的结果很清楚的显示高度的非理论不一致性,即使对于那些两次访谈都回答的人。例如,在时间点 1 报告自己不能行走的人之中只有 70.3% 的人在时间点 2 再次这样报告。将比较限定在自我报告上并不能极大地减少这种不一致性。在自我报告的人群之中,在时间点 1 报告自己不能行走的人之中有 76.7% 的人在后续的调查中再次这样报告。

虽然通过回答的分布不能决定信度缺乏的来源,但是有限的回答类别(是或否)对于残损导致间歇性或暂时性残疾的人来说是无效的选择。我们假定如果利用多维的回答等级,将会提高残疾测度的信度,因为这为受访者提供了更多接近残损或残疾性质的回答选项。

表1 1992/1993 SIPP 面板数据:时间 1(1993 年 10 月—1994 年 1 月)和时间 2(1994 年 10 月—1995 年 1 月)的比较

时间1的状态	所有案例		两次时间的自我回答	
	数量	时间2上与时间1上报告结果一致的百分比	数量	时间2上与时间1上报告结果一致的百分比
利用拐杖、支撑物	508	45.5	286	50.0
利用轮椅	175	61.7	83	68.7
看不见	159	49.1	87	49.4
听不到	121	50.4	41	48.8
不能讲话	47	68.1	5	80.0
不能走路	1045	70.3	587	76.7
不能举/拿东西	975	61.2	566	65.6
不能爬楼梯	1132	68.3	658	72.3
需要帮助:外出	699	53.5	302	57.3
需要帮助:洗澡	271	52.0	114	54.4
需要帮助:穿衣	237	49.8	80	55.0

数据来源:J. McNeil (1998)

尝试确定理解、检索和回答问题的来源的一种方法是利用认知访谈(例如,Forsyth & Lessler, 1991; Willis Royston & Bercini, 1991)。认知访谈包括许多技术,而这些技术用来得到受访者理解这些问题的信息,包括受访者从记忆中回顾信息的策略,包括对于这些回顾信息是否达到了问题目的的评价,以及形成答案。这些技术包括自问自答思考议定书、追踪探测、插图,以及排序次序。

一小部分文献尝试在社区层次的调查访谈中,提出功能限制存在的理解性问题,其方法是使用认知访谈技术(Jobe & Mingay, 1990; Kellar, Kovar, Jobe & Branch, 1993)。从这些功能障碍问题的认知调查中,我们可以发现受访者在对术语的理解方面有很大不同,倾向于强调能力而非实际的表现,忽视问题中间表达的质量,忘记使用人为辅助设施,或者忘记特定行为的帮助。例如,一些受访者报告没有困难站立两小时或者坐两小时,而实际上他们已经没有很多年没有尝试那样做了。

社会认知、自我定义和社会需要。 当我们要求一个人将他或她自己或其他人关于残疾进行分类时,这将意味着什么?虽然可信的测度要求运用清晰、不含糊和客观的定义,但是残疾本身却是一个动态的与其他个人,社会适应与障碍、文化意识与预期以及行为准则密切相关的概念。虽然认知心理学理论可以告知我们受访者在思考不同问题时不同的认知过程,但是为了理解个体如何将自己在社会中定位,我们需要关注一些社会认知的理论。虽然社会认知在很大程度上来自认知心理学理论和方法,但是作为一个子领域,它关注的焦点集中在社会对象,特别是个体和个体形成的群体上。

社会认知为我们提供了一个理论视角,告知我们演员和观众的不同。演员和观众的不同表明我们在任何时候演员都要从情景信息的角度来解释其行为,而观众则需要通过演员稳定的性情特征来理解其行为(Jones & Nisbett, 1971)。受访者的代访者将残疾看做稳定的特征,而非一个动态的特征,我们可以预期代访者和受访者之间具有一定的差异。例如,利用客观评价对自我报告和代访报告进行比较时,自我报告会在乐观方面产生偏差,而代访回答在更为悲观的方面产生偏差;研究结果发现虽然这两种信息来源都会产生偏差,但是偏差的方向是与感性认识相关的(Rubenstein, Schaier, Wieland & Kane, 1984)。

这两组来自社会心理学的概念在考虑与残疾测度相关的议题时非常有用。第一个是这个概念本身;从社会学的角度来讲,自我概念包括以下三个组成部分:(1)个体如何看待他或她自己;(2)其他人如何看待这个个体;(3)这个个体认为别人怎么看待他或她(Rosenberg, 1990)。国家健康访谈调查—残疾人调查(The National Health Interview Survey-Disability Survey)和NOD/Harris美国残疾人调查包括关于自我和他人对能力和残疾的认知的问题。第二个感兴趣的概念包括社会身份、集体、地位,以及我们认为社会成员所属的社会分类。如果社会身份的分类是模糊的,与社会身份相关的自我概念也是模糊的。

在调查中残疾的测度经常是作为"全部的或没有的现象"。这种测度残疾的方法有如下假设：(1)受访者利用社会确定的标签来认识和识别；(2)受访者愿意展示其在群体中的从属关系。如果残疾是"全部的或没有的现象"，那么对分类的认定就会变得不那么模糊；然而，如上所述，非残疾和残疾是一个动态的过程，会带来自我和社会功能的变化。身份认定或者从属关系将会带有任何形式的社会标记，从这种程度上来讲，在群体中展示从属关系的意愿也将带有一种社会成本，这与其他带来社会愿望偏差的现象不同。

模糊的社会分类更容易受到背景的影响；受访者使用特定的问卷词语和直接重要的问题，或者为了解释残疾问题全身心的关注问题本身。从理论的角度来讲，

我们发现残疾人数量估计的差异与如下因素有关：特定的问题词语，决定残损和残疾的发生水平和严重程度的问题的数量，与所关心问题直接近似的问题之间的联系，以及对问卷的全面关注（健康 vs. 就业 vs. 计划参与）。例如，最近一个关于视觉困难回答的背景影响的调查表明，关于严重的视觉困难的问题的回答受到受访者是否被问及与视力有关的医疗条件问题的影响（例如，失明、白内障、青光眼、色盲或者视网膜分离）(Todorov, 2000)。

残疾测度中关于误差的经验证据

我们来分析两类经常用到的问题：日常生活活动(ADLs)和工作残疾测度，来说明关于这些测度的误差属性，我们知道什么，我们不知道什么。

日常生活活动和功能受限的测度。 虽然对于身体残疾测定有不同的测度方法，但其中最常用的（在调查测度的框架下）一个是日常生活活动指数(Index of Activities of Daily Living)，经常被称为 ADL 指数(Katz, Ford, Moskowitz, Jacobsen, & Jaffe, 1963)。这个指标最初被用来测度老年人和慢性疾病患者的身体机能，但是一些国家的全体人口调查用这个指标来测度所有年龄的成年人群。这项指标测度六项活动的独立性：洗澡、穿衣服、上厕所、从床移动到椅子、大小便自控和吃饭。这项指标的心理测量属性尚未得到更详尽地证明。Brorsson and Asberg(1984)报告的可信指数在 0.74 至 0.88 之间（以一百个病人为基础）。Katz, Downs, Cash & Grotz (1970)应用 ADLs 指数和其他一些指数来测度刚出院的慢性病病人的状况，发现这项指数和运动测度及限制测度的相关系数分别为 0.50 和 0.39。ADL 指数的绝大多数测度检查了指

数在独立生活方面(例如,Katz & Akpom,1976)、住院时间长度方面、出院和死亡方面(例如,Ashberg,1987)预测的有效性。这些研究都表明了较高程度的预测有效性。

虽然我们获得了这些心理测量学的发现,但是越来越多的调查研究表明利用 ADL 指数进行的功能受限测度会带来大量的测量误差,而且这种测度误差是在纵向数据中观察到的功能健康显著改善或下降的主要影响因素。Rodgers & Miller (1997)利用不同的 ADL 项目直接比较了相同受访者(或者更明确的,对于相同的目标人群)的回答。他们得出结论,与 ADL 有关的功能受限测度,利用辅助器具或者人为帮助的指数,以及任何困难指数,都会受到大量测量误差的影响,这其中很大比例是随机误差。与其他定量研究(如,Mathiowetz & Lair,1994)相似,他们发现代访的使用极大地提高了应答率,其中只有 25% 到 33% 可以用人口学特征和目标个体的健康变量来解释。他们的发现表明代访者的使用带来的应答率的提高不能仅仅通过选择性误差来解释,最严重功能受限的那些人都是由代访人来回答。

在功能受限估计的调查中差异和信度缺乏是很显然的,为了说明这一点,表 2 和表 3 展示了 1990 年十年一次的人口普查以及内容回访调查的发现,(U. S. Bureau of the Census,1993;McNeil,1993)。内容回访调查(CRS)在人口普查后大约五到十个月内进行,样本容量为 15000 个住户,这些样本来自人口普查的住户单元。关于行动受限,两次调查的估计大致相同(2.03% VS 2.05%),但是对个体回答的分析显示,不到 50% 的人在两次调查中的回答是一致的。在个人护理受限方面,我们也发现两次回答不一致的比例很高。例如,在 16—64 岁的人群中,几乎所有在人口普查中报告有自我护理受限的人(83.4%)在后续的内容回访调查中没有再次这样报告。

两次调查中的行动和自我护理受限人数的百分比的比较略显混乱,这是由于主要的调查条件存在差异,在这种条件下进行数据的收集,并且这种条件最有可能导致数据的不同。这些差异包括:

• 数据收集模式的不同。十年一度的人口普查绝大多数为自我主导的调查问卷,而内容回访调查是访谈员主导,其中 84% 通过电话进行,16% 为面对面访谈。McHorney, Kosinski and Ware (1994)报告了与 SF-36 的自我主导版本相比,SF-36 的电话主导调查会导致较低的慢性病和自评健康不良的应答率。

表 2. 行动受限:16—64 岁人群,人口普查问题 19a
以及内容回访调查问题 34a 的分布

人口普查长表: 外出困难	内容回访调查:外出困难		
	是	否	合计
是	146	152	298
否	155	14194	14349
合计	301	14346	14647

资料来源:J. McNeil(1993)。

基于人口普查的发生率:2.03%(49.0%是一致的)。

基于内容回访调查的发生率:2.05%(48.5%是一致的)。

表 3. 自我护理受限:16—64 岁人群,人口普查问题 19b
以及内容回访调查问题 34b 的分布

人口普查长表: 个人照顾困难	内容回访调查:个人照顾困难		
	是	否	合计
是	69	346	415
否	120	13856	13976
合计	189	14202	14391

资料来源:J. McNeil(1993)。

基于人口普查的发生率:2.9%(16.6%是一致的)。

基于内容回访调查的发生率:1.3%(36.5%是一致的)。

- 问题提出的背景不同。虽然关于行动受限和个人护理受限的特定项目的用语基本完全相同,但是两个调查中提问的背景却有很大的不同。一些额外的问题是内容回访调查更为关心的项目,包括感觉系统残损、辅助器具的使用、步行四分之一公里或者爬上一段楼梯的行动受限、举起或携带 10 磅的物体等等。问这些问题可以让受访者在回答人口普查问题时考虑他们没有想过的残损状况,从而回答受限的状况会增多。二者选一地,受访者已经回答了一些关于感觉系统残损和受限的问题,当他们回答更具有一般性的问题是,他们会认为这些问题不需要再回答了。这样来说,我们预期内容回访调查的估计要低于基于人口普查的估计。

- 自我回答和代访者回答。无论是人口普查还是内容回访调查,我们对谁来提供信息知之甚少。虽然内容回访调查试图从每一个成年家庭户成员那里得到自我回答信息，但是大约25%的人是由代访者来回答的。如前所述，与自我回答相比代访者倾向于报告更多的行动受限以及和更严重受限。

最后，我们还必须考虑信度的缺乏表明在进行人口普查和内容回访调查之间发生了真正的改变。

虽然我们可以列举出在两次调查之间可能的来源来解释信度的缺乏，但是由于缺少实验设计，我们无法确定不同的设计特征对这些估计稳定性缺乏的影响。

工作残疾的测度。在联邦调查中，工作残疾的测定主要集中于有限的几个问题，其中绝大多数问题涉及个体是否在工作类别和工作量上受到限制，或者由于身体、精神和情感的问题而完全不能工作。与功能受限的测定一样，工作残疾的测度同样需要进行数据收集，只是在主要调查条件、问题的特定用语、问题的数量、程度与持续时间的决定因素，以及辅助器具的使用或环境障碍等方面会有所不同。如 McNeil(1993)所指出的，目前用来测度工作残疾的一系列指标的一个问题是很多指标无法确认环境障碍或环境融合的作用。他指出：

> 对于"工作种类和工作强度有限制"和"被阻止无法工作"的人来说，他们数据的有效性值得怀疑。工作障碍问题没有提到环境因素，虽然很明显一个人工作的能力不可能与他所处的环境分割开来。在一些环境下难以进行的工作在另一些环境下可能变得非常容易。如果一个人不工作的真正原因是他或她无法得到公共交通系统的帮助或者在工作地点缺乏住处，那么在被问到"有条件阻止你工作吗？"这个问题时受访者回答"否"也是合乎逻辑的(pp.3-4)。

如 Jette & Badley(1999)所述，"关注的最基本概念问题是工作参与中与健康有关的限制不是唯一的或主要与健康状况相关的。"问卷设计者面临的一个挑战是开发符合与残疾有关的理论框架所关注议题的问题特别是，关注的焦点是否是限制个人在特定工作上的工作能力的健康状况，影响工作表现的其他外部因素，其他影响工作参与的环境因素，或者全部三类因素。

当 McNeil(1993)提出关于目前使用的工作残疾测度有效性的问题的同时，有许多经验证据也提出了这些测度信度所存在的问题，这与功能受限和感觉系统残损的发现是不同的。我们再次看到措辞的不同，问卷背景的不同，受访者性质的不同，以及其他本质调查条件的不同，包括数据收集机构，调查资助者，这些都导致对工作年龄残疾人群估计的不同。

Haber(1990;对 Haber & McNeil 1983 年的研究进行了改进)选择了 1966 年到 1988 年间的调查对工作残疾进行了测度。他注意到"虽然各年度和各个调查的社会经济构成具有高度的一致性,但是残疾发生水平却存在很大程度上的变化"(p.43)。Haber 的发现可见表 4。不同调查对残疾的估计代表了调查时间、问卷措辞、整体调查背景、调查模式、信息收集机构,以及研究赞助者的不同。虽然不同调查的问卷措辞基本相同,但是在特定用语(例如,对于健康状况强调程度的不同)和问题的顺序方面也存在一些细小的差别(例如,在 NHIS 中,问卷是否在开始部分询问:是否健康状况使得某人不能工作,而 SSA 调查开始的问题是:是否某人的健康限制了工作种类和强度)。虽然这些看起来是比较细小的差异,但是通常的情形是残疾测度或者问题措辞以及顺序的细小变化都可能对最终的估计结果产生显著的影响(Haber, 1967;Schuman & Presser, 1981)。从表 4 可以看到,调查的内容似乎与总体估计是相关的;最低的工作残疾发生率来自于人口普查和现有人口调查的 3 月份的补充调查(8.5%—9.4%),最高的比率来自社会保障管理机构资助的调查,该调查的关注焦点就是工作残疾(14.3%—17.2%)。

表 4. 1966—1982 年不同调查中工作残疾的发生水平

数据来源 (估计的年龄段)	工作残疾百分比(%)		
	总计	男性	女性
1966 SSA(18—64)	17.2	17.2	17.2
1967 SEO(17—64)	14.0	14.0	14.0
1969 NHIS(17—64)	11.9	13.1	10.9
1970 Census(16—64)	9.4	10.2	8.6
1972 SSA(20—64)	14.3	13.6	15.0
1976 SIE(18—64)	13.3	13.3	13.3
1978 SSA(18—64)	17.2	16.1	18.4
1980 Census(16—64)	8.5	9.0	8.0
1980 NHIS(17—64)	13.5	14.3	12.8
March, 1981 CPS(16—64)	9.0	9.5	8.5
March, 1982 CPS(16—64)	8.9	9.3	8.5

数据来源 （估计的年龄段）	工作残疾百分比(%)		
	总计	男性	女性
March, 1983 CPS(16—64)	8.7	9.0	8.3
March, 1984 CPS(16—64)	8.6	9.2	8.1
1984 SIPP (16—64)	12.1	11.7	12.4
March, 1985 CPS (16—64)	8.8	9.2	8.4
March, 1986 CPS (16—64)	8.8	9.4	8.2
1986 NHIS(18—64)	13.5	14.3	12.8

资料来源：Haber (1990)。

数据来源：SSA：社会保障管理机构残疾人调查(Social Security Administration Disability Survey)。

SEO：经济环境调查(Survey of Economic Opportunity)。

NHIS：国家健康访问调查(National Health Interview Survey)。

SIE：收入和教育调查(Survey of Income and Education)。

March CPS：每年三月对当前人口调查的补充调查（收入补充调查）[Annual March Supplement (Income Supplement) to the Current Population Survey]。

SIPP：收入与计划参与调查(Survey of Income and Program Participation)。

在1990年人口普查和内容回访调查之间，行动和自我护理受限估计明显的缺乏稳定性，而这在工作残疾的估计中同样明显。表5展示了1990年人口普查关于某人是否在工作种类、工作强度上受限，或者由于身体、精神或其他健康条件妨碍工作等方面与内容回访调查的比较。我们再次发现三分之一到将近一半的受访者两次回答不一致。

这些经验证据表明，虽然心理测量学的测度表明相对较高的信度，但是调查的实施却带来了低信度，即使保持主要的调查条件不变。问题措辞的微妙变化，问题顺序的变化，或者紧邻前面的背景变化都进一步说明了这些项目缺乏一定的稳健性。虽然我们可以列举出所有可能的影响因素，但是到现在为止我们还不能通过实验来确定不同因素的相对影响的大小。

虽然来自不同调查的估计差异表明，活动受限或工作受限人群估计的不稳定性来自问题的措辞、受访者的性格以及测度进行下的主要调查条件，但是在调查统计学或心理测量学的框架之下，这些调查对于测量误差几乎没有提供什么信息。不管我们从调查统计的角度，将其作为与真实值的偏差，还是心理计量学的角度,将其看作是相关标准或建立效度,我们对这些项目的效度和信度知之甚少。误差的不同来源的相对贡献在很大程度上是未知的,我们只知道不同的调查设计组合特征将会导致不同的估计结果。

表 5. 工作残疾:16 到 64 岁的群体,人口普查问题 18a 和 18b 以及内容回访调查问题 33a 和 33b 的分布

人口普查:工作种类或强度受限或工作障碍	内容回访调查:工作种类或强度受限或工作障碍		
	是	否	合计
是	778	366	1144
否	650	12988	13638
合计	1428	13354	14782

资料来源:J. McNeil (1993)。

基于人口普查的发生率:7.7%(68% 是一致的)。

基于内容回访调查的发生率:9.7%(54% 是一致的)。

与残疾人群测度有关的方法论研究的意义

关于残疾人测度的信度和效度问题的发展,第一步是接受一个共有的概念框架并且理解相关议题构建的维度。这个概念框架必须考虑进行测度的社会环境因素,并且要知道对于问题的全面认识的形成不仅依赖于问题的特定术语和问题提出的背景,还取决于对问题内容的理解。认知实验技术的应用能够帮助确定一些由于固有的模糊术语和问题内容的不同认识而导致的理解问题。这些技术能够帮助我们理解问题项的效度,通过修改问题项的措辞希望能够提高问题项的信度。

测度过程中主要调查条件的差异导致残疾人估计的不同,而我们仅仅证明这个是不够的;我们需要测度不同因素的边际效应,并通过另外一种设计来减少影响。这两者只能通过实验来完成。同样的,我们需要测定这些测度的心理计量学属性。如果没有一个全面的发展和评估计划,那么经验研究中显著的估计差异将会持续存在。

为了推进残疾人测度的效度和信度研究的发展,我们建议研究设计应该考虑到以下议题:

● 设计与残疾概念模型紧密对应的问题选项,特别是将二分类的回答选项改为连续回答选项。我们可以研究这种改变在多大程度上会提高回答的信度。

• 对特殊措辞和问题背景进行评价。特别是，可以研究受访者对问题中关键词语的理解程度（例如，困难、能力、表现、工作），尝试通过将长问题分解为几个小问题的方法降低问题理解难度，同时检验问题背景（例如，前面的问题、调查资助者等）对估计的影响。

• 评价自我回答和代访者回答对估计的影响。

• 评价数据收集模式对残疾人估计的影响。

• 对问题进行改进和发展。这些问题用来测度环境以及环境对参与的影响，包括正面和负面的影响。

大多数调查应用的测度残疾的方法与理论模型是不一致的，并且信度很低。此外，从不同受访者的不同解释和对背景的敏感程度来看，各调查款项本身看起来也存在效度问题。到目前为止，研究被定位于分析影响估计的不同因素的边际影响，这些测度及其带来的估计将会持续受到测度误差的影响。

（庞丽华、张冰子译，陈功审校）

参考文献

Brorsson, B., & As berg, K. (1984). Katz Index of Independence in ADL: Reliability and Valdiity in Short-Term Care. *Scandinavian Jour of Rehabilitation Medicine*, 16, 125-132.

Forsyth, B., & Lessler, J. (1991). Cognitive Laboratory Methods: A Taxonomy. In: Biemer, Groves, Lyberg, Mathiowetz & Sudman (Eds), *Measurement Errors in Surveys*. New York: John Wiley and Sons.

Haber, L. (1990). Issues in the Definition of Disability and the Use of Disability Survey Data. In: Levin, Zitter & Ingram (Eds), *Disability Statistics: An Assessment*. Washington D.C.: National Academy Press.

Haber, L. (1967). Identifying the Disabled: Concepts and Methods in the Measurement of Disability. *Social Security Bulletin*, 30, 17-34.

Haber, L., & McNeil, J. (1983). Methodological Questions in the Estimation of Disability Prevalence. Unpublished report. Washington D.C.: U.S. Bureau of the Census.

Jette, A., & Badley, E. (1999). Conceptual Issues in the Measurement of Work Disability. Paper Prepared for the Workshop on the Measurement of Work Disability, National Academy of Sciences/Institute of Medicine.

Jobe, J., & Mingay, D. (1990). Cognitive Laboratory Approach to Designing Questionnaires for Surveys of the Elderly. *Public Health Reports*, 105, 518-524.

Jones, E., & Nisbett, R. (1971). *The Actor and the Observer: Divergent Perceptions of the Causes of Behavior*. Morristown, N. J. : General Learning Press.

Katz, S., & Akpom, C. (1976). Index of ADL. *Medical Care*, 14, 116-118.

Katz, S., Downs, T. Cash, H., & Grosz, R. (1970). Progress in Development of the Index of ADL. *Gerontologist*, 10, 20-30.

Katz, S., Ford, A., Moskowitz, R., Jacobsen. B., & Jaffe, M. (1963). Studies of Illness in the Aged: The Index of ADL: A Standardized Measure of Biological and Psychosocial Function. *Journal of the American Medical Association*, 185, 914-919.

Keller, D., Kovar, M., Jobe, J., & Branch, L. (1963). Problems Eliciting Elders' Reports of Functional Status. *Journal of Aging and Health*, 5, 306-318.

Mathiowetz, N., & Lair, T. (1994). Getting Better? Change or Error in the Measurement of Functional Limitations, *Journal of Economic and Social Measurement*, 20, 237-262.

Mathiowetz, N., & Wunderlich, G. (2000). *Survey Measurement of Work Disability*. Washington D. C. : National Academy Press.

McHorney, C., Kosinski, M., & Ware, J. (1994). Comparisons of the Costs and Quality of Norms for the SF-36 Health Survey Collected by Mail versions Telephone Interview: Results from a National Survey. *Medical Care*, 32, 551-567.

McNeil, J. (1993). Census Bureau Data on Persons with Disabilities: New Results and Old Questions about Validity and Reliability. Paper presented at the 1993 Annual Meeting of the Society for disability Studies, Seattle, Washington.

McNeil, J. (1998). Selected 92/93 Panel SIPP Data: Time 1 = Oct. 93- Jan. 94, Time 2 = Oct. 94- Jan95. Unpublished table.

Rodgers, W., & Miller, B. (1997). A Comparative Analysis of ADL Questions in Surveys of Older people. *The Journals of Gerontology*, 52B, 21-36.

Rosenberg. M, (1990). The Self-Concept: Social Product and Social Force. In: M. Rosenberg & R. Turner (Eds), *Social Psychology: Sociological Perspectives*. New Brunswick: Transaction Publishers.

Rubenstein, L, Schaier, C., Wieland, G., & Kane, R. (1984). Systematic Bias in Functional Status Assessment of Elderly Adults: Effects of Different Data Sources. *The Journal of Gerontology*, 39, 686-691.

Sampson, A. (1997). Surveying Individuals with Disabilities. In: B. Spencer (Ed). *Statistics and Public Policy*. Oxford: Clarendon Press.

Schuman, H., & Presser, S. (1981). *Questions and Answers in Attitude Surveys*. New York: Academic Press.

Thornberry, O., & Massey, J. (1988). Trends is United States Telephone Coverage Across Time and Subgroups. In: Groves, Biemer, Lyberg, Massey, Nicholls & Waksberg (Eds),

Telephone Survey Methodology. New York: John Wiley and Sons.

Todorov, A (2000). Context Effects in National Health Surveys: Effects of Preceding Questions on Reporting Serious Difficulty Seeing and Legal Blindness. *Public Opinion Quarterly*, 64, 65-76.

U. S. Bureau of the Census (1993). *Content Reinterview Survey: Accuracy of data for Selected Population and Housing Characteristics as Measured by Reinterview*. Washington D. C. : U. S. Department of Commerce, 1990 Census of Population and Housing, Evaluation and Research Reports.

Willis, G. , Royston, P. , & Bercini, D. (1991). The Use of Verbal Report Methods in the Development and Testing of Survey Questionnaires. *Applied Cognitive Psychology*.

功能受限测度:个人层面和户层面问卷设计的效果比较[*]

珍妮佛·赫斯、珍妮佛·罗格博、杰弗里·穆尔、
乔安妮·帕斯卡、凯瑟琳·基利

摘　要

　　这篇文章展现了美国普查局1990年问卷设计试验研究调查在功能受限和特殊辅助设备使用方面的研究结果,其中包括个人层面和户层面的分卷测试(split-ballot test)对比。我们发现一些户层面的问卷所得的估计值比个人层面的低。然而,相比个人层次,基于户层面的方法得到的数据更为可信,并且访谈时间更短。访问员在两种方法中均能够很好地管理和控制调查问题,受访者在两种方法中都可以毫无困难地理解和回答调查问题,并且未回答项目均可忽略。

1. 引言和背景

　　美国普查局人口学住户调查问卷传统上利用个人层面方法询问功能受限问题。同样的一系列问题对住户中的每一个个人都要问一遍。也就是,首先向第一个符合条件的人提出所有这些问题(或者在一些情况下进行完整的访谈),然后回到问卷的开始部分,询问下一个符合条件的人所有的一系列问题(或完整的访谈):约翰在看报纸上的字时有困难吗?约翰步行四分之一英里有困难吗?苏看东西有困难吗?苏走路有困难吗?这种方法的一个替代方案

---

[*] 社会科学研究与残疾,第二卷,
理论与方法研究,145—166页。
Elsevier Science Ltd. 版权所有 © 2001
对任何形式的复制,保留所有权利。
ISBN:0-7623-0773-0

是在户层面上进行这些调查,询问家庭中是否有成员有相关的特征:有人看东西有困难吗? 只有当对前面的问题回答是肯定的时候,后面的问题才会继续。

测度五个功能受限,包括看、走、爬楼梯、举起或者携带物体、听觉的问题被包括在美国普查局正在进行的主要人口学住户调查中,使用的是个人层面的问卷方式。对被记录的访谈的评价揭示了个人层面调查方法的问题——如果受访者和访谈员感到问题乏味冗长、难以回答,这将会导致调查的实施结果欠佳。访问员经常对问题进行阐释,特别是在较大的住户中,他们将问题转化为判断——看东西没困难、听觉没困难等,他们都想缩短访谈时间而不想激怒受访者。受访者经常在访问员没有阅读完问题时,就打断访问员回答问题,他们也许想缩短访谈时间并减少乏味。所以为了减少负担并潜移默化地提高数据质量,我们建议应该将问卷从个人层面转向户层面(见 Hess, Rothgeb & Zukerberg, 1997; Hess & Rothgeb, 1998)。这项建议由于缺乏其对调查估计和数据质量的影响相关的知识而未被采纳。有人担心户层面的问卷可能会增加错失相关事件和特征的可能性,从而导致功能受限率被低估。

对文献和功能受限相关调查工具的回顾表明两种设计均被使用了,但是个人层面方法的应用比户层面方法更加广泛(Mathiowetz & Wunderlich, 1999; Levine, Zitter & Ingram, 1990)。[①]在其他研究中也涉及了功能受限相关的代访回答问题等方法论议题(Mathiowetz & Lair, 1984; Keller, 1990),但是在功能受限测度和相关其他领域,我们尚未发现用于比较个人层面和户层面问卷设计严格控制的实验研究。[②]

为了收集有助于我们进行问卷设计的定量证据,我们进行了实验研究,这也是本文的重点。我们的评价是全面的,它基于调查估计比较、应答变异测度、项目未应答、访问员和受访者互动的行为编码、访谈长度在内的多种方法。

[①] 应用个人层面的设计来进行残疾测度调查的例子包括:社会保障管理残疾调查、经济机会调查、收入和教育调查、国家健康访谈调查(NHIS)老龄补充调查、老年人纵向调查、美国收入与项目参与调查(SIPP)、项目动态调查。应用户层面的设计来进行残疾测度调查的例子包括:医疗消费面板调查、NHIS—残疾补充调查以及 SIPP(儿童问题)。

[②] 1979 年现存人口调查五月收入补贴应用了个人层面的设计方法,美国普查局对此调查进行了分开样本的检验,利用户层面设计形成了实验性的调查问卷。虽然两者对家庭收入和贫困产生了相似的估计结果,但是两种问卷间一些其他的差异使得这些结果变得更加复杂(参见 see U. S. Bureau of the Census,1980)。此外,我们被建议在这个领域的工作应该与国家犯罪欺骗调查中的犯罪欺骗记录联系起来,并且这项研究成功说服了为了数据质量,调查资助者应该放弃使用户筛选问题。然而,我们未能发现这项工作的记录。

2. 方法和过程

这里所展示的研究体现在最初的美国普查局问卷设计实验研究调查（QDERS）中,这是用于对个人进行"独立"（off-line）问卷设计研究的一种特殊调查。QDERS 是一个分开样本的控制实验,在电话访谈中使用纸笔进行记录。我们使用一个由国家代表名录辅助的随机数字拨号（RDD）抽样（不包括阿拉斯加和夏威夷）,并且这两种方法分别采取各自独立的样本。（参见 *GENESYS 抽样系统* 对于 QDERS RDD 样本更为完整的描述）访谈于 1999 年 4 月在美国普查局的一个集中的电话便利设施上进行。一旦电话打通,我们要求一个年龄大于 16 岁并且对户成员比较熟悉的人接受访谈。访谈只对一个户成员进行,我们要求受访者报告他或她自己以及 5 个其他户成员的情况。问卷的基本内容是相同的,只是问题被提出的方式有所不同。这篇文章主要关注在个人和户层面上功能受限问题的结果,以及特殊辅助设备的使用。以下内容提供了两种方法不同问卷之间的差别。

个人层面和户层次的访谈均以收集住户名册和户成员基本人口学特征开始。随后,访问员收集内容数据。个人层面的访问员对每个户成员完成一个独立的问卷。逐个对每一个户成员来提问;也就是,访问员首先完成对名册上第一个成员的问卷调查,然后是第二个成员,直到完成所有的户成员问卷调查（见示例 1）。负责户层面问卷的访问员需要完成一个针对整个户的问卷。这张问卷使用户层面上的问题。首先确定户中是否存在我们关注的某个特征（例如,户中是否有人患有视觉障碍……）。如果该户中没有人具有这些特征,访问员则转向下一个户检测问题。如果对户检测问题的回答是肯定的,则访问员紧接着问是"谁"和"还有其他人吗?"等后续问题来确定与我们所关注特征有关的户中其他成员的状态。

3. 数据收集

访问员程序

22 位经验丰富的电话访问员参加了这个项目。根据最初安排的访谈任务,这 22 个人被分成每组 11 个人的两个独立的小组（我们要求两个小组在职位、经验和技能水平方面达到平衡）。在数据收集的前半阶段,一半的访问员利用个人层面的设计来收集数据,而另一半访问员利用户层面的设计来收集数据。数据收集的半程过后,两个小组交换方法;他们受到另一种方法的训练,并且专门利用那种方法来工作,直到数据收集结束。

在数据收集的开始阶段,我们公布了所有的样本个体以备访问。当两个小组变换方法时,最后1291个访谈总数中大约三分之二已经完成。之后,使用随机复制和开放新样本的方式来增加实验的严密性。然而,我们没有理由相信我们已经实施的计划影响了我们个人/户实验结果的理解。由于这两种方法都将受到访谈开始阶段所有案例公开的影响,因此我们也不相信在实地调查开始阶段的应答类型的属性使得转换过程变得复杂。在实验开始阶段进行的实地研究变的更加复杂了。这些程序的目的是使访问员熟悉并适应每一种处理方式,同时也可以避免由于访问员差异而混淆处理结果。①

示例1:个人层面问卷 (对家庭15岁及以上年龄的每一个人进行单独的问卷调查)	示例2:户层面问卷 (每个家庭只有一个问卷)
即使带上眼镜,约翰仍然在阅读报纸时有困难吗?	家庭中是否有15岁及以上年龄的成员即使带上眼镜仍然在阅读报纸时有困难? (如有)是谁?(试探:还有其他人吗?)
约翰对于举起或者携带10磅的物体有困难吗?	家庭中是否有15岁及以上年龄的成员对于举起或者携带10磅的物体有困难? (如有)是谁?(试探:还有其他人吗?)
约翰步行四分之一英里有困难吗?	家庭中是否有15岁及以上年龄的成员步行四分之一英里有困难? (如有)是谁?(试探:还有其他人吗?)
约翰中间不休息爬楼梯有困难吗?	家庭中是否有15岁及以上年龄的成员中间不休息爬楼梯有困难? (如有)是谁?(试探:还有其他人吗?)

---

① 虽然在示例1和2中没有表示出来,但是被认定患有特定受限的个体被问到一个后续问题,来决定他们是否能完成这个行为。这些问题决定了受限的严重程度,在后续的文章中被用来构建患有严重受限人群比例的综合测度。

续 表

示例1：个人层面问卷 （对家庭15岁及以上年龄的每一个人进行单独的问卷调查）	示例2：户层面问卷 （每个家庭只有一个问卷）
约翰使用特殊辅助设备，例如助听器，轮椅等吗？	家庭中是否有15岁及以上年龄的成员使用特殊辅助设备，例如助听器，轮椅等？ （如有）是谁？（试探：还有其他人吗？）
即使使用助听器，约翰对于听到正常的对话有困难吗？	家庭中是否有15岁及以上年龄的成员即使使用助听器对于听到正常的对话也有困难？ （如有）是谁？（试探：还有其他人吗？）

应答率

我们从5870个已经排除了商业电话的电话号码样本开始进行抽样。我们预计这个样本容量足够达到完整访谈所需要的目标人群数量，即1800个（每种方法900个）。正如电话访谈常遇到的那样，我们可以确定QDERS应答率的上限和下限，但是由于大量案例是否合格是未知的，所以我们无法进行精确的点估计。利用已被接受的应答率计算规范（American Association for Public Opinion Research, 1998），QDERS应答率的"近似最小值"（包括将部分访谈近似作为全部访谈，以及分母中未知合格的所有案例）为36%，最大值（也包括将部分访谈近似作为全部访谈，但是不包括分母中未知合格的案例）为46%。不包括那些合格但联系不到的人，由此我们估计合作率为52%。因为预算，时间和操作上的约束，QDERS程序未能包括那些特殊的拒绝回答的部分。因此，拒绝回答的人大约占到了观测到的未应答率的一半，或者占所有案例的30%。最终，全部访谈的人数为1291。

在对应答率进行估计的最大值方面，应答率估计值在实验处理上有很大不同。根据以上定义来估计，个人层面上的最低和最高应答率在37%到44%之间，户层面上的最低和最高应答率在36%到48%之间。这个差别大多可归因于拒绝率的不同，32%的人在个人访谈时拒绝回答，27%的人在户访谈时拒绝回答。虽然未应答率在统计学意义上具有显著差异，但是我们怀疑它是否在很大程度上影响了对总体的估计。基本的人口特征分布上的不同处理方法之间没有什么差异,从这点上来说,这让人略感欣慰。另一方面,我们知道这种观点更多的是被理由,而不是数据所支持。虽然,我们没有理由相信回答QDERS问题的倾向会与受我们问卷设计方法影响的倾向相互作用,但是较低的应答率以及不同方法间未应答率的差异表明在我们研究发现的信度上置信水平存在一定的限制。

个人和户实验的评估

我们应用不同的方法来进行个人层面和户层面问卷设计实验所得结果的评估。首先,我们检查了两种方法对相关特征产生不同估计的幅度,以及未应答项目的不同水平。然后,对于每一种方法我们进行大约500户的应答差异二次访谈,这使得我们能够比较两种方法下所得应答率的信度。第三,在开始的数据收集阶段,访谈者对800个访谈进行了录音。访谈录音的样本被编码,这允许个人层面和户层面的访谈受访者提供足够的应答。最后,我们比较了两种方法的访谈时间长度。

需要注意的是,对于所有这些评估,我们将我们的分析均限定于调查一人以上的QDERS住户。户层面的措辞"户中有……成员",对于只有一个家庭成员的住户是不恰当的,应该改为"你……"。所以,我们比较所用的样本缩小为908个受访住户,这些户的人口总数为2948个。

4. 结果——调查估计和非应答比较

调查估计

QDERS包括五个功能受限方面的问题——阅读报纸、举起或者携带10磅的物体、步行四分之一英里、中间不休息爬楼梯、听到正常的对话以及辅助设备的使用。我们对15岁及以上人口问这些问题,结果展示在表1中。基于卡方检验,P值小于或者等于0.10,在统计上显著的结果用黑体标出。

两种方法之间的绝大多数差异都非常小,统计上不显著。只有一项对比("举起物体存在困难")的差异在统计上显著,与户层面设计相比,个人层面的问卷设计确定的存在该项困难的人数更多。

除了比较个人功能受限项目以外,我们还构造了三个与这个领域先前研究(McNeil,1993)相平行的综合测度指标——患有功能受限的人所占比例、功能严重受限的人所占比例、每人报告的功能受限数量。我们同时构造了第四个综合测度来比较户中至少一人患有功能受限的户的比例。结果展现在表2中。这些综合指标由五个功能受限项目计算得到,但不包括特殊辅助设备的使用。根据所有这些综合指标(当然他们之间并不独立),个人层面的设计比户层面的设计确定了更多的功能受限。每人功能受限数量的详细结果进一步表明,虽然这两种方法在确认患有多重功能受限人口方面具有同样好的效果,但是个人层面的方法将会确定更多的仅患有一项障碍的人。

表1表明在综合测度中五分之四的个体项目在个人层面的方法中较高(虽然只有一项是统计显著的),并且两种方法对第五个功能受限(看报纸)的估计大体相同。两种方法之间的差异很可能反映了在个体项目方面边际上更高的个人层面估计的累计影响。

表1. 功能受限和辅助设备使用的估计率

	估计比率	
	(所有15岁及以上的受访者回答"是"的百分比)	
分析总结:		
个人层次 VS. 户层面		
问题格式	个人层面	户层面
(不包括只有一人的住户)		
	($n = 1110$)	($n = 1152$)
功能受限		
戴眼镜看报纸有困难吗?	5.2	5.3
举起或者携带10磅的物体有困难吗?	**8.5**	**6.0****
步行1/4英里有困难吗?	9.3	7.9
爬楼梯不需要休息有困难吗?	6.8	6.5
听正常的对话有困难吗?	5.8	5.1
使用特殊辅助设备吗?	5.4	5.8

$p < 0.10^{*}$; $p < 0.05^{**}$; $p < 0.01^{***}$

虽然这些综合测度之间差异的方向十分清楚,但是有关数据质量的解释却远没有那么清晰。据我们所知,关于功能受限还没有有效的研究。因此,我们不能认为功能受限报告越多就越好。此时,我们只能得出结论,即个人层面设计比户层面设计确定了更多的功能受限人群。

项目未应答差异

项目未应答通过提高调查估计精度和代表性的不确定性将降低调查数据的效用(Groves & Couper, 1998)。虽然存在这种实际数据质量测度的局限,但是项目未应答经常被作为衡量调查数据质量的一个通用指标。

个人层面访谈的项目未应答仅仅表现为在个人问题上的"我不知道"或者"拒绝回答"。户层面访谈的项目未应答却不那么直接。一个受访者可能回答"我不知道"或者"拒绝回答"(例如,户中是否有人看东西存在困难……?)。在这种情况下,所有有资格的户成员都被标上"我不知道"或者"拒绝回答"。另一个可能出现"我不知道"或者"拒绝回答"的途径是针对"谁存在这种困难?"或者"其他人呢?"这些后续问题。这种情况下户成员都不应被标上"我不知道"或者"拒绝回答"。

功能受限项目的项目未应答很少(所有项目都低于1.5%)。在个人层面和户层面的问卷方法之间,未应答没有显著差异。

表2. 功能受限汇总测度

	估计比率	
	(所有15岁及以上的受访者回答"是"的百分比)	
	个人层面 ($n=1110$)	户层面 ($n=1152$)
功能受限		
患有功能受限的人	20.2	16.2***
患有严重功能受限的人	17.3	14.0**
功能受限数量:		
1(受限数量)	12.1	8.5***
2	3.2	3.0
3+	4.9	4.7
至少有一个人患有功能受限的户	15.2	12.1**

$p<0.10^*$; $p<0.05^{**}$; $p<0.01^{***}$

5. 结果—调查质量

在这一部分，我们将在比上一节更加深入的数据质量的层次上比较个人层面和户层面访谈。首先，我们通过两种方法的信度来检验这两种方法中应答的相对数据质量。然后，我们尝试评价应答产生过程的质量，我们使用的是对行为进行编码的方式，来检验在两种访谈方式下受访者和访问员的行为。

信度比较

调查数据的一个重要的指标就是应答的信度——调查问题的一致性程度。在一致性的条件下，导致一致的回答。虽然高信度并不自动的意味着较高的数据质量（一个一致性的不正确的应答可能也具有相当信度），但是高信度是高数据质量的一个必要条件，并且一般而言，信度的提高将会提高总的数据质量。

QDERS 实验包括一个应答差异二次访谈，以允许个人层面和户层面访谈在数据信度上进行比较。二次访谈程序模仿最初的访谈程序，而户名册数据除外，这些数据来自于初始访谈。采用的设备、工作人员、问卷和访谈程序都是一样的。我们允许访问员对合格的户成员进行二次访谈（例如，居住在户中、年龄 16 岁及以上、熟悉户成员），而不管是谁对初始访谈给予了应答。初始访谈的实地阶段仅仅持续了不到三周。二次访谈在原来的访谈结束后的一周之内就开始了，持续了两周的时间。因此，二次访谈和初始访谈中的间隔时间对受访者来说是 1—6 周。所有 1291 个初始受访的住户均有资格进行二次访谈；我们一共进行了 1088 个完整的二次访谈。①

我们使用两种信度测度来解释二次访谈数据："总体不一致指标"和"总体差异率"。总体不一致指标（下面称为"指标"）估计了一个调查项目的简单应答方差与抽样方差加上简单应答方差的比率。GDR 是初始访谈和二次访谈间应答百分比的变化。这项指标考虑了项目的分布属性，是美国普查局最常用的评价二次访谈结果的指标。较低的指数表明较高的信度，相反的，较高

---

① 鉴于预算的制约，对于每一种方法我们需要 450 个完整的二次访谈，共计 900 个案例。一旦发现我们的目标案例数已经达到，我们就停止二次访谈。对初始和二次访谈样本进行比较，在年龄、种族、性别和西班牙裔方面我们没有发现两个样本间存在显著差异。

的指数表明较低的信度。① 另一方面,被测度的特征出现的频率将会影响 GDR 对信度的测度。虽然一个较大的 GDR 表明数据有问题,但是一个较小的 GDR 却并不一定意味着项目没有问题。例如,GDR 可能比较小,但是指数却非常大。虽然 GDR 对于产生精确可靠的估计存在这样的局限,但是它对实验评价研究仍然非常有用,它的简洁性为我们提供了一个直观的透明度以及诉求,这在非一致性指标上是有些缺乏的。因此,我们将在下面的结果中展示两个测度。我们同时也注意到两个测度得到高度的一致性的结果——他们几乎总是相互验证,并且得到相同的结论。

表 3. 应答信度——不一致性指标和总差异率

分析汇总:个人层面 VS. 户层面问卷格式（不包括只有一人的家庭）	不一致性指标		总差异率	
	个人层面 ($n=715$)	户层面 ($n=740$)	个人层面 ($n=715$)	户层面 ($n=740$)
功能受限（个人项目）				
戴眼镜看报纸有困难吗？	60.1	46.7	5.6	4.7
举起或者携带 10 磅的物体有困难吗	35.8	36.2	5.6	4.0
步行 1/4 英里有困难吗	28.8	24.9	4.8	4.0
爬楼梯有困难吗	35.0	33.3	4.3	4.9
听正常对话有困难吗	18.4	47.5	5.2	4.9
使用特殊辅助设备吗	13.5	21.9	1.5	2.8
功能受限（汇总测度）				
患有功能受限的人	**40.4**	**28.3****	**12.47**	**8.2****
患有严重功能受限的人	45.6	50.4	12.5	12.3
至少一个成员患有功能受限的户	33.3	22.2**	8.0	4.9
功能受限数量	53.7	41.8**	17.5	13.0**

$p<0.10^{*}$；$p<0.05^{**}$；$p<0.01^{***}$

如表 3 所示,对于六个个人功能受限项目而言,利用任何一种信度测度,我们都没有发现在个人层面设计和户层面设计的信度之间存在显著差异。然

---

① 凭借以往经验,美国普查局将低于 20 的指数界定为低应答变异（高信度）；20 到 50 的指数界定为中应答变异；高于 50 的指数为高应答变异（低信度）（参见 McGuinness, 1997）。

而,对于四个综合测度中的三个来讲,户层面方法产生了比个人层面方法更为显著可信的数据。五个个人项目中的四个在个人层面方法中产生了更高的指标(更低可信度),而两种方法在第五个项目(举东西困难)上基本一致。这些数据说明当项目被累积使用时,相对户层面方法,个人层面方法在功能受限测度上的信度更低。

二次访谈的比较结果表明对同一个访问员进行的初次访谈和二次访谈结果间存在非常显著的差异。虽然,在两种方法中超过 90% 的二次访谈是由不同的访问员进行的(N = 636),但是相比个人层面访谈,户层面访谈更可能由同一个访问员来进行(9% vs 4%,卡方 = 7.8,自由度 = 1)。这可能是由于访问员缩减;与个人层面(21 个访问员)相比,更少的访问员进行了初次的户层面问卷调查(18 个访问员),这使得更可能由同一个访问员来进行二次访谈。我们没有理由认为这种这种差异将会影响对信度的估计。

比较而言,相对于户层面的问卷,个人层面的二次访谈问卷更有可能由参与初始访谈的那个人来回答(67% vs 59%,卡方 = 4.0,自由度 = 1),由于我们的受访者选择标准对两种方法而言是一样的,我们很难解释这个差别。当初始访谈与二次访谈的应答者是同一个人的时候,如果我们假定应答方差估计更为可信,如果由同一个应答者进行的二次访谈的比例更低,那么我们观测到的户层面调查的差别需要得到特别的关注。①

行为编码

我们应用行为编码,访问员和受访者在访谈中互动的系统编码,作为一个 QDERS 研究中评价个人和户实验访谈质量的分析工具(见 Fowler,1992;Oksenberg,Cannell & Kalton,1991;Esposito & Rothgeb,1996,这些研究对行为编码及其作为评价调查问卷的一种方法进行了一般描述)。QDERS 程序要求对所有的访谈进行录音。根据不同方法,我们将语音记录分层,并从中抽取了 100 个记录进行行为编码。所有的 13 个编码者均接受过行为编码培训和两种问卷调查设计方法培训。我们试图减少令编码者混淆视听的试验以及其他行为编码结果的特征,因此我将编码者分成两个小组。一个小组接受专门的个人层面的培训,然后对这些访谈进行编码,之后他们接受另一种访谈类型的培训,继而转向对此类访谈进行编码;对于第二个小组,顺序反过来。因此,

---

① 关于受访者选择及其对应答信度测度的影响,我们找到的唯一文献内容尚无定论(Reichert & Kindelberger,2000)。

每个编码者近似对每一类型的相同数量的访谈进行编码,编码试验近似的在不同访谈方法上平均分布。

第一层次互动的编码框架①相对比较标准,为了便于个人层面和户层面访谈设计和对比进行了一些修改。访问员的问题阅读行为的编码包括访问员是否严格地按照问卷阅读问题,还是做了少许修改,或者犯了重要的、潜在的改变了问题意思的错误,是否根据之前的访谈正确地验证了问题,或者遗漏了一些本应包括的问题。受访者编码表明受访者是否为问题提供了恰当的(可编码的)答案;一个不恰当的答案,要求访问员进一步探求以得到适当的答案;一个适当的答案,表明对答案的疑问和不确定性;要求澄清问题或者概念;类似"我不知道"或者"拒绝回答"的答案;还有当在问题尚未被读完时受访者打断访问员,从而出现"中断"。所有的编码程序均在 QDERS 行为编码培训指导中进行了详细描述(Keeley,1999)。

除了对第一层次访问员和受访者的行为进行编码之外,我们还比较了对每个人的每个问题访问员行为不同之处。也就是,我们比较了每次个人层面和户层面上问题提出的不同(例如"家庭中有人患有听觉障碍吗?")加上"是谁?"和"还有其他人吗?"这使得我们可以比较访谈对户中每个人的问题进行得怎么样。因此,我们对访问员的评价包括如下测度:(1)在初始阅读问题时的行为分析;(2)对问题和后续问题对其他户成员是否进行了很好的操作;(3)对访问员初始问题阅读和对其他户成员后续表现的全面评估。

对于户层面方法,以下事实对这种分析策略做出了指导,即对所有问题内容只阅读一次——一个"否"的回答(即家庭成员中均没有特征 X)将导致对其他户成员不会问及其他问题,一个"是"的回答将引起后续的一系列问题,"谁?还有其他人吗?"这种访谈顺序与个人层面问卷形成对比,对个人层面问卷而言,每个人将依次被问及所有问题。所以,在两种访谈方法间直接比较访谈员行为的唯一方法包括个人层面中户的第一个被访者对问题的阅读和户层面上对户甄选问题的阅读。

我们通过培训后的相互编码信度练习来评价编码者对培训材料的理解,以及它们是否同样地给访谈员和受访者指定了编码。所有的编码者为相同的 4 种录音访谈编码,每种问卷调查方法两个。编码者对访问员编码的一致性

---

① 第一层次的互动包括访问员对初始问题的阅读和受访者的初始应答。为了其他目的,我们也对第一层次以外的互动行为进行了编码——也即访问员初次阅读问题和受访者初次应答之后发生了什么。然而,就当前的目的而言,我们遵守标准的程序,并且只考虑第一层次的互动。

得分的中位 kappa 值介于 0.58（个人层面）和 0.75（户层面）之间，受访者编码得分介于 0.57（个人层面）和 0.62（户层面）之间。高于 0.75 的 Kappa 值代表优秀的一致性水平，0.40 到 0.75 的值表示该水平为一般到优秀（Fleiss, 1988）。因此，我们的中位值代表了编码者之间一般到优秀的一致性水平。

访问员行为编码结果

我们总结了初始问题阅读行为的分析结果，见表 4 标为"个人 1/HH-甄选者"的列。为了简洁起见，我们将编码结果简化为二分类的测度来代表访问员行为的好与不好。对于精确的阅读问题，对问题稍做修改但不改变原意或者准确地验证信息这几种情况，我们定义为"好"；将对问题措辞做了重大或潜在的改变原意的修改，错误地忽略 on-path 问题，或错误地阅读了 off-path 问题，定义为"不好"。

对个人 1 问过个人层面问题以后，或者在户层面方法中的户筛选之后，我们同时也关注对其他户提出问题。这项分析结果总结在标有"个人 2+/'谁'后续"的列里。标有"全部住户"的总体评价，结合来自表前两列的结果并代表了访问员对所有问题进行的情况，这些问题对于建立所有户成员的特征状况是非常必要的，包括初始的问题阅读和所有必要的后续问题。在对户筛选问题做出"否"回答的简单状况下，访问员的行为基于他/她筛选问题的阅读情况被编码为"好"。然而，如果对户筛选问题做出"是"的回答，那么编码者必须评价访问员是否正确地询问了例如"是谁""还有其他人吗"等后续问题，直到将户中的所有成员包括进来。在这种情况下，如果我们正确地执行了初始筛选问题和所有必要的后续问题，那么在"全部户"层面，访问员的行为被认为是"好的"；否则，就被认为是"不好的"。对个人层面访谈来说，如果在户中访问员每次都表现出好的行为，并且问题正确，那么他/她的"全部户"行为被编码为"好"。如果访问员对户中的第一个成员误读了问题，或者对第一个人正确地阅读了问题，但是对随后成员的问题有较大的改动，那么在全部户层面，这就应该被编码为不好的访问员行为。正如我们在这篇文章中所做的研究，对于这些分析，我们将关注焦点集中在至少包括两个成员的户——我们对 75 个此类访谈进行了行为编码。

从"个人 1/户筛选"列开始，看起来有一个总体的趋势，即对个人层面问题的初次阅读比户筛选问题的户面的比较阅读更为准确，而有两个项目的趋势相反（行走困难和攀登困难）。然而，后面的对其他人（个人层面）的分析或者"是谁"、"还有其他人吗"等后续问题的询问（户层面），户层面方法看起来更能带来成功的访问员行为。利用"2个人及以上/谁？后续"户层面方法，六个项目中的三个（看东西、举、行走困难）表现出显著更好的访问员行为。当然，户层面访谈在这一方面具有优势，因为在很多住户中一个问题——户层面的筛选——能够得到关于所有户成员比较充分的信息。而相比之下，个人层面方法需要对每个人提出独立问题，即使所有答案是"否"。在"全部户"层面上的净效果就是一个决定矩阵，在两个方向均有显著效果。

表4. 行为编码结果——访问员行为

访问员行为编码 分析汇总： 个人层面 VS. 户层面 问卷格式 （不包括只有一人的户）	个人1/ 户筛选 （"好"行为 的百分比）		个人2+/"谁？" 是后续成员 （个人1以后所 有后续成员"好" 行为的百分比）		全部户（所有户 成员"好"行为 的百分比）	
	个人层面 ($n=34$)	户层面 ($n=42$)	个人层面 ($n=33$)	户层面 ($n=39$)	个人层面 ($n=34$)	户层面 ($n=42$)
功能受限						
戴眼镜看报纸有困难吗？	97.1	88.1	**90.9**	**100.0***	90.9	88.1
举起10磅物体有可能吗？	100.0	90.5	68.8	94.7***	68.8	85.7*
步行1/4英里有困难吗？	**100.0**	**85.7****	63.6	97.2***	63.6	83.3*
爬楼梯有困难吗？	97.1	83.3*	100.0	94.7	97.0	83.3*
听对话有困难吗？	100.0	90.5	100.0	92.3	100.0	85.7**
使用特殊辅助设备吗？	100.0	92.9	97.0	92.3	97.0	88.1

$^*p<0.10$；$^{**}p<0.05$；$^{***}p<0.01$

受访者行为编码结果

如上所述，行为编码练习也产生了受访者问题回答行为数据。受访者编码结果如表5所示，同样被简化为"好"和"不好"两个二分类指标；这些数字代表了对每个问题的初始阅读提供了恰当或合格答案的受访者比例（或者是对户中的第一个人的个人层面的问题，或者是户层面方法中的户筛选问题）。剩余的一类包括不恰当的答案、要求解释、不清楚、拒绝以及所有其他行为。

（虽然我们对受访者打断问题阅读也进行了编码，但是这些行为是非常少见的。对于这些初次分析来讲，我们忽略了这些编码，并且用大量的第一层次受访者行为编码来代替）。

对功能受限问题表现出"好"行为和使用特殊辅助设备的受访者所占的比例均非常高（有一些例外），并且不受问题类型的影响，这个现象表明受访者在理解和回答问题上没有任何困难。

表5. 受访者行为编码结果

受访者行为编码分析 总结： 个人层面 VS. 户层面 问卷格式 （不包括只有一人的户）	个体1 （恰当及合格答案的百分比）	
	个人层次 （$n=33$）	户层面 （$n=42$）
功能受限		
戴眼镜看报纸有困难吗？	97.1	92.9
举起10磅物体有困难吗？	100.0	100.0
步行1/4英里有困难吗？	100.0	92.7
爬楼梯有困难吗？	97.0	94.7
听对话有困难吗？	97.1	92.7
使用特殊辅助设备吗？	100.0	100.0

$p<0.10^*$；$p<0.05^{**}$；$p<0.01^{***}$

6. 调查时长

在实地调查时我们记录每个访谈所持续的时间长度。然而，对后续调查做的记录为我们提供了一个评估QDERS访谈长度的条件。对每一类型的访谈，我们从中抽取了25个完整进行的访谈案例，其中每个住户都包含两个及以上的家庭成员。记录缺失和无法听到记录而造成的磨损问题使得我们在每个组只有17个完整的案例可供分析。我们通过重放记录的方式，用这34个记录来确定访谈时间。

与个人层面设计相比，时间结果肯定了户层面的问卷设计对于功能受限问题更加有效。个人层面的访谈进行的平均时间是125秒，相对而言，户层面为95秒（$t=1.96$，自由度为32，$p=0.06$）。QDERS仅包括六个功能受限项目,如果我们在调查中加入更多与残疾相关的问题,我们将取得更大的收获。

7. 结 论

　　QDERS 功能受限调查和特殊辅助设备使用的结果并不那么容易解释。有证据表明,相对于个人层次,户层面的方法将确定更少的功能受限人口,因而会导致低报。这一点在累计综合测度而非个人项目上表现得更为清晰,很可能表明个人层次边际更高的累计效果,尽管通常来讲这在统计上并不显著。虽然结果表明个人层面的设计可能增加完整访谈的比例,但是反应可信测度却表明这个提高的代价是信度的减少。虽然在个人项目的功能受限应答信度测度之间没有统计上的显著差异,但是利用个人层次的方法对于四个综合测度中的三个得到的可信数据更少。受访者和访问员互动的行为编码并未表明任何内在的一种设计优于另外一种。在个人层次的设计中,访问员在第一次问题阅读中倾向于准确的阅读问题,但是在后续的户成员调查中他们更可能不再准确地阅读问题,从而导致问题的增加或缺失。如果不考虑采用的方法,受访者在两种情况下会同样愿意提供恰当的信息。调查时间数据表明户层面的设计相对于个人层次的设计倾向于花费更少的时间,这将导致应答负担和管理费用的减少。

　　假定基于调查时间,户层面的设计具有显著的有效性,我们的一个主要发现就是在调查估计和应答信度之间具有明显的权衡。虽然 QDERS 在个体 vs. 户层面方法上为我们提供了大量的信息,但它却没有提供足够的数据来解释这些结果,只能留给未来推测和后续的研究。

　　这种推测的一个有益的开端,是 Tourangeau(1984) 和其他人的工作,这些成果区分了回答一个调查问题所需的几个认知工作,并将其分为几个阶段。同时,这也是对后续研究的指导。一般来讲,这可以被描述为理解、追忆、判断和应答产生。我们怀疑两种调查方法可能需要受访者不同的认知过程,特别是在追忆和判断阶段。一种可能性是个人层面的设计方法通过将受访者的注意力聚焦于每个户成员上,可能比户层面的设计确定更多的临时和边际条件。这些人的回答可能并不可信,因为他们的条件可能随时间变化而变化。因此户筛选方法可能会产生更加可靠的数据,因为相比个人层面方法,它为受访者提供了一个更加一致而一般化的理论框架。另一种可能性是当面对个人层面设计的问题时,受访者可能会比较户中的不同成员,这导致人为扩大了估计。举例来讲,在个人层面上,个人 2 报告比个人 1 在举物方面有更大的困难。在户层面的方法中,受访者有更小的可能性对户中的成员进行比较,在回答户层面问题时更倾向于使用一个更加一般化的"困难"的概念。在这种情形下,个人层面的设计相比户层面的设计更加主观,因此更加不可靠。我们还需要进行其他研究,来分析人们在回答个人层面和户层面问题时的认知过程。与这两种设计有关的记忆组织和知识结构的信息,以及被访者如何决定谁具有或不具有特定的特征,有助于发展关于这两种问卷设计策略的理论。

此外,我们建议检验其他的问卷设计策略,例如,与这里应用的两种设计相对比的基于主题的方法(见 Moore & Moyer, 1998)。基于主题的方法同时兼顾户甄选问题所具有的效率和个人层面设计所具有的完整性。在基于主题设计中,完整的问题只对户名册中的第一个人读一次(例如,约翰听觉有障碍吗?),然后后续的短问题用来针对户中的其他成员收集数据(例如,苏怎样?玛丽怎样?)。

虽然对于功能受限问题,我们并未打算利用户层面方法,但是我们也不准备放弃它。如果更加严格的研究仍旧建议户层面筛选设计的使用会增加功能受限低报的风险,那么我们需要利用调查方法论来改进那些设计以保持它们的有效性和其他优势,并且同时提高受访者应答的准确性。

致 谢

这篇文章报告的是美国普查局人员的研究和分析结果。相比美国普查局的官方出版物,它所进行的研究更为有限。发表这篇报告的目的是将该研究告知同样对此感兴趣的研究者并鼓励讨论。作者感谢 Tommy Wright 对 QDERS 项目的支持,感谢他提供了初始资金;感谢 Chet Bowie 额外的资金来支持主要的研究进展;感谢 John Bushery, Keith Albright, 和 Jennifer Reichert,他们为应答差异二次访谈的发展和实施及分析工作提供了帮助;感谢美国普查局的 Hagerstown 电话中心访问员和工作人员;感谢来自美国普查局调查方法研究中心的我们同事中的志愿行为编码者;感谢 Nancy Bates, Stephanie Shipp, Theresa DeMaio, Karen Bogen,和其他两位匿名审稿人,他们对这篇文章的早期初稿给予了评论。

(刘岚、李庆峰译,陈功审校)

参考文献

American Association for Public Opinion Research (1998). Standard definitions- final dispositions of case codes and outcome codes for RDD telephone surveys and in-person household surveys. (http://www.aapor.org/ethics/stddef.html#code).

Esposito, J. L., Rothgeb, J. M., & Campanelli, P. C. (1994). The utility and flexibility of behavior coding as a method for evaluating questionnaires. Paper presented at the American Association for public Opinion Research, Danvers. MA.

Fleiss, J. L. (1981). *Statistical Methods for Rates and Proportions*. New York: Wiley.

Fowler. F. J. (1992). How unclear terms affect survey data. *Public Opinion Quarterly*, 56, 218-231.

GENESYS Sampling Systems (1997). *GENESYS Sampling Sampling System Methodology*. Fort Washington, PA: GENESYS Sampling Systems.

Groves, R., & Couper, M. (1998). *Nonresponse in Household Interview Surveys*. New York: John Wiley & Sons.

Hess, J., Rothgeb, J., & Zukerberg, A. (1997). Survey of program Dynamics: Pretest evaluation report. Unpublished U.S. Census Bureau report prepared for the SPD Steering Committee. Washington D.C.

Hess, J., & Rothgeb, J. (1998). Summary report: 1998 SPD taped interviews. Unpublished U.S. Census Bureau report prepared for the SPD Steering Committee. Washington D.C.

Keeley, C. (1999). QDERS behavior coding training guide. Unpublished U.S. Census Bureau document prepared for the 1999 QDERS project. Washington D.C.

Keller. D. (1990). *Activities of Daily Living: A Guide to the Literature*. NCHS Working paper No. 42.

Levine, D. B., Zitter, M., & Ingram, L. (1994). *Disability statistics: An assessment*. Washington, DC: National Academy Press.

Mathiowetz, N., & Wunderlich, G. (1999). *Survey Measurement of Work Disability*. Washington, DC: National Academy Press.

Mathiowetz, N., & Lair, T. (1994). Getting better? Change or error in the measurement of functional limitation. *Journal of Economic and Social Measurement*, 20, 237-262.

McGuinness, R. (1997). *Reinterview Report: Response Variance in the 1995 Food Security Supplement*. Report prepared by the U.S. Bureau of the Census, Demographic Statistical Methods Division/QAEB for the U.S. Department of Agriculture Food and Consumer Service, Alexandria, VA.

McNeil, J. (1993). Census Bureau Data on persons with disabilities: New results and old questions about validity and reliability. Paper presented at the 1993 Annual Meeting of the Society for Disability Studies. Seattle, WA.

Moore, J. ,& Moyer, L. (1998). Questionnaire design effects on interview outcomes. *Proceedings of the section on Survey Research Methods*. Alexandria, VA: American Statistical Association.

Oksenberg, L. , Cannell, C. , & Kalton, G. (1991). New strategies for pretesting survey questions. *Journal of OFFCIAL Statistics*, 7(3), 349-365.

Reichert, J. W. ,& Kindelberger, J. C. (2000). Reliability of income and poverty data from the Current Population Survey Annual Demographic Supplement. *Proceedings of the American Statistical Association*. Alexandria, VA: American Statistical Association.

Tourangeau, R. (1984). Cognitive sciences and survey methods. In: T. Jabine, M. Straf, J. Tanur & R. Tourangeau (Eds), *Cognitive Aspects of Survey Methodology: Building a Bridge Between Disciplines*. Washington D. C. : National Academy Press.

U. S. Bureau of the Census (1980). Current Population Reports, Series P-60, No. 124, Characteristics of the population below the poverty level: 1978. Washington, D. C. : Government printing Office.

访谈调查中的残疾人群体：回顾和建议[*]

珍妮佛·A.帕森斯、莎拉·鲍姆、
蒂莫西·P.约翰逊和格里·亨德肖特

摘　要

本文是一项全面研究残疾人访谈调查中的问题和挑战的成果。通过文献回顾和50多次与主要残疾拥护者和调查方法学者的深度访谈，我们讨论了主要问题（包括抽样、代访和使用适应技术）并且提出了一系列残疾人参与访谈调查的建议。

1. 引言

据估计，大约五分之一的不居住在福利机构的美国人口（约4900万人）有某种形式的躯体或发育性残疾（LaPlante & Carlson,1996）。其中，估计大约3800万人因为残疾而活动受限。由于他们属于家庭住户，因此这些人也有资格纳入美国进行的以每日生活为基础的一般人口调查。遗憾的是，许多人通常被排除在外或者不鼓励参与，这是因为一般调查设计的特征可能产生意想不到的障碍。在本文中，我们探讨某些潜在的调查参与的障碍，提出建议以提高社会调查中不居住在福利机构的残疾人的代表性。

对调查设计的文献进行研究很快发现，人们很少关注为残疾人提供一些方便。比如，在家庭户调查中，无法进行电话交流者（听力残损人口）或者无

---

[*] 社会科学研究与残疾，第二卷，
理论与方法研究，167—184页。
Elsevier Science Ltd. 版权所有 © 2001
对任何形式的复制，保留所有权利。
ISBN:0-7623-0773-0

法为入户调查员开门者(肢体残疾人)由于其残疾被习惯性地排除参与调查。尽管相对于总人口排除这部分人口带来的偏差在统计上可以忽略不计,但是在残疾状况与主要的测量指标相关调查中,这种偏差会变大。与健康相关调查和针对老年人或经济弱势群体的调查是明显例子。举例来说,有证据显示在《全国家庭增长调查》和《美国健康访谈调查》中有1%到4%的抽样人群由于"不能"回答被列为未回答者(Hendershot et al.,1999)。鉴于残疾人对生育和健康等问题很可能会有不同回答,因此把这些人排除在外值得特别关注。

对把残疾人排除在外的调查设计进行讨论,提示我们调查访谈是一个动态的、互动的过程。所有数据收集模式都对被访者有所期望。在面对面的调查和电话调查中,被访者需要对调查主题感到舒服;能够听见、理解和回答所问的问题;而且在访谈期间身体能够集中精力,不管是15分钟还是2小时。在邮件和其他自填式调查中,明显需要能够识字,并且有一定的视力来阅读问题并回答。由于有这些期望,假如没有提供适当的方便设施,那么患有不同类型残疾的人很可能被排除在社会调查之外。

因此,调查研究者的一项重要目标是调整步骤以使障碍最小化,并最大限度地使残疾人参与调查。本文中我们对残疾人调查涉及的问题提出一个非常广泛的总体看法。为此,我们的目标是:(1)在调查研究界提高对残疾人参与的重要性的认识;(2)探讨一些可能的积极途径来扩展他们的参与。

在这方面一个重要的考虑是,系统地将残疾人排除在研究之外违反1990年《美国残疾人法案》和其他联邦法律的程度,至少在精神上。这种排除对整个人口有普遍化意义。尽管没有法律先例,人们能够接受《美国残疾人法案》可以应用于调查研究。一个例子可能是不提供适当设施的情况,除非是经过选择的合格的个人参与研究活动,尤其是在给予研究参与者资金刺激的时候。

类似的是,在残疾人没有得到公平对待的情况下,有关合乎伦理地对待研究对象的联邦法规可能会被引用。《联邦法规法》中关于保护研究对象的条文明确要求机构审查委员会"考虑……研究的背景而且……特别是认识到关于弱势群体,如……智力残疾人或者在经济或教育上处于劣势的人群研究的特殊问题"(Dept. of Health and Human Services,1991:8)。遵守联邦有关公平对待残疾人和残疾人公平机会的法规于是成为研究者开发扩大残疾人参与社会调查机会的战略的另一个原因。

什么是"残疾人"?我们认为,这一名词有许多种解释。残疾的定义是近年讨论的焦点。使达成残疾标准定义的过程复杂化的问题包括:

- 残疾概念化的文化、国籍和个人差异;

- 理解残疾从医学模式向社会模式的总的转变；
- 不同的研究和倡导兴趣；
- 疾病(illness/disease)和残疾的主观划分；
- 为了达到《美国残疾人法案》的目的，法院参与《美国残疾人法案》对残疾人界定的过程。

在本报告中，残疾被定义为个人与其躯体和社会环境的相互作用，而不是个体残损的结果。本项目的重点是为进行社会调查和希望确保使残疾人出现在其研究中的研究者提出建议。我们对残疾的定义不设限制，希望能够抓住对广大读者有帮助和有关系的本质和经验。对有兴趣想更多了解残疾定义讨论的读者，请参阅 Nagler 和 Wilson(1995)、Bickenbach(1993)、Nagi(1991)、LaPlante(1991)和世界卫生组织(1999)的研究。

在准备本报告时，我们参考了许多信息来源。首先，关于这一主题的全面的文献回顾，我们参阅了相关的研究方法报告和实证研究。

除了文献回顾，通过与不同专家的商讨，报告中的建议得到了指导。本项目的顾问组推荐一些可能的主要被调查者，他们都是残疾研究和调查方法专家。我们给这些人发了介绍信，描述项目情况并说明近期会和他们联系并确定一个咨询日期。早期的咨询还确定了其他主要被调查者。被调查者包括残疾拥护者和服务提供者(n=23)、学术调查方法学家和研究人员(n=17)，以及一些既是残疾又是调查方面的专家；许多被调查者本身是残疾人。

总共进行了51次电话和一次面对面咨询，时间从30分钟到1.5小时不等。咨询进行时间从1999年7月21日至8月19日。向主要被调查者问了大约14个问题。征得被调查者的同意，每次讨论都录了音并记录下来。

2. 结果

在本项目的资料收集阶段，尤其是在与主要被调查者访谈之后，我们很明显感到调查残疾人有两个方面：(1)在一般家庭户调查中调查(或者不排除)残疾人；(2)调查残疾人关于其残疾的情况。每个方面涉及的问题在某种程度上是相似的，因为无论调查主题是什么，访谈残疾人的实际过程是一样的。但是，存在另外一些关于残疾本身调查的复杂事情使对更广泛问题的讨论复杂化。我们的目的仅仅是对越来越多的把残疾人纳入一般人口调查中出现的问题提出总的看法。

在整理文献时遇到的另一项挑战是"残疾"一词包含很多不同的等级，每一等级对调查行为都有各自的涵义。尽管前面我们声明过我们的目的不是给残疾下定义,但是毫无疑问,调查研究者对残疾的概念化不包含人们经历过的所有残疾。从增加残疾人参与一般人口调查的机会的观点来看,我们的讨论必须局限于更狭窄的残疾定义,典型的是在社会调查研究过程中可能需要设施的残疾。所以,我们的报告将集中在残疾的这些方面,找出可能对参与构成障碍的通常调查设计特征。

在准备本报告的过程中,我们最终集中在主要关心的几个领域,因为他们与调查相关,并且是由我们主要被调查者确定的,尤其是抽样和选择被访者、适应技术(显然针对残疾人调查)和代访的使用。在确定最重要的问题和形成建议方面,我们与主要被调查者的访谈具有很高的价值。本节我们提出对问题的总的看法,接着提出一系列把残疾人纳入一般家庭户调查的建议。

A. 抽样

对于与残疾问题无关的标准家庭户调查,很少有调查者采取一致行动保证残疾人的代表性(同时,很少人会有意识地把他们排除在外)。以一项伊利诺伊州居民电话调查为例。产生随机数字拨号(RDD),案例排列的规则也定了下来,比如,是否在答题机器或者语音信箱留言,准备连接的次数和准备尝试的拒绝转换的次数。这些规则本身可能对没有残疾的人是有利的(Meyers, 1999)。

例如,我们看一项需要访问员让电话响10次才挂机的调查。电话响10次要大约1分钟,感官系统残疾的人(比如听力残损)可能听不到电话响,或有些躯体残疾的人可能不能够及时接电话。还有,许多调查组织不允许调查员在答题机上留言,这一规定很可能对与残疾人交流的机会产生不相称的影响。因此,样本确定过程可能对某种特定类型的残疾存在内在的偏差。

此外,还有一个问题是残疾人是否享有同等被选中的概率。我们发现对于在会说话之前变聋的人来说,他们的电话拥有率被发现大大低于总体人口和其他亚人口(Barnett & Franks, 1999)。在使用电传打字机(TTY, teletypewriter)或聋人通讯装置(TDD, Telecommunications Device for the Deaf)技术和转播服务(relay services)(下节将详细讨论)的家庭中,使用电传打字机的人的电话号码在作随机电话号码拨号(RDD)调查时多半被划为没有使用之类。确定使用电传打字机的人数可能一直是对使用任何可行装置而言最大的挑战。向我们提供资料的一些人讲到过区别电传打字机声音(tones)和传真声音的困难,尤其是在电传打字设备波动的情况之下。实际上,没有电话调查访问员接受过区分电传打字机信号与其他设备,比如传真信号的培训。一份关于培训调查员如何确定和记录电传打字机声音的试验报告没有得出什么令人满意的结果(Olson et al.,1999)。在一份大约12000个电话号码的抽样中,调查员把64个记录为电传打字机号码。其中,55个后来确认为传真或调适器号码而不是电传打字机号码。有关电传打字机技术抽样的最终考虑是,社会经济地位影响聋人或听力困难者购买设备的能力,所以,即使调查员能够区别传真声音与电传打字电报机的声音,这一人群中的一部分仍然会被排除在外。

此外,许多家庭调查按照惯例不包括群组家庭和住在机构的人。1997年,所有在非家庭环境居住接受智力障碍或发育性残疾服务的人中大约有三分之一居住在三人或三人以下的居所(Anderson et al.,1998)。调查研究者通常认为这些是机构的小住所,调查时更适合划入到抽样框之中。把这些小住所排除在抽样框之外的决策在分类学上排除了某些类型残损者的代表性。还有,在与主要被调查者讨论抽样问题时的通常贯穿着的东西涉及残疾人社区中的"机构"一词,而且调查对机构的界定与现实不符。例如,有一些专门为留住残疾人在社区居住而设计的得到帮助的住宅楼,在大多数标准抽样框中会被排除在外,因为它们被定义为机构。是否我们应该认为这些是家庭户?这是一个有争议的领域。

假如想要恰当地代表残疾人,研究者可以考虑把长期照料和其他健康机构的人增加进抽样框。与普通住宅相比,这些居所绝大多数是由残疾人居住。把他们包括进来也能够扩大有资格参与调查的残疾人的比例。

研究人员可以考虑的另外一种方法是,有可能的话,采用混合方法把假如只采用一种资料收集方法时可能不能够参与调查的有资格的潜在被访者的比例增大。例如,确保残疾人在调查中的代表性的重要一步是先给被访者写封信:(1)承认残疾意识;(2)表示为残疾人提供方面的意愿和灵活性;(3)鼓励样本中的任何残疾人用他们最方便的方式联系研究人员。

关于抽样和抽样框的另一个重要问题是,正是由于残疾人存在选择概率的问题,因此并不意味着他们能够参与到调查中来,除非消除其他阻碍他们参与的障碍。研究人员可以采取一些方法在访谈时方便残疾人,一种方法是考虑代访。

B. 代访和个人访谈中的其他问题

现在我们转到讨论有争议的利用代访者代表残疾人访谈的合适性问题。但是,在讨论这个主题之前,同样重要的是承认调查访谈人员将会从解决残疾人交流需要的培训中获益。比如,在调查员培训中纳入与各种残疾人互动的交流战略既能够提高调查信息收集的质量,又能够提高个人交流的质量。Hayden(1998)提供了调查员应该了解的关于精神疾病、智力障碍和发育性残疾的基本实践和期望的一个很好的范例。作为一般的指导原则,还应该训练调查员能够认识到被访者的疲劳,并提出在需要时稍后完成访谈。进一步地,调查员应该学会识别和了解残疾人在访谈过程中可能会使用到的辅助设备的功能(例如交流板、语音合成器、手语翻译)。

关于利用代访调查受访者代表调查中的残疾人的合适性问题有很大的争议。根据我们与被调查者的访谈,这是一个比其他任何问题更加使调查方法学家和残疾拥护者出现两极分化的问题。调查方法学家从测量的角度看这一方法:如果有的话,代访被接受时会带来多大的测量误差? 与此相反,由于残疾经历的主观性,残疾拥护者强烈认为代访不能完全代表残疾人的意见。

从调查的角度来看,决定使用代访者在一定程度上是为了在成本和精确度之间取得平衡(Mathiowetz & Groves,1985)。普遍的观点是尽可能自己回答(Moore,1988)。然而,由于调查成本的上升,出现了一种趋势,即实行使用更多代访者的原则,尤其在家庭户调查之中。几十年来,《全国健康访问调查》(National Health Interview Survey,NHIS)发现访问家庭的一位成员比访问家庭的所有成员更经济。传统上来看,调查研究人员会认为使用代访者比不回答更可取,尤其是在被抽样的调查者愿意但不能够参加访谈的情况之下。然而,一些研究残疾的专家强烈反对,认为不回答可能在某种情况下比从代访得到的不准确回答要好(Kirchner,1998)。

有证据显示健康信息的自我回答和代访回答之间存在差异。对日常生活活动的自我和代访回答效果的研究(Andresen et al.,2000;Mathiowetz & Lair,1994;Rodgers & Miller,1997)表明,自评功能限制要比代访者提供的回答低。另一项研究发现,自我回答和代访回答在总体健康、功能状况、社会活动和情感健康方面很一致,但它也发现,与受访者相比,在日常生活活动中花费更多时间帮助受访者的代访者倾向认为受访者的功能状况和社会活动的残损程度更高(Epstein et al.,1989)。但是,这些研究都没有在访谈之前根据自我和代访者情况随机分配受访者,所以,得到的结论必须考虑到这种偏差(Moore,1998)。

最近的一项回顾(Todorov & Kirchner,2000)特别对残疾调查中代访的使用有重要的意义。通过分析两次最大的估计美国残疾人口的联邦调查数据,作者发现在家庭成员之间,残疾程度的自我回答和代访回答有显著的差异。

代访者可能少报65岁或以下人口的残疾,但会多报65岁以上人口的残疾。正如作者指出的:

> 代访者可能会多报需要一对一帮助或者在社会交往中容易识别的残疾,因为这些残疾更容易被观察到,而其他残疾可能会被少报……由于大多数残疾不太容易观察到,而且大多数联邦调查的回答者都在65岁以下,在这种研究中使用代访回答将低估总的残疾发生水平,尤其是具体残疾的发生状况(p.1253)。

很明显,当调查目的是为了提供残疾的估计时,必须根据这些发现仔细考虑代访者的使用。值得注意的是,关于在调查访谈中普遍包含的其他主题的代访效果,人们从经验上知道得很少。

残疾拥护者从一个略有不同的角度看代访问题。很少人会认为不应该用代访者,因为无代访原则会自动把可能无法直接与调查员交流的人排除在外。但是,人们关心的是,调查研究者假定被评定为严重残损的潜在受访者不具有受访者的功能。一位被调查者说到:

> 许多研究者认为,如果有人智力上欠缺一些能力,他们不是可靠的调查参加者,而实际上他们可能做到。这个人可能有个监护人,因为他们不能够作出高层次的决策,但可能会明确告诉你他们的爱好和经验。我一直在做智残人士的研究,对他们告诉我那么多东西以及他们能够准确做到你感到吃惊。

社区的信息是研究人员应该始终假定受访者能够自己回答问题,即使需要特殊技术的帮助或者翻译。大多数人,无论是正常人还是残疾人,都不想家庭或其他人代其说话。在使用代访时,也应该试图把受访者的评价通过代访者的回答表示出来。例如,一位顾问举了某个妇女访谈脑瘫患者的例子。这位妇女的母亲作为代访者,但调查员仍然通过受访者的身体信号了解到她同意或不同意她母亲对调查中每一个问题的回答。

一个相关的问题是代访者的选择。根据我们的主要被调查者的经验,选择代访者是件棘手的事情。在最低程度,要求受访者指定一位代访者看起来是恰当的。虽然一般是在与受访者关系的基础上选择代访者,但是当代访者也是受访者的照料者时,困难就产生了。此外,残疾人经历的高水平的身体、性和情感虐待,经常出自那些照料他们的人(Sobsey,1994)。选择代访者必须取决于访谈的主题;比如,在调查涉及照料质量问题时,担任照料者角色的代访者(不管是家庭还是机构)很可能带来严重偏见。所以,在使用残疾人代访者的时候会多一层考虑,这在一般人口中是不存在的。

在访谈残疾人时还要考虑隐私问题。如前所述,残疾人有时受到照料者的虐待并不少见。访谈如受虐待经历等敏感问题时,照料者在场可能会伤害受访者,尤其是受访者比较诚实而照料者心存报复的时候。为受访者提供一个私密环境来回答高度敏感调查问题的是一个在方法学上引起相当关注的议题(Harrison & Hughes,1977)。在访谈残疾人时,在处理其他潜在隐私问题时也需要做出类似的考虑。

C. 适应技术

适应技术对聋人或听力困难的人、有视力障碍的人或言语残损或言语残疾的人非常重要。据估计,美国9.4%的人口听力丧失,其中大约20%的人听不见或无法理解别人说话(Collins,1997;Ries,1994)。另外,聋人社区许多人使用的语言是美国手语(American Sign Language,ASL),它是美国仅次于英语和西班牙语的第三大常用语言。还有,LaPlante and Carlson(1996)注意到美国大约有50万人有言语残疾。这一人群中很大比例的人很可能被系统地排除在电话调查之外。这是目前电话调查方法的一个重大缺陷。例如,研究表明各种测量方法得出的健康行为和健康照料利用,聋人与总体人口有很大的不同(Zazove et al.,1993;Barnett & Franks,1999)。他们被排除在电话调查之外于是成为许多研究中的系统误差。

电传打字机(TTY)或聋人通讯装置(TDD)技术和转播服务是聋人社区使用的主要技术。电传打字机最初是军队和报务员发电报和密码信件用的。最终转变为通过电话线传输信息,使不能够用电话交流的人互相"谈话"。估计1994年美国有104000人使用电传打字机(Russell et al.,1997)。此外,转播服务是电传打字技术的延伸。现在所有的州都提供转播服务,电传打字使用者把信息打给报务员,由报务员把信息大声读给另一头的人听。报务员然后把回信转成文字给聋人或听力困难的人看。

虽然,适应电传打字机管理的调查资料很少公开发表,但是与我们谈话的顾问在调查聋人或听力困难人士时有很丰富的关于电传打字机的经验。他们报告说,在实际操作中电传打字机不好用。首先,有各种类型的电传打字机。有些机器附带有打印机,能够打出整个问题,有些没有打印机。此外,有些电传打字机有文字和字符的限制,只有20个字,这对不能够打印问题的人是一个很大的限制。由于不知道受访者的硬件有多大以及问题是怎么显示在电传打字机上的,调查实际上仅限于简单回答"是-否"的短问题。这在你认为电

话调查聋人或听力困难人士是"新事物"时尤其有局限性,正如一位主要被调查者所描述的那样:

> 聋人很少参与调查。对他们来讲是新事物。提问题时有文化成分,因为他们不想去知道什么是《美国健康访谈调查》(NHIS),而且他们可能不知道什么是电话调查。所以,存在怎么问的基本问题,"不,我们不会出卖你的任何事情,我们来这里收集有益的信息"。需要传达更多的基础信息,可能用电传打字机(TTY)更困难。

电传打字机(TTY)的另外一个局限是美国手语(ASL)没有书写格式,所以,使用电传打字机与使用美国手语的人交流不得不用第二种语言(如英语),这取决于初次出现听力丧失的年龄。语言能力获得后丧失听力的人更可能使用英语,而学会语言之前耳聋者(3岁之前)更可能用美国手语交流(Barnett & Franks,1999)。此外,调查员需要学习美国手语和电传打字机使用者与众不同的符号和缩略语。最后,有文件显示美国聋人高中毕业生的平均阅读和词汇量水平是4年级或5年级的水平(Holt,1993;McEwen & Anton-Culver,1988)。总体来看,这些统计表明电传打字机技术应用到调查管理中具有一定的困难。

还是有一些被调查者报告他们将计算机系统和计算机辅助电话访问系统(CATI)软件应用到电传打字机中的进展。有些人开发了电传打字机和他们室内计算机辅助电话访问系统的界面,使调查员不用每次都靠打字输入问题,而回答能够直接输入计算机。我们还学习了NexTalk软件,它是一种使用受访者个人计算机和特殊调制解调器来支持电讯装置的软件(NexTalk,2000)。这种软件使用户可以把调查问题编入程序并储存,所以这些问题在访谈过程中不需要输入。仅按几个键问题就可以取回并传输。但是,NexTalk软件不能够控制跳跃模式,所以要求调查员在NexTalk软件和计算机辅助电话访问系统程序之间同时工作。调查员必须把回答从NexTalk软件输入到计算机辅助电话访问系统程序,然后观察下一步应该传输什么问题,再把问题发出去。结果,这样需要增加访谈时间。目前只有10%以下的人口有听力丧失,而随着婴儿潮一代继续老化,这一比例可能会增加。预期这些技术将会得到进一步改进。

使用各种技术时考虑的一个重要问题是这些技术怎么样才能改变调查员—受访者的动态关系。在某些情况下,这种动态关系可能完全丧失,原因是很多这些技术没有为调查员提供机会去根据受访者的提示继续追问甚至探究。正如这位有过使用NexTalk软件经验的被调查者所指出的：

> 当我们在做转播服务的时候,我们逐字地提问,这是有问题的,因为有些用声音表达的措辞无法用打字来表示。当你们在谈论带有复杂概念的研究的时候…问题的措辞水平高于一个(聋)人的字面或语言的平均水平。但是,由于我们所做的调查的性质,我们没有太多的自由来改变它。

那么,最终是一种权衡,如同调查设计过程中的许多决定一样。然而,对无法参与到社会调查中的人来说,这是一项很重要的选择。

在电话调查中我们可以使用电传打字机和转播服务扩展精力和资源以包括聋人和听力障碍者,不管怎么样,评估这一利弊非常重要,尤其是在不知道残疾是否与主要结果变量具有相关性的调查中。假如确定电传打字机家庭户以及参与调查的聋人和听力障碍受访者,那么现在就可以得到所有电传打字机用户成员的名单(参阅,比如,http://www.tdi-online.org/publication.htm)。

在设计调查问题时,还应该考虑受访者的听力困难。例如,高频声音的提问应减少到最低限度。以下面的提问为例：

> 你对从初级保健医生那里得到的保健质量的满意程度如何？你是很满意、比较满意、不太满意或很不满意？

换一句较低频率声音的提问是：

> 你对从初级保健医生那里得到的保健质量满意程度如何？你是非常满意、比较满意、有点满意或者一点也不满意？

修改调查提问的措辞有时不容易,特别是在重复以前的调查时。考虑听力困难人士对于问题的理解是必要的,而对于一般大众人群的调查设计,研究人员并不会遇到太大的困难。利用认知技术评估调查事项通常是处理残疾人问卷设计问题的实用方法。Beatty and Davis(1998)提供了一个例子,就是使用这些普遍接受的技术来调查与印刷物阅读残疾有关的调查项目。

适应技术不仅仅局限于电传打字机服务或者聋人或听力困难人群。对有某种形式残损的人来讲,自填式调查与电话调查一样存在问题。我们的主要被调查者列举了在自填式调查中为这些人提供便利所采取的措施：

● 提供盲文版(Braille version)的调查(虽然翻译问题会使这一过程复杂化,而且仅有一小部分视力障碍人士使用盲文[American Foundation for the Blind,1996])。

• 提供调查用的盒式录音磁带,另外为受访者回答问题准备一个空盒式录音磁带。
• 提供免费电话号码使被访者能够用电话完成调查。
• 提供大字体印刷的问卷。
• 使用高对比度,低眩光纸。
• 提供在线或以网络为基础的调查,特别是使用声音驱动技术。
• 保证问题尽可能既清楚又简单,使有认知残疾和精神疾病的人能够参加。

无论什么时候只要可行,使用计算机辅助技术如声控计算机辅助调查访谈(A-CASI)可以给残疾人额外的刺激。这种方法特别对提高视力或听力轻度严重残损者的参与具有吸引力。另一项选择是互动式视频问卷(Interactive Video Questionnaire,IVQ),这是一种触屏视频技术。调查展现在视频上,可以有手语和口语的选择,使受访者通过触摸适当的答题来回答(Lipton et al.,1996)。互动式视频问卷(IVQ)还可以加入声音,这样有视力残损的人能够听到问题,然后通过把讲话录入录音带作出回答或者用原文或盲文(Braille)输入回答。

在自填式调查中,大多数这些选择都相对比较便宜,而且容易适应总体人口调查。关键是要适应受访者的需要,不要假定什么事情适合某一人就适合所有的人。例如,某些视力情况难以辨认白纸黑字,所以问卷需要在黄底上印蓝字。这样安排将增加残疾人参与一般家庭户调查的机会。只要可能,应该给所有家庭发一封预告信。即使使用了随机数字拨号(RDD)抽样,也可以采用两框设计。从技术上来讲,电话调查的两框设计包括通过电话簿选择抽样框名单和把这份名单与从随机数字拨号框选择出来的样本结合起来。通过电话簿反查服务确定框中有地址的号码检查随机数字拨号框,我们能够很容易地改变这种设计。根据我们的经验,我们可以确定随机数字拨号框大约40%的地址。假如受访者不能够参加电话访谈,可以把预告信发到这些家庭,告诉他们如何往下走。这封信可以有两面,背面包含对视力残损者的大字指南。

3. 结论

调查研究者经常访谈残疾人;他们不总是意识到他们为什么要这样做。学术调查文献(最有可能在一般的调查实践中)很少注意到有多少"标准"程序系统地从总人口研究中把残疾人排除出在外。例如,我们主要依赖调查员来评定可能被抽中的受访者有没有能力担任被调查者,但很可能仅有极少数调查员受过培训或者被鼓励去商谈能够使许多残疾受访者参加调查的恰当安排（Hendershot et al.,1999）。此外，调查研究者一般只从人口特征如种族、年龄和性别考虑所调查的总体。对其他个人特征很不重视，而这些特征可能会使许多人不能参与调查，比如有可能致残的环境。所以，正确地讲，大多数调查设计是假定被访者能够在调查设计者期望的行动范围"移动、看见、听见、参加、理解和交谈"（Hendershot et al.,1999:1）。

实际上，传统的以家庭为基础的一般人口调查对残疾人存在多方面的偏差，从抽样框的代表性到有利于非残疾人的访问规则，再到对交流和隐私问题的考虑，但很少有人对此提出质疑。扩大网络以包括更多残疾人的努力程度不仅是一个额外增加费用的问题，而且是一个伦理道德和数据质量标准问题。我们的结论是，关注有关残疾人参与调查问题和测量问题应该体现在未来社会调查的总体设计里面。不幸的是，对这些问题，很少有被普遍接受的类似"食谱"的解决办法。所以，我们认为，以解决这些方法学上的困难为目标的研究也应该是当前的重点。当然，政府有意愿承担这样做的费用，将会大大加快这种研究的速度。

本文献回顾的主要之结论是：

• 确保残疾人在抽样框中有同样被选中的概率不是说他们能够同等地参与调查。重要的是，研究者把注意力集中在与残疾人相关的抽样问题上，以及把已经被抽中的受访者纳入调查。

• 我们可以利用电传打字机/随机数字拨号技术，但用这种技术翻译调查具有局限性。研究者应该继续探索开发提高更多残疾人能力的技术，使他们能够直接参与社会调查。此外，调查员应该接受残疾人日常生活中使用的适应技术的培训，使调查员在运用这些技术与残疾受访者交流时感到愉悦。

• 如果研究者为受访者提供另外可供选择的回答方式，那么研究者可以立即开始扩展到更多的残疾人（例如，听力困难的受访者可以要求书面文件，或者视力残损者可以要求电话访谈或大字体的问卷和其他材料）。

• 电话调查时，研究者可以考虑改变随机数字拨号调查的规则——比如，允许每次呼叫的电话铃声多响几次或者在回答机上留言——以使残疾人有更多时间来回答问题。

我们承认即使是这些温和的建议也已经增加了与此相关的成本。不过，对于直到最近还被排除在大多数以人口为基础的调查研究之外的人来说，这些是增加他们参加调查机会的重要步骤。

最后一项建议是研究者应该更关注他们进行研究的环境。几乎所有的调查设计特征都可能能够影响残疾人参加的机会。调查设计的多种因素如何影响残疾人的参与？在时间和成本的限制下,一个调查可以做些什么？对于所有调查研究者而言,对上述问题的常规考虑是开始积极主动地为残疾人增加更多地参与所有社会调查机会的天赐良机。

致　谢

本文是在由国家卫生统计中心(National Center for Health Statistics)资助的报告基础上形成的(NCHS,P.O.000993219)。作者感谢国家卫生统计中心分析、环境和健康促进办公室的 Barbara Altman 和伊利诺伊大学芝加哥分校(the University of Illinois at Chicago)残疾和人类发展系的 Carol Gill。他们为本报告各个阶段以及报告初稿提供了有价值的帮助。此外,调查研究实验室的 Lisa Kelly-Wilson 在草稿编辑方面提供了帮助。

(庞丽华、李庆峰译,陈功审校)

参考文献

American Foundation for the Blind. (1996, May/June). Estimated number of adult Braille readers in the United States. *Journal of Visual Impairment & Blindness*. Retrieved July 28, 2000 from the World Wide Web: http://www.braille.org/papers/jvib0696/jvib9603.htm.

American With Disabilities Act of 1990, Pub. L. No. 101-336, 2, 104 Stat. 328(1991).

Anderson, L., Lakin, K. C., Polister, B., & Prouty, R. (1998). One third of residential service recipients live in homes with three or fewer residents. *Mental Retardation*, 36(2), 249.

Anderson, E. M., Fitch, C. A., McLendon, P. M., & Meyers, A. R. (2000). Reliability and validity of disability questions for U.S. Census 2000. *American Journal of Public Health*, 90(8), 1287-1299.

Barnett, S., & Franks, P. (1999). Telephone ownership and deaf people: Implications for telephone surveys. *American Journal of Public Health*, 89(11), 1754-1756.

Beatty, P., & Davis, W. (1998). Evaluating discrepancies in print reading disability statistics. *Cognitive Methods Staff Working Paper Series*, No. 25. Hyattsville, MD: National Center for Health Statistics.

Bickenbach, J. E. (1993). *Physical disability and social policy*. Toronto: University of Toronto Press.

Collins, J. (1997). Prevalence of selected chronic conditions: United States, 1990-92. *Vital Health Statistics*, *10*, 194.

Department of Health and Human Services. (1991). *Code of Federal Regulations: Title 45-Public Welfare, Part 46-Protection of human subjects*. Washington D. C.: U. S. Government Printing Office.

Esptein, A. M., Hall, J. A., Tognetti, J., Son, L. H., & Conant, L. Jr. (1989). Using proxies to evaluate quality of life. Can they provide valid information about patients' health status and satisfaction with medical care? *Medical Care*, *27*(3 Suppl), S91-98.

Harrison, L. & Hughes, A. (1997). The validity of self-reported drug use: Improving the accuracy of survey estimates. Rockville, MD: National Institute on Drug Abuse.

Hayden, M. (1998). *Interviewing adults with mental retardation and related conditions: Interviewer training manual*. Minneapolis: University of Minnesota, Research and Training Center on Community Living.

Hendershot, G., Colpe, L., & Hunt, P. (1999). *Participation of persons with disabilities in household surveys: A conceptual framework empirical investigations*. Unpublished manuscript.

Holt, J. (1993). Stanford Achievement Test, 8th ed.: Reading Comprehension Subgroup results. *American Annals of the Deaf*, *138*, 172-175.

Kaye, H. S. (1998). *Disability watch: The status of people with disabilities in the United States*. San Francisco: University of California.

Kirchner, C. (1998). Improving research by assuring access. *Footnotes*, *26*(7), 7.

LaPlante, M., (1991). The demographics of disability. In: J. West (Ed.), *The Americans with Disability Act: From Policy to Practice*. New York: Milbank Memorial Fund.

LaPlante, M., & Carlson, D. (1996). Disability in the United States: Prevalence and causes, 1992. *Disability Statistics Report*(7). Washington D. C.: U. S. Department of Education, National Institute on Disability and Rehabilitation Research.

Lipton, D., Goldstein, M., Wellington Fahnbulleh, M., & Gertz, E. (1996). The Interactive Video Questionnaire: A new technology for interviewing deaf persons. *American Annals of the Deaf*, *14*(5), 370-378.

Lotke, M. (1995). She won't look at me. *Annals of Internal Medicine*, *123*, 54-57.

Mathiowetz, N., & Groves, R. (1985). The effects of respondent rules on health survey reports. *American Journal of Public Health*, *75*, 639-644.

Mathiowetz, N., & Lair, T. (1994). Getting better? Change or error in the measurement of functional limitations. *Journal of Economic and Social Measurement*, *20*, 237-262.

McEwen, E., & Anton-Culver, H. (1988). The medical communication of deaf patients. *Journal of Family Practice*, *26*, 289-291.

Meyers, A. (1999, August). *Enabling our instruments: Universal design and assured access to* health status and health services research. Paper presented at the National Center for Health Statistics National Conferences on health Statistics, Washington D. C.

Moore, J. (1988). Self/proxy response status and survey response quality: A review of the literature. *Journal of Official Statistics*, 4, 155-172.

Nagler, M., & Wilson, W. (1995). Disability. In: A. Orto & R. Marinelli (Eds), *Encyclopedia of disability and rehabilitation*. New York: Simon & Schuster.

Nagi, S. (1991). Disability concepts revised: Implications for prevention. In: A. M. Pope & A. R. Tarlov (Eds), *Disability in American: Toward a National Agenda for Prevention*. Washington D. C.: National Academy Press.

NexTalk-VM Software for Voice Modems Web Page. 2000. http://www.nextalk.com.

Olson, L., Roden, A., Brogan, T. C., Wright, W. A., Dennis, J. M., & Crawford, C. A. (1999, November). *The National Immunization Survey: Development of strategies to include deaf respondents in an RDD telephone survey*. Paper presented at the American Public Health Association Conference, Chicago, IL.

Ries, P. W. (1994). Prevalence and characteristics of persons with hearing trouble: United States, 1990-91. *Vital Health Statistics*, 10(188).

Rodgers, W., & Miller, B. (1997). A comparative analysis of ADL questions in surveys of older people. *The Journals of Gerontology*, 52B, 21-36.

Russell, N., Hendershot, G. E., LeClere, F., Howie, J., & Adler, M. (1997). Trends and differential use of assistive technology devices: United States, 1994. Advance Data from Vital and Health Statistics: No. 292. Hyattsville, MD: National Conferences For health Statistics.

Sobsey, D. (1994). *Violence and abuse in the lives of people with disabilities: The end of silent acceptance?* Baltimore: P. H. Brooks Publishing.

Todorov, A., & Kirchner, C. (2000). Bias in proxies' reports of disability: Data from the National Health Interview Survey on Disability. *American Journal of Public Health*, 90(8), 1248-1253.

World Health Organization. (1999). *ICIDH-2: International Classification of Functioning and Disability. Beta-2 Draft*. Geneva.

Zazove, P., Niemann L. C., Gorenflo, D. W., Carmack, C., Mehr, D., Coyne, J. C., & Antonucci, T. (1993). The health status and health care utilization of deaf and hard-of-hearing persons. *Archives of Family Medicine*, 2(7), 745-752.

解释性研究和智力残疾人：
政治与现实[*]

贝蒂娜·马提席可

摘　要

对智力残疾人的定性研究文献越来越多，但进行这种研究的具体方法和理论指导很有限。本文试图记录作者的经验以及其他研究者为使智力残疾人参与研究并对他们有实际意义而使用的技术。特别强调解释性研究的伦理、实际性和政治问题，提出行动建议，重点是智力残疾人的赋权和参与。

引　言

智力残疾人一直是各种医学、教育和康复定量研究的对象。这些学科一般集中研究智力残疾问题并试图找到使其最小化或者预防其发生的途径（Rioux,1994）。因此，很少有残疾研究界和服务提供者赖以作出政治行动、政策和支持服务的决定所需要的描述性的、第一手资料（Ward & Flynn,1994）。残疾权利活动家研究者对这一客观现象和专业残疾研究范围提出挑战，呼吁建立在残疾人经验基础之上并且有益于残疾人的残疾研究（例如，Barnes，1992; Morris,1992; Oliver,1992; Ward & Flynn,1994; Zarb,1992）。正如 Taylor (1996) 所说的，"智力障碍者的观点和经验必须为所有的智障研究和探究提供一个起点"。在过去几十年里，已经出现了集中研究智力残疾人的目的和经验的定性研究（例如，Angrosino,1997; Bogdan & Taylor,1976,1992; Booth &

---

[*] 社会科学研究与残疾，第二卷，
理论与方法研究，185—207 页。
Elsevier Science Ltd. 版权所有 © 2001
对任何形式的复制，保留所有权利。
ISBN:0-7623-0773-0

Booth,1994；Edgerton,1967；Goode,1992；Todis,1992；Lutfiyya,1991；Walker, 1999；Walmsley,1993），并且为智力残疾人成为参与者而不是研究对象铺平了道路。

除了继续重视研究过程中残疾人的经验之外，残疾社会理论的出现为研究者把这些经验概念化提供了新的方法。与传统医学模式不同，社会理论把残疾理解为建立在多种社会和经济因素之上的社会结构（social construction），而不是以个人为基础的病理学（例如，参见 Oliver,1990）。这种观点把私人问题转入社会问题领域；它以新的形式重新陈述作为社会障碍的个人受限，把改变和适应的责任从残疾人转向大社会。这样，这种观点还再次强调了残疾人是与非残疾人享有同样权利和责任的重要社会成员。

这一理解残疾的新方法也提供了研究残疾的新方法。残疾研究活动家一直在不断呼吁活动家或实践导向的研究（Barnes, Mercer & Shakespeare, 1999；Oliver,1992）。这类活动家的工作是根据这样的理解，即研究是一种政治行动，"作出明确的政治和道德承诺来保证残疾人的社会公正"（Barnes, Mercer & Shakespeare,1999 p. 211）。这些原则不仅适用于所研究的议题和已作出的结论，而且适用于得出结论所使用的设计和方法。这种不受束缚的范式（emancipatory paradigm）对传统的研究结构和关系形成挑战，因为研究过程与研究结果同样重要。过程本身必须赋权给残疾人，以确保结果。被研究者应该以有意义的方式参与所有各个阶段的研究，并且应将其作为生活和经验方面的专家。研究者的作用是担任为被研究者服务的促进者或技术员，而不是相反（Barnes,Mercer & Shakespeare,1999）。最终结果是，研究尊重和支持了参与调查的残疾人的愿望，并且这种研究为更广泛意义上的残疾人权利运动作出了贡献。

但是，迄今为止，大多数把残疾作为社会问题的研究却基本上是从躯体残疾人的视角来进行的，没有特别重视智力残疾人的经验（Chappell,1992；Goodley,1997；Humphrey,2000）。为了使智力残疾人完全参与残疾权利运动，必须优先进行包括并赋权于他们的研究。

在活动现象学中，导致智力残疾人的"弱关系"（poor relation）状况有很多因素（Ward & Flynn,1994）。感兴趣的研究者会关注同意、伦理和可得性（accessibility）等阻碍这类研究进行的问题。尽管"标准"研究伦理程序可能不能适合或尊重智力残疾人的特别需要无疑是对的，但是可以对程序做一些修改，使其更容易接近并更尊重人。然而，阻碍智力残疾人参与这类研究的一个传统障碍是许多人都有的观念，即智力残疾人很少或者没有洞察力（insight），而且"缺乏连贯表达其生活经验的能力"(Turner,1980 p.3)。在某些情况下,智力残疾人可能会说话困难,但这绝对不是放弃他们观点的借口(Biklen & Moseley,1988;Taylor,1996)。Angrosino(1997)、Atkinson & Walmsley(1999),Booth(1996),Booth & Booth(1996)和Goodley(1996)都描述过使用叙述分析技术与发音不清楚的人交流的情况,提供了研究者怎样帮助把这些人的故事挖掘出来的建议。这类研究的价值在于"强化内部人对自身地位(sic)的主观理解促使读者挑战自身(经常是一般化的)对讲叙者的理解。总之,我们自己的'事实'很快受到个人叙述的挑战"(Goodley,1996 p.335)。

从残疾的所有方面都是社会建构的程度上来说,物质主义者和理想主义者观点之间存在冲突,这种冲突与这些观点的分支越来越成为争论的焦点(Gleeson,1997;Hughes & Paterson,1997;Priestley,1998;Shakespeare & Watson,1997)。这一讨论已经延伸到定性研究"有用性"(Barnes,1992)和其方法和结果的政治学的争论,尤其是有关控制、关注重点和行动方向等问题(例如,见Oliver,1992)。虽然越来越多的人同意这些问题是活动家解释研究的关键,但还有一些关于智力残疾人研究的细节和挑战我认为需要进一步探讨。

本文是对这些问题中的一些进行研究,因为它们出现在我对智力残疾自我主张(intellectually disabled self-advocates)的研究之中(Matysiak,1998)。我的主要目的是更多理解服务交付系统(service delivery system)自我主张的经验,通过使用焦点组讨论和个人叙述使服务提供者和决策者更容易得到这些知识。但是,在这过程中许多方法学问题和政治问题显现出来。并且我发现,很少有具体的指导。在这个研究中,我试图为未来的研究道路增加一些更多的指引标志。

初始研究

为了提供本讨论的背景,需要对我的研究进行总结。如前所述,我的研究是从焦点组开始的。焦点组由地方自我主张委员会成员组成,目的是获得社会服务利用系统内部人员的经验的初步信息。从这些发现中,我为后续与4位小组参与者的个人访谈设计了指南。我运用叙述方法进行分析,目的在于更好地了解个人利用社会服务系统的具体经验。我不准备讨论这些研究的发现,但我相信,讨论某些我使用过的特别的数据收集技术会与智力残疾人研究政治学的讨论有关。

焦点组

最初,焦点组主要是由市场研究者设计的,目的是获得消费者如何看待产品和服务的信息。最近,这一方法受到社会科学家和其他研究者的欢迎(Krueger,1994)。根据 Krueger 的定义,焦点组"是为在随意的、没有威胁的气氛中获得感兴趣的特定领域的看法而精心策划的讨论"(p.6)。焦点组通常采用半结构式讨论方法。虽然焦点组也对被调查者提供某些个人帮助,但这不是他们的直接目的(Carey,1994)。焦点组观点从各种渠道提供了对主题进行更全面研究的机会。社会科学研究者采用焦点组的原因很多,但 Carey(1994)建议焦点组对特定组的"需要评估"特别有用。

尽管做这项研究时我原来的想法是使用 Krueger(1994)描述的焦点组形式,但现在我对在通常意义上使用焦点组一词犹豫不决。16人希望参加使我很吃惊,结果该组比一般的大多数焦点组都要大(例如,Carey,1994,建议一组有5—12个参与者)。我允许这个规模,因为在我想使本研究和参与者有关系并增加他们权利的尝试中,我感觉到他们希望全组成员都参与的愿望应该得到尊重。我还觉得当组里对本研究的热情和支持很高的时候,选择某些人而不选择另一些人是困难的,并带有歧视性的。还有,由于是一项探索性研究,我决定尽可能从组内得到信息特别重要。另外一个与传统的分离在于与我原来讨论的指导原则越来越远。我原来的问题集中在他们与社会服务提供系统的关系和该系统是否满足了他们的需要。我感兴趣的是细节:他们有足够的支持人员吗?他们对生活决定有足够的控制权吗?他们还需要什么其他服务?但是,显然从讨论的最开始我就没有向焦点组问过正确的问题。他们所关注的问题更为宽泛,并且他们会提出自己的问题。我并不是试图把小组带回到我的计划中,而是很快决定把他们尊敬为专家,并跟随他们的领导。正如 Krueger(1994)所指出的,焦点组方法是适用的,但不是很容易适应的。由于我们的研究与标准程序有所偏离,还有一些原因下面会讨论,因此把这一研究看作小组访谈比焦点组更准确。

我选择小组模式而不是个人访谈作为最初的、探索性研究是有一些原因的,主要的原因是我希望创造一个能够尽量舒适的、有利于与智力残疾人讨论的环境。不是让智力残疾人适应非残疾人的结构和程序,而是需要改变过程以反映那些残疾人的经验和能力。Ippoliti 等人(1994)认为,

> 有……证据支持为听力困难者设计有结构的(structured)发展环境是提高其能力以完全参与规划和决策的最有效的方法。从研究的角度而言,

进一步研究同样组织完备、安全的环境使人们确定并清晰地说出他们自己的偏好和需求看上去是很有意义的,并且承认他们有权利来自我决定同样重要(p.455)。

其他研究者也使用智力残疾人的焦点组(例如 Di Terlizzi,1997),并发现作些修改以使过程更舒服和更有包容性很有效果,尤其是对不能够说话或有言语能力限制的人而言。Ippoliti 等人(1994)发现,这种方法对研究者和被研究者都很有用,因为它为残疾人提供了一个环境来讨论其问题以及资料收集的来源。

我选择事先存在的小组访谈的其他原因不能不说是与交流有关的。这一组的自我主张(self-advocates)经历了主张问题,承担着为他们自己说话的义务。这对智力残疾人的研究尤其重要,因为不能够说话可能会使得这些人被打上特定的标签(Biklen & moseley,1988)。正如 Booth & Booth(1996)描述的那样,这是不能够流畅地使用词语,部分原因是语言技能有限,"但一般被其他因素遮盖,包括缺乏自尊心,学到的依从习惯,社会隔离或孤立以及受压迫的经历"(p.56)。作为已经建立的组中的成员,参加者之间的融洽程度要高于为这项研究而建立的新的组。确保所有人参与研究过程是非常重要的。这种方式的另一优势(我作为一个研究者来讲)是由于小组成员相互比较熟悉,因此他们可以协助我与言语和交流我难以理解的个人进行沟通(本议题更多的讨论见 Goode,1992)。

组成员之间相互熟悉同样也构成这一安排的唯一不利条件。由于组太接近,所以偶尔似乎会产生服从大众舆论的压力,这也可以说是听从命令。还有,当人格冲突在一些情况下显现时会使讨论中断。但是,在大多数情况下,组内成员之间是高度相互支持的并很快战胜这些挑战。

访谈叙述

关于个人访谈,我使用了分析和演说的叙述方式。我是在分析初次调查的资料时开始对叙述方式产生兴趣的。调查参与者经常用故事说明他们观点和信念的发展,而我常常感到我在损害这些故事,把它们缩减成片断和"密码"(codes)。我利用从访谈中得到的信息发现对被调查者来讲重要的问题和主题。选择这种分析方法也表明我希望破除智力残疾人不能够理解和讨论影响他们的问题的荒诞说法。

如今叙述性研究使用了许多技术。有些集中在生活历史记录(例如,Booth,1996),而其他一些更多从结构和功能方面来研究(Mishler,1995)。无论属于哪种技术分类,叙述性记录在研究中都很有用,这是有一些原因的。根据Booth(1996)的观点,叙述通过把人们作为他们自身生活的"专业目击者",使我们看到了个人的内心深处(p.239)。他们还通过展示活生生的经验为理论观点提供了"现实检查"。叙述性记录把个人作为主要重点,为客观的、一般性的研究提供了可供选择的研究方法。根据Riessman的观点,叙述"很有用,因为它们所揭示的社会生活—文化通过个人故事'说出了自己'"(1993 p.5)。然而,叙述的最高目的可能在于感知并最后理解它将引起读者的感情。Goodley(1996)强调移情作用从阅读个人故事中产生,而轶事提供了"社会理解的直接路径"(p.335)。

智力残疾人的叙述文献已经有些时间了(例如,Bogdan & Taylor,1976;Edgerton,1967;Turner,1980)。大多数集中在生活史叙述。根据定义,生活史叙述需要研究者和参与者投入很多时间和精力。由于我进行研究的时间很少,我选择了不太传统的方法(在本智力残疾人研究领域),集中在从单独访谈中得到的简洁优美的短文或核心叙事。我按照Labov/Waletzky分析模型的缩略版(1967,Cited in Mishler,1986a)进行研究,Mishler(1986a,b)曾讨论并修改了这一模型,接着O'Neill(1995)加以改进。根据Mishler(1986a)的解释,叙述"包含具有社会意义行动的先后次序,否则就不是故事"(p.241)。这些故事由一些部分组成,这些部分可以按如下顺序来分解(Mishler,1986b):

方向——事件时间和地点的描述,

摘要——事件的总结,

复杂的行动或策划(complicating action or plot)——叙述行为,

解决办法——行为的后果,

结尾——最后的评估。

在反复阅读访谈正式文本之后,我发现了每次访谈中我认为的主要故事或核心叙述是什么。这些故事被分解为各自的基本成分(方向、摘要、策划、解决办法和结尾)并且起着为更大的叙述做"简略的速写"的作用。使用这些核心叙述,我确定了每次访谈的主要问题,然后运用从访谈得到的其他材料对这些主题进行详细说明。这里我列出这些核心叙述着那个的一个,作为研究结果的一个范例:

TRACEY:你的生活和学习

概要:

Tracey年轻的时候,她需要一个住的地方,于是决定她的唯一选择是搬进与她以前的男朋友和他目前的女朋友一起住。这时 Tracey 正在接受收入资助,她得到的那点钱给了她的"室友"以支付他们的开销。对 Tracey 来讲,这种居住安排不是一个幸福或舒服的安排,于是她和一位朋友决定找个自己的地方。他们发现了一套长年失修的房间,但至少可以出得起房租,并且 Tracey 可以开始掌握自己的生活。

方向:
> 那时我没有自己的住处
> 我没有任何地方可住,于是我的前男朋友在×××街有套房间,他让我住那儿。他的女朋友住在那里…

摘要:
> 我把所有的钱都给了他,我所有的……我是残疾人,我给他出房租,给他付……付账单,买杂货,而她把肥屁股躺在长沙发椅上不停地吃房间和家外买回来的东西,对我差来谴去。

策划:
> 一个大雨倾盆的夜晚,是一个星期六的晚上,[我的朋友]和我刚刚吃过饭,你知道,根据情形以及我们刚刚说的,我不知道你 Tracey 的情况,但我知道……[我的朋友]说我要从这里搬出去。然后,[我的朋友]说到,那好,Tracey,你依靠[福利],我也靠[福利],我们一起做点事情。

解决办法:
> 于是在倾盆大雨中我们去找地方。尽管这样结果还是让人丧气。

结尾:
> 你或许会觉得我的确很傻,Tracey,你怎么能这样做呢……
> 我现在知道了,但那时不知道。

在完整的分析中,我确定了叙述里面揭示的主题(或隐喻),例如,Tracey 贫困的经历。我还运用从访谈得到的其他材料对此做了详细描述。

对我来讲,这种方法的一个好处是保留被调查者的独特声音。由于核心叙述很短而且是特别打造的,我认为没有必要把他们的话重写成语法更正确的语言以使其他人更容易理解。Booth(1996)说,"他们是为数不多的未经装饰的关于有听力困难人士生活的记录。在他们已经出版的故事里,起草人或中间人之手永远都在那里,尽管发出的指示变了。"(p.245)当然,核心叙述的构思和解释是我来做的,但保留被调查者的原话消除了解释的水平,并且使他们的故事少了很较少修饰。

方法论问题

很少有公认的研究智力残疾人的具体定性研究方法,这对我既是幸事又是灾祸。说是幸事是因为,我决定用什么方法有很大的自由并且在使传统方法适用于智力残疾人方面没有愧疚感。这是按照残疾的社会模式的原则,该模式指出非残疾的结构和态度必须改变以更接近残疾人,而不是相反。然而,灾祸是指我在整个过程中在具体方法上几乎没有得到什么指导。例如,说到明智的同意以及让被访者签署同意表格是非常正确和有用的。但这对一个不能阅读和理解长句子有困难的人有什么关系呢?我的研究最有挑战性的一个方面就是使研究对参与者容易接近和有意义这一过程。

伦理方面的考虑

给予明智的同意的能力一直是人们所关切的事情,尤其是对于智力残疾人(Stalker,1998;Swain,Heyman & Gillman,1998)。Stalker(1998)详细地讨论她经历的过程,包括获得所涉及机构、社会工作者和为参与调查的个人提供支持的工作人员的允许,最后是来自被调查者自己的同意。由于她是从更严重的残疾人那里采集信息,其中一些人住在医院/机构里,因此她发现专业人员参与获得同意的过程是不可避免的,尽管这不是人们更希望的。

在我的研究中,我是这样处理的:选择法律上能够给予同意而没有被宣布为没有能力的对象。所有参与研究的人都能够清楚表明自己是否愿意参与。我还获得自我服务委员会的赞助机构的同意进行本研究,而所有参与者均从自我服务委员会挑选出来。此外,组内的一些成员过去曾经参加过调查活动,并且有一些作为决策基础的经验。在用通俗地语言全面解释这个过程时需要小心谨慎,以保证每个参与者理解在问她什么问题。另外,每个参与者签字的同意信都用通俗语言写成,并与每个人详细讨论。

获得有效同意的另一个因素是受过培训的服从或者是默许,这是一种在智力残疾人中可能会表现出来的特征,特别是关于非残疾权力人物提出的请求(Biklen & Moseley,1988;Sigelman,Budd,Spanhel & Schoenrock,1981;Sobsey,1994)。同样,由于我是从参与拥护的组中选择被调查者,这相比其他人不算是一个问题。我通过强调参与是完全志愿的,并且选择不参与没有任何不利后果,来试图将潜在问题问题最小化。

为了从被调查者获得我认为是明智的同意,我经历了几个步骤。首先,我在自我拥护委员会一个经常会面的地点与他们见面,简单介绍自己,简要描述我的研究。我这样做是特别为了使研究人性化,试图使之更"真实",对组来讲少点抽象。在我离开会议之后,组成员讨论了他们是否参与,并在几天之后通知我他们的决定。

让每个参与者在同意信上签字更困难。我工作的大学对同意信有非常具体的形式,我必须照做。我拿出大学提供的形式,用通俗语言(Canadian Association for Community Living,1997)改写,使其更容易被参与者接受。通俗语言是指一种直接而没有行话,但又不那么屈尊或过于简单的书写形式(CACL,1997)。例如,"同意"一词被改写成为更广泛易懂的词,这里为"允许"。即使作了这样的修改,由于有参与者完全不能阅读,人们要求进行更多的修改。为此,我在小组讨论和每次访谈之前花大约5至10分钟讨论研究,并且在签同意信之前与参与者逐行地读一遍同意信的格式。但是,对我来讲,这样做似乎对不能阅读的人还不够。也许在这种情况用录像带的同意形式更适合,假如赞助机构的伦理评估局同意的话。

不管我如何努力,我对一个被调查者(Franklin)参与访谈过程表示担心。整个访谈过程中,我感觉他有点偏离他描述的事件。一次,在他花费一些时间描述他在一家生活了许多年的机构的经历之后,我感觉我对他在那里生活的实际感受一无所知。最后,我专门问他是否喜欢那里,他告诉我,"实际上不一那不是我喜欢生活的地方"。我不知道Franklin是否真的希望参与这次访谈,或者他觉得参与进来有压力。我尽量小心与他讨论研究,与他阅读同意信以保证他理解和同意这个过程。在前一年的焦点组讨论中,Franklin是一个愿意参与并很热心的参与者,因此比较熟悉我的工作。尽管我确信我没有逼迫Franklin参与,但我仍然不能绝对保证我作为健全人(结果,官方的某个人物)没有对他的决定产生影响。

在他们关于与智力残疾人的这种开放式访谈的伦理问题的讨论中,Swain等人(1998)明确了有可能伤害到参与者的来源。其中,他们列举了对参与者缺乏尊重,尤其是访谈过程(鼓励披露个人信息)和数据分析(通过不尊重参与者的声音或希望)中的控制问题。另一个问题是研究者和被调查者之间潜在发展的危险关系。正如Swain等人写道,"进行这类研究要深入到人们的生活。从研究者角度来看,参与也许并不重要,但从参与者的观点来看可能不是这样"。Stalker(1998)和 Booth & Booth(1994)也提出这个问题,尤其对于花费了大量时间在参与者身上的长期研究。在我的研究中,由于与参与者实际访谈/资料收集会议的时间有限,我不认为这是个问题。我在研究前很偶然的机会认识了某些参与者,这些关系一直继续保持下来。

Swain 等人(1998)暗示对于伤害的这些潜在原因并没有简单的或具体的解决办法。但是,他们推荐在研究的全程中运用正在进行的伦理评估过程。这个过程承认"解释了伦理原则和义务,并且在特定环境中和在特定参与人群中做出特别的声明"(p.34)。Stalker(1998)补充道,"假如发生更融洽地谈判过程,双方都会产生更清晰的期望,在更大限度解决研究者和被研究者之间的公平问题方面迈出一步"(p.11)。显然,研究者要在研究之前考虑这些事情,制定处理这些问题的框架。

最终,在资料收集技术的伦理方面我主要关心的是,我希望访谈的人和我自己之间的权力关系。我不仅身体上可行,而且是一个赞助自我拥护组的机构成员(尽管不直接与这些个人),我担心我访谈的人会不太舒服或者没有足够的安全感来表达他们真正想说的话。虽然我有点担心 Franklin,但是到最后,我不认为这是个大问题。参与者讲出的唯一担心是对社会工作者的负面评价可能会得罪我(他们意识到我是名社会工作者)。当我清楚表明这正是我在找的信息类型时,他们的犹豫消失了。

实际问题

记录/发现

我的研究设计的一部分包括对参与者的人员检查以保证记录及其发现的准确性。同样,由于组内的许多人不会阅读,而且即使在会阅读的人里面,没有多少人愿意读完 40 页的记录,我不得不去寻找其他办法以使资料更容易理解。最成功的方法是使用焦点组各个步骤的录像带作为记录。会后几星期,我安排焦点组再次相聚,为他们播放了讨论的录像。我要求他们观看并确定所说的话的准确性和反映了他们所要提出的问题。焦点组非常喜欢录像这种形式,并且很高兴看录像。我没有给个人访谈录像,所以,我决定用核心叙述作为记录,并与参与者一起看完。

这一过程最困难的一步可能是找到使参与者获得结果的方式。我试图用两种方法来完成这件事。在我的研究过程中,我贴出了一个海报,上面写出研究的结果。一旦我做好了海报,我就在焦点组会议上展示出来,与他们详细地讨论每一条。那时,我把它交给自我拥护委员会。该委员会自此以后在其他场合使用它来更直观地展示研究成果。焦点组研究的最终报告比较有问题,原因是它是用学术语言写成的,不容易翻译成为浅显易懂的语言。我解决这一难题的办法是把文件转换成平行文本格式(Ward & Flynn, 1994)。平行文本格式是通过在正文的旁边加上主题思想的简要总结以使复杂文件更容易理解的方法(例如,在一页上写两行正文,一行是原始文件,一行是其总结版)。自我拥护委员会在随后的会议上公布这份文件,并反馈给我说他们认为这是展示信息的有用方法。

时间因素和关系问题

正如本文前面讲到的,一般我们认为智力残疾人,尤其是那些口头表达技能受限的人,对于这些研究方法而言都不是较好的选择(Booth, 1996),主要是由于他们天生没有所需要的洞察力或没有说出其洞察力的能力。尽管我绝对不同意这种态度,并且相信有另外的表现,但是这些方法确实有一些问题需要考虑并加以修改,以成功用于智力残疾人。

这一过程唯一最重要的改变是增加资料收集过程投入的时间。Booth 及其(1994)对智力残疾人家长的研究本质上是叙述式的,是进行多个小时访谈和与参与者接触数月的结果。我没有足够的额外时间或资源按照他们的模式去研究,因此我认为这一点是我研究的最大弱点,尤其是在叙述部分,特别是与两位参与者。假如我能够多花些时间与他们在一起,我相信我可能会获得他们生活更完整的图景,并且获知他们告诉我的一些具体的故事为什么特别重要。

与过程中花费的大量时间相关的另外一个问题是研究者和被调查者之间关系的深度,这将会更好的理解被调查者的故事。由于在焦点组和访谈里某些人言语能力很有限,所以许多时候我们会使用言语"速记"。参与者在提及某项服务、项目甚至个人时,常常以为我理解他们在说什么。由于我像大多数参与者一样生活在同一社区,一般来说我的确知道他们在说谁以及在说什么。但是,一个对这一社区不太熟悉的研究者在许多时候可能会感到困惑,并错过他们故事中的细微之处。处理这点的唯一方法是熟悉每个参与者的生活和细节。这通常要投入时间和参与才能得到。

使我的研究方法和发现容易被智力残疾人接受的过程充满挑战性,并且在某种程度上，可能是势不可挡的。然而，我发现，它没有像开始认为的那么困难。大多数修改都是常识性的解决办法，对我而言不需要任何特别技能和技术。可以肯定的是，这项工作很费时，比做非残疾人研究要花费更多时间，但是，我发现结果证明我们的努力是完全应该的。

理论和政治问题

社会理论的局限性

残疾研究界内部有人批评残疾的社会理论以牺牲理想主义者为代价来强调残疾建构的物质方面(Barnes, 1996; Priestley, 1998)。就像 Tom Shakespeare 所写的：

> ……作为坚持这一立场的后果，社会模式作家们反对社会心理学家、人类学家甚至女权主义者，根据都是这些理论是"理论主义的"，并且没有注意到物质过程和社会关系。我将支持任何认为考虑物质关系非常重要的观点：忽视社会残疾人作用、不顾社会经济结构的理论解释仅仅是一种幻想。但是，我同样认为，单线性解释，把一切归于经济因素，也是误导(p.289)。

Shakespeare 继续确定残疾人在文化上的代表性就像对他们的偏见一样"另类"和"反常"，而这种偏见来源于非残疾人对残损的惧怕。正是这种惧怕才产生偏见，然后与物质条件结合形成对残疾人的压迫。

其他研究者也论述过单纯物质主义者观点的局限性，主要是指出他们没有理会不同残疾人群体个人和个体的经验(Keith, 1992; Morris, 1991)。作为残疾女权主义研究者，Jenny Morris 努力把这些经验总结出来并把这些经验放入社会模式(1993, 1995)。通过强调残疾妇女的经验并指出在这个过程中妇女被边缘化，她的工作也激励残疾理论界更多方面的、更包容的趋势。Barton(1993)指出，"男女同性恋者和黑人残疾人或群体感到被代表的程度…还没有得到足够地注意"(p.238)。在残疾理论界内部对这一"身份政治"的抵制，部分可能要围绕着一种担忧来考虑，即如果社会模式试图追求一个更为后现代主义的道路并且将所有残疾经历的改变合并在一起，那么社会模式在非残疾人世界中的表现将会削弱(Shakespeare & Watson, 1997)。

很多关于个人经验的紧张是由于残损概念的界定困难所致(Crow, 1996;

Hughes & Paterson,1997;Wendell,1996)。物质主义方法强调通过社会的态度和残疾障碍来建构残疾,并且通过消除这些障碍,倾向于把残损看做一种至少是中性的差异,如果不是无意义的话。但是,像(Liz Crow,1996)之类的作家对这样刻画残损提出质疑,并坚持残疾经验的决定性作用。问题似乎是,举个例子,承认痛苦或疲劳将打开回归传统的医疗模式之门。这种模式关注个人的和病理的状况,而不承认残疾的社会特征。然而,对 Crow 来讲,承认残损的现实不是不可避免的结果,并且不承认的结果是危险的。忽视残损能够否认或最小化许多人每天面临的慢性病疼痛或疾病,并且消除社会和躯体障碍会给予安慰的建议实际上只是一种"虚假的意识"。

这种残损最小化也使严格意义上的物质主义观点在用到智力残疾人身上时有问题(Ferguson,1990)。智力残损,尤其是重度残损,在绝对意义上是存在的。既使明天所有阻碍他们充分参与的因素消除的话,智力残损者仍然会处于不利地位。正如 Ferguson 写道,"在那些例子里,残疾研究中建构主义者观点的弱点显现出来:文化似乎离开了主题;生理学走得太远以至几乎要战胜社会环境"(1990 p.207)。重度智力残损不能变成温和或良性的。

针对残疾人的残疾的社会模式由残疾人发展起来。他们相信,只有通过自我拥护才会发生变化。但是,对智力残疾人而言,大量拥护活动总是要由非残疾人代表他们来完成。这是许多不安的根源,可能也可以部分解释智力残疾在残疾理论中的边缘化状况。Watson(1996)对这种不适进行了清晰的讨论,这些讨论是关于批评性社会学中的智力残疾缺失,他说到:

> 批评性冲动的一个主要要素是希望通过坚持这样的观点来避免出现与弱势和受压迫人群的家长式关系。这种观点认为,批评性社会科学精心制作现在的弱势和受压迫人群的政治言论,并且不仅仅为他们说话,但是深度认知残疾人不能够为自己说话(p.232)。

Watson 拒绝避开这一潜在固有的冲突,并建议研究者接受风险并采取使我们能够观察智力残疾人受到的压迫的"关心的伦理道德"(p.246)。那么,研究者的责任在于确保研究以及研究过程把权力赋予被调查者及他们的社区作为最高目标。

赋权

来自于与 Watson 相同的观点,关于这种解释方法我关心的另一个问题是可能被认为的赋权或解放的程度。残疾权利领域有大量文献谴责了对提高残疾人社会地位没有什么贡献的研究,这些研究仅仅是完成研究者和/或占主导地位的文化需要(见 Barnes,1992;Oliver,1990,1992;Morris,1992;Stone & Priestley,1996;Zarb,1992)。正如前面所讨论的,某些这类批评建立在残疾理论中物质主义/理想主义相冲突的基础之上,但大多数批评也从残疾研究史产生,作为一种开创行为被记录下来。Kitchin(2000)对残疾人研究经验的研究特别提到被调查者对研究的挫折感,这些研究反复关注明确残疾人面临的"问题",而对于解决这些状况却毫无作为。

进行赋权研究的最有效方法是参与者及其社区直接参与整个过程。这对任何受压迫的群体都是一种挑战,尤其是智力残疾人。Knox,Mok and Parmenter(2000)描述了与智力残疾人进行的合作研究和把他们作为"专家"参与进来的过程。他们注意到,对某些参与者来讲,这需要转变思维:

  一些被调查者反映他们以前缺乏参与这类研究的机会,并做出这样的评论"以前没有人问过我那些的问题","我从来没有做过这种事情","最开始很困难…但你使我思考我以前从未想过的问题",和"思考这些问题是好事"(p.58)。

Knox 等人使用反射性的过程来完成他们的研究。这种方法事先公布研究者和参与者的责任以及讨论的主题,但总是可以修改或改变。他们的"业务"会议遵循一个清晰的模式:讨论最后会议上发生的事情,确定当前会议的议题、讨论本身,制定下次会议的议程,然后是研究者处理会议之间的信息(p.51)。这种对所有参与者责任和期望清楚描述的方法使研究过程对参与者更有意义、更方便。

遗憾的是,仅有智力残疾人本身参与总是不够的。Sample(1996)的参与行为研究显示,对于计划成功形成了严重的障碍,原因是主要的服务提供者感到他们被排除在整个过程之外。把服务提供者包括在这种计划里面似乎与解放论的理想相反,但大多数智力残疾人面临的现实情况是他们被提供支持的工作人员包围着,这些人把权力和影响力看得比他们的生命还重要。任何有行动成分或重点的计划必须在外寻找并把主要支持人员"带上来"或面临目标被阻挠的风险(Sample,1996)。

这类研究中使用得更多的一种方法是建立研究顾问委员会。Stalker (1998)发现除了这是一种使人参与她研究的方法之外,顾问组还为研究过程中出现的方法学问题提供指导。Stalker 费了很大的劲使顾问组容易被残疾人接受,但仍然发现他们参与最大的活动是她与残疾人的会议之前的集会,而不是随后更有学术倾向的会议。Sample(1996)懊悔最初的研究缺乏顾问组的参与,感觉它可以在促进社区对计划的支持方面发挥重要作用,并为计划相关责任人员(stakeholder)积极参与提供机会。我的研究中没有正规顾问组无疑是一大缺陷,虽然这是不可避免的。但是,自我拥护组是参与者的来源,事实上它在某种程度上发挥了顾问作用并且仍然对研究结果及其宣传很感兴趣。

最终,设计一项真正解放式的研究模式的意图就是改变研究成果中的关系,但是,这却是一个很难达到的目标(Zarb,1992)。由于对很多研究的资助与批准的水平远离于大多数智力残疾人的生活,所以实质上他们并没有参与最初的过程。Knox 等人(2000)在谈到自己的研究时说,"被调查者在授权进行研究的过程中完全没有参与。批准进行研究和制定研究计划由学术研究委员会决定"(p.58)。我进行的研究也是这种方案。我的研究是作为一篇硕士学位的要求设计和进行的。大学主要关心的问题是学术活力以及对参与者没有伤害。但是,在我写本文的时候,我受到了打击,这种打击来自像大学一样的机构所期待的参与行为的讽刺,因为根据定义,大学把智力残疾人排除在外。我认为这是可以避免的。我认为智力残疾人能够并且应该参与大学和学术项目,而不是充当门面。但这是一个长远的图景。目前,使人们参与与其本身及其生活有关的研究是一个可以达到的目标。

批评性集中

> 批评性文本的评判标准是其多方面反映事物的能力(its ability to reveal reflexively)……这样,批评性文本为多种声音说话提供了空间。那些受压迫的人被要求说出对其状况的解释(Denzin,1994,p.509)。

我的研究与 Denzin 上面引文表示的思想是一致的。我的目的是提供给学术界和社会服务界智力残疾人生活情况的更多信息,并指出受压制的服务结构和状况可能改变的方式。然而,从一开始我就关心当我在一个解释主义范式中工作时,我的效果会如何。如前所述,关于解释性研究的争议在残疾研究界很激烈,而实际上甚至超出了物质主义与理想主义意识形态之争的范围。尽管它具有进步特征,但是定性研究并不必然等于赋权研究。定性和解释性研究能够像传统的、定量医学模式研究一样起支持现状的作用。在某种程度上,解释性研究也可能因为宣称代表残疾人形成更大的伤害,而实际上只反映研究者的观点和日程。由于解释性的研究认识到世界上存在多种真理,正如 Smith(1992)所述,这种研究是"具有很强实际意义和道德意义的活动"

(p.100),因此,研究者常常在研究的解释方面投入大量感情。加上研究者一般对研究发现的控制,所有权问题必须解决。很明显,按照解释性研究理论,从本质上来讲过程是合作性质的。研究者和被调查者一起创造故事。正如 Angrosino(1997)在他的叙述故事中所说的,它们"于是成为合作的产物。它们不是由对象产生然后像报告给处于中间的研究者的故事"(p.102)。研究者也是访谈和叙述故事时的参与者。重要的是研究者清楚参与的性质和这一工作的政治和理论上的安排。总之,必须知道在讲谁的故事和目的是什么。

对我来讲,解释性和叙述研究的价值在 Booth(1996)的证明中得到实现:

"被排除在外的声音理论"(excluded voice thesis)假定叙述方法提供了接近被压迫群体的观点和经验的机会。这些群体缺乏通过传统学术会话方式使自己的声音被人听到的权力(p.237)。

最后,我认为主要是通过表达残疾人的经验才能开始改变残疾人社会。但是,我们已经说过,参与和赋权的严格标准必须从开始时建立。这包括建立研究顾问组和在研究开始之前与相关责任人磋商,接下来是使研究尽可能对参与者容易接受并且尽可能对参与者有意义。我们当中研究智力残疾人的人必须做好准备放弃或至少共享对研究过程的控制并尽量保证我们的参与者成为我们的合作者。一个有这些理想的研究者能够创造具有真正解释性和足够批判性的工作,来推进结束智力残疾人受压迫的目标。

致 谢

Ms Matysiak 要感谢英属哥伦比亚大学社会工作学院 Brian O'Neill 博士的支持和鼓励以及编辑和审稿人对本文初稿的帮助和评论。

(刘岚、解韬译,陈功审校)

参考文献

Angrosino,M.(1997). The ethnology of mental retardation: An applied perspective. *Journal of Contemporary Ethnography*,26(1),98-109.

Atkinson,D.,& Walmsley,J.(1999). Using autobiographical approaches with people with learning difficulties. *Disabilities & Society*,17(2),203-216.

Barnes,C.(1992). Qualitative research: Valuable or irrelevant? *Disability, Handicap & Society*,7(2),115-124.

Barnes, C. (1996). Theories of disability and the origins of the oppression of disability people in western society. In: L. Barton (Ed.), *Disability and Society: Emerging Insights and Issues* (pp. 43-60). London: Addison Wesley Longman.

Barnes, C., Mercer, G., & Shakespeare, T. (1999). *Exploring disability: A sociological introduction.* Cambridge: Polity Press.

Barton, L. (1993). The struggle for citizenship: The case of disabled people. *Disability, Handicap & Society, 8*(3), 235-248.

Biklen, D., & Duchan, J. (1994). "I am intelligent": The social construction of mental retardation. *Journal of the Association for Persons with severe Handicaps, 19*(3), 173-184.

Biklen, D., & Moseley, C. (1988). "Are you retarded?" "No, I'm Catholic": Qualitative methods in the study of people with severe handicaps. *Journal of the Association for Persons with severe Handicaps, 13*(3), 155-162.

Bogdan, R., & Taylor, S. (1976). The judged, not the judges: An insider's view of mental retardation. *American Psychologist, 31*, 47-52.

Bogdan, R., & Taylor, S. (1992). The social construction of humanness: Relationships with severely disabled people. In: P. Ferguson, D. Ferguson & S. Taylor (Eds), *Interpreting Disability: A Qualitative Reader* (pp. 275-294). New York: Teachers College Press.

Booth, T. (1996). Sounds of still voices: Issues in the use of narrative methods with people who have learning difficulties. In: L. Barton (Ed.), *Disability and Society: Emerging Insights and Issues* (pp. 237-255). London: Addison Wesley Longman.

Booth, T. & Booth, W. (1994). *Parenting under pressure: Mothers and fathers with learning difficulties.* Philadelphia: Open University Press.

Booth, T. & Booth, W. (1996). Sounds of silence: Narrative research with inarticulate subjects. *Disability & Society, 11*(1), 55-69.

Canadian Association for Community Living (1997). *The power of language: Handbook on plain language writing.* Toronto: The Roeher Institute.

Carey, M. (1994). The group effect in focus groups: Planning, implementing, and interpreting focus group research. In: J. Morse (Ed.), *Critical Issues in Qualitative Research Methods* (pp. 225-241). Thousand Oaks, CA: Sage.

Chappell, A. (1992). Towards a sociological critique of the normalization principle. *Disability, Handicap & Society, 7*(1), 35-51.

Crow, L. (1996). Including all our lives: Renewing the social model of disability. In: J. Morris (Ed.), *Encounters With Strangers: Feminism and Disability* (pp. 206-226). London: The Women's Press.

Denzin, N. (1994). The art and politics of interpretation. In: N. Denzin & Y. Lincoln (Ed), *Handbook of Qualitative Research* (pp. 500-515). Thousand Oaks, CA: Sage.

Di Terlizzi, M. (1997). Talking about work: I used to talk about nothing else, I was excited and it got a bit too much for my parents. *Disability & Society*, 12(4), 501-511.

Edgerton, R. (1976). *The cloak of competence*. Berkeley: University of California Press.

Ferguson, P. (1990). The social construction of mental retardation. In: M. Nagler(Ed.), *Perspectives on Disability*. Palo Alto, CA: Health Markets Research.

Ferguson, P., Ferguson, D., & Taylor, S. (1992). The future of interpretivism in disability studies. In: P. Ferguson, D. Ferguson, & S. Taylor(Eds), *Interpreting Disability: A Qualitative Reader*(pp. 295-302). New York: Teachers College Press.

Gillman, M., Swain, J., & Heyman, B. (1997). Life history or 'case' history: The objectification of people with learning difficulties through the tyranny of professional discourses. *Disability & Society*, 12(5), 675-693.

Gleeson, B. (1997). Disability studies: A historical materialist view. *Disability & Society*, 12(2), 179-202.

Goode, D. (1992). Who is Bobby?: Ideology and method in the discovery of a Down syndrome person's competence. In: P. Ferguson, D. Ferguson & S. Taylor(Eds), *Interpreting Disability: A Qualitative Reader*(pp. 295-302). New York: Teachers College Press.

Goodley, D. (1996). Tales of hidden lives: A critical examination of life history research with people who have learning difficulties. *Disability & Society*, 11(3), 333-348.

Goodley, D. (1997). locating self-advocacy in models of disability: Understanding disability in the support of self-advocates with learning difficulties. *Disability & Society*, 12(3), 367-379.

Hughes, B., & Paterson, K. (1997). The social model of disability and the disappearing body: Towards a sociology of impairment. *Disability & Society*, 12(3), 325-340.

Humphrey, J. (2000). Researching disability politics, or, some problems with the social models in practice. *Disability & Society*, 15(1), 63-85.

Ippoliti, C., Peppey, B., & Depoy, E. (1994). Promoting self-determination for persons developmental disabilities. *Disability & Society*, 9(4), 453-460.

Keith, L. (1992). Who cares wins? Women, caring and disability. *Disability, Handicap & Society*, 7(2), 167-175.

Kitchin, R. (2000). The researched opinions on research: disabled people and disability research. *Disability & Society*, 15(1), 25-47.

Knox, M., Mok, M., & Parmenter, T. (2000). Working with the experts: Collaborative research with people with an intellectual disability. *Disability & Society*, 15(1), 49-61.

Kreuger, R. (1994). *Focus groups: A practical guide for applied research*. Thousand Oaks, CA: Sage.

Labov, W., & Waletzky, J. (1967). Narrative analysis: Oral versions of personal experience.

In: J. Helms, (Ed.), *Essays on the Verbal and Visual Arts*. Seattle, WA: University of Washington Press.

Lutfiyya, Z. (1991). "A feeling of being connected": Friendships between people with and without learning difficulties. *Disability, Handicap & Society*, 6(3), 233-245.

Matysiak, B. (1998). *The politics of intellectual disability*. Unpublished masters thesis. University of British Columbia, BC.

Mishler, E. (1986a). The analysis of interview-narratives. In: T. R. Sarbin(Ed.), *Narrative Psychology: The Storied Nature of Human Conduct*(pp. 233-255). New York: Praeger.

Mishler, E. (1986b). *Research interviewing: Context and narrative*. Cambridge: Harvard University Press.

Mishler, E. (1995). Models of narrative analysis: A typology. *Journal of Narrative and Life History*, 5(2), 87-123.

Morris, J. (1991). *Pride against prejudice: Transforming attitudes towards disability*. Philadelphia: New Society Publishers.

Morris, J. (1992). Personal and political: A feminist perspective on researching physical disability. *Disability, Handicap & Society*, 7(2), 157-166.

Morris, J. (1993). Independent lives? Community care disabled people. London: Macmillan.

Morris, J. (1995). Creating a space for absent voices: Disabled women's experience of receiving assistance with daily living activities. *Feminist Review*, 51, 68-93.

Oliver, M. (1990). *The politics of disablement*. London: Macmillan Education.

Oliver, M. (1992). Changing the social relations of research production? *Disability, Handicap & Society*, 7(2), 101-114.

O'Neill, B. (1995, June). *Silencing gay issues: Services from the standpoint of gay men*. Paper presented at the fifth annual Conference on HIV/AIDS Research, Canadian Association for HIV Research, Winnipeg, Manitoba.

Priestley, M. (1998). Constructions and creations: idealism, materialism and disability theory. *Disability & Society*, 13(1), 75-94.

Reissman, C. (1993). Narrative Analysis. Newbury Park, CA: Sage Publications.

Rioux, M. (1994). Introduction. In: M. Rioux & M. Bach(Eds), *Disability is Not Measles: New Research Paradigms in Disability*(pp. 1-7). Toronto: Roeher Institute.

Sample, P. (1996). Beginnings: Participatory action research and adults with developmental disabilities. *Disability & Society*, 11(3), 317-332.

Shakespeare, T. (1994). Cultural representation of disabled people: Dustbins for disavowal? *Disability & Society*, 9(3), 283-299.

Shakespeare, T., & Watson, N. (1997). Defending the social model. *Disability & Society*, 12(2), 293-300.

Sigelman, C., Budd, E., Spanhel, C., & Schoenrock, C. (1981). When in doubt, say yes: Acquiescence in interviews with mentally retarded persons. *Mental Retardation*, 19(2), 53-58.

Smith, J. (1992). Interpretive inquiry: A practical and moral activity. *Theory Into Practice*, 31(2), 100-106.

Sobsey, D. (1994). *Violence and abuse in the lives of people with disabilities*. Toronto: Paul Brookes.

Stalker, K. (1998). Some ethical and methodological issues in research with people with learning difficulties. *Disability & Society*, 13(1), 5-19.

Stone, E., & Priestley, M. (1996). Parasites, pawns and partners: Disability research and the role of non-disabled researchers. *British Journal of Sociology*, 47(4), 699-716.

Swain, J., Heyman, B., & Gillman, M. (1998). Public research, private concerns: Ethical issues in the use of open-ended interviews with people who have learning difficulties. *Disability & Society*, 13(1), 21-36.

Taylor, S. (1996). Disability studies and mental retardation. *Disability Studies Quarterly*, 16(3), 4-13.

Tesch, R. (1990). *Qualitative research: Analysis tools and software tools*. New York: The Falmer Press.

Todis, B. (1992). "Nobody helps!": Lack of perceived support in the lives of elderly people with developmental disabilities. In: P. Ferguson & S. Taylor (Eds), *Interpreting Disability: A Qualitative Reader* (pp. 61-77). New York: Teachers College Press.

Turner, J. (1980). Yes, I am human: autobiography of a "retarded career". *Journal of Community Psychology*, 8, 3-8.

Walker, P. (1999). From community presence to sense of place: Community experiences of adults with developmental disabilities. *Journal of the Association for Persons with Severe Handicaps*, 24(1), 23-32.

Walmsley, J. (1993). Contradictions in caring: Reciprocity and interdependence. *Disability, Handicap & Society*, 8(2), 129-141.

Ward, L., & Flynn, M. (1994). What matters most: Disability, research and empowerment. In: M. Rioux & M. Bach (Eds), *Disability is Not Measles: New Research Paradigms in Disability* (pp. 29-48). Toronto: Roeher Institute.

Watson, W. (1996). Bad Samaritan: Very cognitively disabled people and the sociological sensibility. *International Journal of Comparative Sociology*, 37(3-4), 231-251.

Wendell, S. (1996). *The rejected body: Feminist philosophical reflections on disability*. New York: Routledge.

Zarb, G. (1992). On the road to Damascus: First steps towards changing the relations of disability research production. *Disability, Handicap & Society*, 7(2), 125-138.

跨文化残疾研究的方法论问题：以印度移民为例

苏珊·加贝尔、西提·维亚斯、
艾塔尔·帕特尔和斯瓦普尼尔·帕特尔

前 言

　　本文讨论了在跨文化残疾研究方面的方法论问题。在文中,我们描述了目前进行的跨文化研究的经验以及对将来研究的建议。在第一部分前言中,我们按以下方式组织。首先,我们回顾了其他人种学研究中存在的类似的方法论问题;然后,我们讨论了研究印度移民文化视角(cultural perspectives)和认知残疾(cognitive disability)的交叉点(intersection)的动机。第二部分,我们描述了我们的参与者,并把他们放在一定的语言和文化背景中。随后,我们讨论了研究方法,尤其是数据收集方法,因为在这个阶段我们的问题首次被发现并广泛存在。下一个部分是研究结果的讨论,重点是关注方法论的问题,而不仅仅是进行细节的分析。最后,我们对工作进行总结,包括在将来研究计划中我们如何修正我们的方法。

　　对于使用不同语言和拥有不同文化背景的残疾个体在使用类似意义的术语时存在的问题,有大量的人种学方面的讨论。对于这个问题,在 Laura Bohannan(1966)关于西非 Tiv 的研究中有一个非常幽默的例子。她写道,她随身带有莎士比亚的《哈姆雷特》,并试图向她的参与者证明莎士比亚的故事讲述的是普遍真理。一天晚上,当她和村里的男士们喝啤酒时,她讲述了哈姆雷特的故事。其中有一段,Bohannan 试图解释哈姆雷特的死去的父亲出现在他

---

* 社会科学研究与残疾,第二卷,
　理论与方法研究,209—228 页
　Elsevier Science Ltd. 版权所有 © 2001
　ISBN:0-7623-0773-0

面前的场景。这时,对于"omen"的不同理解引起了争斗。

"那天晚上,哈姆雷特盯着那三个见过他死去父亲的人。死去的父亲又一次出现了,尽管其他的人都非常害怕,哈姆雷特还是跟着死去的父亲走到一边。这时他们是单独在一起,哈姆雷特死去的父亲说话了。"

"Omens 不能说话!"一位老者斩钉截铁地说。

"哈姆雷特死去的父亲不是一位 omen。看见他可能是一位 omen,但他不是。"我的一位听众看起来像我听起来一样的困惑。"它是哈姆雷特的死去的父亲。我们称这个为'灵魂'"。我不得不使用英语单词,因为与邻近的部落不同,这些人不相信在人死后有任何部分会存在。

"什么是灵魂? omen?"

"不。灵魂是一个人虽然死了,但是依然能走能说,人们可以听到他看到他,但是却摸不到他。"

他们反对道:"人们可以摸到 zombis[sic]。"

"不,不!它不是巫师们驱赶的死亡的躯体在运动。没有其他的人使哈姆雷特死去的父亲行走,他是自己做到的。"

"死人不能走,"我的一个听众抗议道。

我愿意进行妥协,"灵魂是死人的影子。"

但是他们又一次反对,"死人没有影子的。"

"在我们国家他们是有影子的,"我怒气冲冲地说。(p.45)

另外一个例子更接近残疾,Anne Fadiman(1997)在 *The Spirit Catches You and You Fall Down* 中,描述东西文化碰撞时发生的事情。她的文章描述了加利福尼亚医院系统和来自老挝的苗族难民家庭的冲突。这个家庭的女儿,丽雅(Lia),有很严重的癫痫。虽然家庭和专业人员都想为丽雅做到最好,但是他们的交流存在严重的沟通问题,任何一方都无法做到为丽雅的最大利益的合作。Fadiman 在她的研究的这个案例中揭示了在翻译和文化价值之间存在的问题。她的其中的一个参与者描述了在苗族人和美国人对待医生的方式的不同,也说明了这个现象。

Dan Murphy 说,"苗族人和我完全没有同样的概念。例如,你不能告诉他们一个人患有糖尿病是因为他们的胰腺不工作了。因为他们没有胰腺这个单词。他们不能想象胰腺。他们中的大部分人不能理解他们在动物中看到的器官在人类体内同样存在,因为他们死后从不进行解剖,而是直接进行焚烧。他们知道有心脏,因为他们能够感受到心跳,但是除此以

外——即使肺,对他们来说也是很难理解的。如果没有看到肺,你怎么能向他们解释肺的存在?"(p.69)

在丽雅的案例中,可能最严重的文化沟通障碍发生在对癫痫的概念的理解上。当丽雅癫痫大发作时摔倒在地板上,她的父母相信她的灵魂从她的体内逃走并丢失。他们相信灵魂是被 dab,或妖魔偷走。

在丽雅三个月大时,她的姐姐 Yer 砰地关上 Lee 的房间的前门。一会儿以后,丽雅开始眼睛上翻,胳膊在头上方痉挛抽搐,失去知觉。Lee 一家人还有点疑惑到底发生了什么事情。尽管通过 hu plig 仪式,仔细地安置了丽雅的灵魂,但是关门的声音还是很容易惊吓到她,使她的灵魂逃走并丢失。他们意识到这个症状是 quag dab peg,意味着"魔鬼抓住了你,你就会倒下(the spirit catches you and you fall down)。"魔鬼指在这个阶段偷走灵魂的 dab;peg 意味着抓走或打击;quag 指摔倒在地……在苗语字典中,quag dab peg 通常被翻译成癫痫(p.20)。

当读到这一章节时,对于癫痫病因的信念将明显地影响到所给予的治疗。当丽雅的灵魂被偷时,Lee 一家确实做了应该做的。他们进行了适当的仪式,包括在丽雅的腰上系一根绳子防止 dab 再来偷走她的灵魂。丽雅(Lia)的医生也推荐他们认为适当的治疗:药物治疗,定期门诊随访,护士访视。不幸的是,没有任何一方认为另一方的干预措施是适当的或有效的,也没有任何一方认识到丽雅目前的状况是由于他们的沟通无效造成的。

在我们的研究中,我们也经历了和 Bohannan 和 Fadiman 类似的困难。在过去一年半的时间里,我们在中西部地区的印度移民社区中进行人种学的研究。这个社区由来自印度的印度人组成,印度语是他们的第一或第二语言。[1] 我们的目的是了解这个印度社区的人们如何认识和谈论认知残疾。[2] 在这个项目中,我们面临的重要问题是很难用印度语谈论认知残疾,无法把西方人概念中的认知残疾这个英语术语进行准确的翻译。

有时,跨文化的研究也不是都遇到这样的挑战。例如,在英语中的"mother"可以没有困难地概念化地翻译为西班牙语的"madre"和印度语的"mata"。

---

[1] 在印度散居人群中还有大量的亚群。我们所使用的术语"印度人",是指参与我们研究的人,而不是所有的散居的人群。

[2] 在本文中,我们使用的术语"认知残疾"是指在认知功能上表现得比躯体功能上表现得更明显的认知能力的不同。在美国,我们指智力障碍和学习障碍。我们认为没有术语能够充分的解释认知残疾背后的意义以及所有的理论和政治问题,但是在我们的研究中术语的使用是必须。

一般来说,在每一种语言中它是很清楚地指生育了一个或多个孩子的女性。这样的翻译允许说话的人使用有类似意义的术语,即便他们使用的语言不同。我们的工作就是要求我们去问参与者关于概念的构成和文化范畴,我们使用这些概念进行跨文化的沟通面临的挑战是一个方法论的问题。在这篇文章中,我们认为,研究者和参与者在研究不同的经验和信念的文化的起源的时候,如果希望结果是有效的,研究设计必须考虑到这些不同。

我们经常被问到为什么选择这些印度移民作为参与者。一个原因是现在缺乏在美国生活的印度人的社会科学研究(Shankar & Srikanth, 1998)。而对于印度移民家庭对认知残疾的理解、他们的反应以及与美国文化反应之间的可能的矛盾的研究就更加缺乏。除了缺乏关于印度人的信息外,我们的兴趣也源于他们是完全没有什么西方化概念的南亚人(Sen, 1992)[①],总体来说,这个移民群体在美国增长迅速。从1985年到1996年,他们的数量增长了33.5%,在所有移民亚群中,他们的迁入频率从第六位上升至第三位(U. S. Department of Immigration and Naturalization, 1999)。美国很多人口最稠密的城市地区聚集着大量的南亚移民(U. S. Department of Commerce Bureau of the Census 1990),其中,最主要的移民来自于印度。这些数据表明,当迁入率上升时,基于配套服务的需要,美国社会机构需要更多完整的关于印度文化和传统的知识。

在移民增加的时期,美国社会机构面临的挑战之一就是关于对认知残疾的世界观或文化取向的冲突。我们的定位是,认知残疾是通过社会构建的,对它的认识和判断在不同文化之间是各有不同的(Trent, 1994; Mehan, Hertweck & Miehls, 1986; Peters)。基于这个立场,我们预计那些出生和生长在印度的人们对于残疾的信念是和美国的主流信念有所不同的。在开始这个研究之前,我们是不太清楚这些信念之间会有哪些不同。在印度和美国之间的残疾发生率的不同对研究没有直接的影响。认知残疾是一种在美国经常被确诊的残疾(Trupin & Rice, 1995; Wenger, Kaye & Laplante, 1996; Gabel, 1993),而在像印度这样的国家想要确定认知残疾的发生率是一件很困难的事情。关

[①] 我们所使用的"西方"是广义的,包括北美和西欧以及他们的文化传统(Wierzbicka, 1993; Spiro, 1993)。我们这样使用是为了区分在这些地区出生和成长的人的世界观以及我们出生和生长在"东方",或亚洲的参与者的世界观。我们利用这种二元的分类作为大致的策略来帮助我们区别世界的一部分与另一部分的不同观点。有时我们使用一些在美国很普遍的术语(例如,学习障碍)。我们相信这些术语能够代表社会现象,而在其他地方也会出现,只是赋予了其他的标签(例如,学习困难,学习残障)。

于印度的认知残疾的发生率是不可信的,在印度很多人很贫穷,他们生活在边远山村,远离那些可以确诊认知残疾的机构和组织(Sen,1992)。然而可以假设,如果西方在分类诊断标准在印度被应用的话,印度智力障碍的发生率可能和美国一样高,甚至更高。我们希望指出在印度移民中对残疾理解的复杂性。将来,我们的观点是将不同的发生率作为社会结构的一个标志,因为发生率取决于一个社会对认知残疾的诊断和分类的能力以及关注程度。

参与者的概况

印度是一个多语种、多文化的国家,它拥有数个不同的亚文化和亚语言,官方语言就有18种之多(Gupta & Kapoor,1991;Tharoor,1998)。我们期望那些迁移到美国的印度移民保留他们的语言和文化取向,这些文化取向至少在一定程度上可能与西方的文化取向之间存在冲突。我们的参与者是来自印度北部和西北部地区的移民:北方邦(Uttar Pradesh),Gujarat,拉贾斯坦邦(Rajasthan)地区,以及孟买(Mumbai)邻近的地区(以前的邦贝地区),这里印地语被广泛使用,印地语是使用人群最广的第一或第二大语言。① 这些人都自认为是印地 bhashi 人,或是使用印地语的人,尽管他们也能说两种、三种甚至四种其他的语言②。我们所有的参与者,大部分都是受过教育的印度人,都能够流利地使用英语。

我们进入印度移民社区是通过一位研究助手,他的起始的角色就是把关人(守门人,gate-keeper)的角色。在人种学研究中,把关人是协助研究人员接近目标人群或进入某个领域地点的人(Wolcott,1995;Rossman & Wallis,1998)。我们的项目的把关人由于她的成员资格、在社区中的工作以及通过他和当地印度教寺庙的联系为我们项目起了重要的联系作用。然而,我们项目的把关人/翻译人被证明对我们的结果也有混淆的作用。虽然她是一位可信赖的研究人员,但是她的早期的招募努力影响了我们和残疾孩子的家长以

---

① 南印度也是印度教徒的故乡。我们工作的印度教社区也包括南印度人,但我们发现北/西北印度人更可能是印度教徒。

② 我们的参与者所讲的一些母语包括:印地语,Gujarathi,Rajasthani,Marathi,印地—乌尔都语(Hindi-Urdu)(在新德里和印度某些地区使用的,印地语和乌尔都语的一种结合。)

及残疾人之间合作的能力①。在本文的结论部分,我们会讨论这个问题。

所有的参与者都是没有残疾的成年人,出生并生长在印度,现在居住在美国中西部地区,并属于中等或中等以上收入人群。在18个参与者中,15个来自印度中心的大城市,3位来自稍小一点的村庄。14位参与者从儿童和青少年时期一直居住在印度,但现在已经在美国居住至少20年。其中1个参与者,是拥有工程博士学位的男性,已经在美国生活40年。其余4位参与者几乎大部分时间都在印度度过,迁移来美国的时间为1~8年不等。这些新移民中年轻的2位是1年前才迁移来的,年长的是两位丧偶的老人。参与者的年龄从26岁到85岁之间。9位参与者是女性,9位是男性。参与者中的8位获得西方大学(英国和美国)的硕士学位,这些学位包括工程学、商学、心理学和文科。其余的参与者也均从印度大学中获得本科学位。参与者中有15人认为自己是印度教哲学的拥护者。后面我们会讨论印度教哲学与我们的参与者的关系。

方法学

我们的项目设计是收集和分析基本的人种学数据。Clifford Geertz(引自Witherspoon,1977)写道,"文化分析不是法律研究中的一门经验科学,而是在内涵(意义,meaning)研究中的一门解释科学"(p.15)。Brian Fay(1975)也支持用解释的方法来进行内涵研究,他写道"解释的社会科学家使用概念来理解实质(being),他们通过概念的使用来定义这些实质……"(p.81)。Norman Denzin(1997)认为,解释人种学应该允许出现被研究者的"声音"。

在我们项目的数据收集过程中,15名参与者接受了三次单独的访谈。和每一个参与者的三次访谈能够允许我们使用前一次访谈的数据帮助我们分析下一次访谈的情况。根据舒适程度和个人偏好,访谈被安排在参与者的家中或他们的印度教寺庙中。其他三位参与者接受了特殊的关于印度教哲学的访谈。②选择这三位参与者是因为他们是我们工作的印度教寺庙社区中有社会

---

① 这种现象需要我们通过限制守门人的角色来调整研究设计。在早期的数据收集过程中,我们认为她很有效的命令人们去为我们做一些似乎他们在文化上并不倾向去做的事情:与他们自己社区里的人谈论他们有关残疾的比较隐私的经历。

② 另三位参与者的宗教信仰是:出生时,一位男性是穆斯林教徒,一位女性是耆那教徒,另一位男性是印度教徒。但是他们都没有坚持出生时的宗教信仰。在访谈开始前我们不知道这些情况,因此这些参与者也完成了这些访谈。为了避免出现分析问题,我们将他们的结果和其他数据分开。这三份数据是重要的,我们也注意其重要意义。

地位的年长的男性。

　　15位参与者的第一次访谈是非结构式的,包括了提示图片(picture prompts)的使用,类似于Vlachou(1998)所使用的方法,他在英国一项关于全纳式教育的研究中使用一些提示图片来激发有关残疾的谈话。提示图片访谈的目的是尽可能地激发关于目标主题的非直接的、开放式的谈话内容。我们的参与者看到九张黑白图片,其中含有或不含有能分类为躯体和/或认知残疾的可视性的特征(图1)①。每位参与者一次只观看一张图片,然后被用印地语提问,请他描述在图片中看到的内容。为了明确参与者的反应还会再问一些问题。

图1:铅笔人像
1971—1990(Nashville:Abingdon Press,1998)

　　第二次访谈是半结构式访谈,要求参与者描述他们的关于认知残疾的经验和相关知识。他们被用印地语询问以下问题:(1)请告诉我们,你对于智力

---

　　①　我们努力了但是没有找到相关的印度人的图片。我们不能确定这是否或在多大程度上影响参与者的回答。

障碍的了解；(2)请告诉我们，你对于学习障碍的了解(在这里不得不使用英语术语"learning disabilities")；(3)请告诉我们，你认识的患有智力障碍或学习障碍的某个人。选择这些问题，是因为我们想了解当这些问题以西方人的表达模式提问时，参与者会有怎样的反应。我们希望比较第二次访谈和第一次、第三次访谈中的反应。这次访谈的目的也是为了收集更多的关于我们的参与者谈论认知残疾的谈话数据。

从来自第一次和第二次的访谈的数据分析中，总结了50条参与者在谈论残疾时最常使用的印地术语和习语。这些术语被写在小闪光卡片上(图2)，并在第三次访谈中使用，要求参与者将这些卡片进行分类(Bernard,1995)，即将50个术语按照他们的选择进行分类。为了完成这个任务,50张卡片由访谈者持有，随机发放，每次给被访谈者几张。参与者被鼓励将每一张卡片和其他有关系的卡片分在一起。这些术语包括这样的一些词：mundh buddhi(智力落后),pagal(疯狂),apang(残废的或残疾的)。有些参与者归了很少的几类，每类中包含很多词语；有些参与者分了很多类，每类中包含很少的词语。访谈者不会提供任何关于如何分类的帮助，而是鼓励参与者按照他们自己的想法去做。

通过询问参与者对这些卡片进行分类的原因，我们了解了分类树(taxonomic trees)建立的过程。分类树为我们提供了更多有关参与者如何认识某个现象的语言证据。在此四个特殊的问题或任务被使用。首先，要求参与者说明他们将这些术语归为不同类的原因。参与者表达了各种不同的理由。例如，这些术语是按照严重程度分组的，按照可视性或可观察性分组，按照症状分组，因为他们都是与大脑相关的，或者因为他们都提到病人等原因。其次，参与者被用英语提问，在这50个术语中，哪些属于智力障碍的，哪些是属于学习障碍的。这使我们可以观察到参与者如何试图将印地术语归为美国认知残疾的两大分类。第三，我们给参与者七个最常使用的词汇，要求他们按照自己的选择进行排序。我们选择这些词汇是通过将50个术语分类为参与者使用的相关或类似意义的分类后确认下来的。例如，术语man(思想),maanasik(智力),akkal(智力),buddhi(智力)都是概念相关的术语。我们要把这些术语简化成最后的七个术语，因此我们不得不决定哪一个术语能够代替这一组术语的意思。

这个任务的目标是试图理解参与者使用的排序标准，了解是否排序标准能帮我们理解他们的概念化的过程。一旦术语的排序完成，参与者被最后要求解释他们排序的方式，以及这七个术语之间是否存在相互联系。

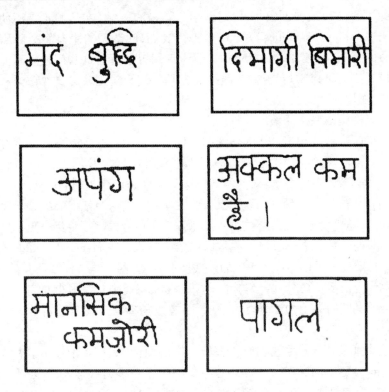

图 2　第三次访谈使用的卡片

前两次访谈给了我们大量的数据以确认在最后的访谈中使用的印地残疾术语,并帮助我们理解参与者对于残疾的体验类型。最后的访谈最能够反映参与者对认知残疾的概念化过程。此外,由于在概念化过程中,允许我们对参与者进行观察并向他们提问,所以这次访谈也反映了我们谈论和研究跨文化残疾问题的深度。

数据分析采取了传统的人种学方法,即重复阅读访谈记录和田野观察记录,确认在记录中的主题模式(thematic patterns),将主题模式和其他学术文献和田野揭露中类似的模式进行比较和对比(Bernard,1995)。

方法学的问题

在我们的研究中,由于数据收集最能说明方法学中的问题,因此,我们将数据分析的详细内容另做一篇单独的文章。然而,这里我们将简要描述在数据分析中方法学上的三个问题(patterns),包括:(1)印度教哲学和关于残疾理念之间的联系的重要性;(2)我们的参与者和美国主流文学之间,对于智力障碍和学习困难的理念的冲突;(3)在谈论残疾时的不适,尤其是参与者有残疾的家庭成员生活在美国或印度。在这一部分,我们将对方法学问题上有争议的三个方面进行论述。

在我们的数据中,最明显的一个问题是印度教哲学和残疾理念存在密切的联系。宗教哲学和残疾理念之间的相互影响对于不熟悉印度教的研究者来说是一个很大的问题。当研究者和参与者用同样的语言来分享术语的定义时,当数据被用西方的分类思想进行分析时,甚至在研究者和参与者讨论同一件事情时,不熟悉印度教的人很容易由于猜想而产生误解。例如,我们的 14 个参与者(77%)都认为自己是印度教哲学的信徒,愿意分享关于认知残疾的一般的理念。这些理念是关于印度教哲学的 karm 理论的,有时也指 karma(行动或行动的结果),punarjanam(重生或转世),moksha(从重生中解放),man(发音为"mun",指心、要求、心的要求)(Kumar,1999;Shweder, 1991)。尽管他们对印度教的个人支持程度不同,但是所有人都相信认知残疾或其他任何残疾,都是前世做了坏事(karma)的结果,也可能是坏的 man(要求)的结果,因此,需要 punarjanam(重生或转世)。印度教的牧师,Anutie-ji,一位年长的丧偶的老妇人,在印度生活了 70 年,最近迁移到美国,非常清楚过去 karma 与残疾的 punarjanam 之间的关系。①

这位牧师描述了前世和今生的关系,她告诉我们

> Punarjanam krudham……你所经历的前世将带到今世中来,以智力障碍的疾病方式表现出来……它将摧毁你,它将使你遭受痛苦,它将……抓住你……你的思想是你前世行动的原因,今世将带给你幸福或疾病。这是源自 gita,bhagwad gita (Hindu priest, 12/98)。②

Anutie-ji 一生的大部分时间是作为婆罗门的家庭主妇,她说:

> 如果我们在生活中做了错事,我们将要得到重生。但是将没有 moksha(从重生中解放),重生的轮回将不断继续。因为我们做了坏的工作或坏的事情,因此我们不得不品尝坏事带来的恶果(Anutie-ji,12/98)。

在另一次访谈中,Anutie-ji 告诉我们:

---

① 使用-ji 说明这位妇女在社区中的地位。使用-ji 是某人受到尊敬的标志。
② Brahmin 指上层阶级或上层的社会地位。

> 一些圣人也说,如果你做了坏事,那么意味着你不得不承受坏的报应。如果你没有在这个时期,这个躯体上得到你的 karm(行为)的报应,那么你将会得到重生,面临同样的你所做得错事的后果。如果你有智力障碍,那是上帝的礼物,因此你不得不承受。这是因为前世你一定做过坏事(Anutie-ji,12/98)。

我们的主要参与者所表达的例证和观点与 Richard Shweder(1991)在1968—1984 年在 Orissa 工作的论著中描述的一致。Orissa 在印度的东南部,是很多印度教徒的家乡。

> 对 Oriyas(奥里雅人)来说,不存在意外的、随意的、或不重要的事情。重生就是以前罪孽的标志。作为一个女人前世罪孽标志的重生,她将会生育一个女儿,临死时成为一名寡妇,或者遭受很长时间的死亡挣扎。作为前世罪孽的标志,重生也可能是丑陋的、畸形的、外貌受损的或残疾的(p.157)。

在同一本书的后面,Shweder 还记录了和一位盲人奥里雅老妇人的谈话。这位老妇人相信她的失明就是前世罪孽的结果。这个记录来自 20 多年以前,但是和我们在去年收集的参与者的报告是一致的。我们记录了她的关于她的信念形成的背景的谈话。她相信作为一个做过坏事的妇女,导致了她的丈夫的死亡和她后来的失明。

> 我生为一个女人,我生育了一个女儿。我的女儿死了。我的丈夫也在我之前死了。突然我的视力丧失了。现在我是一个寡妇,一个盲人……我不能说我在今生犯了什么罪过,但是我现在所遭受的是在我的某次生命中犯下个过错的结果(p.159)。

我们数据的第二个问题是参与者与美国主流文化之间的理念冲突。在美国,智力障碍和学习障碍之间清楚的区分。广义来说,智力障碍是指被诊断为智力明显落后于平均智力水平的人;而学习障碍是指智力水平是平均水平或偏上的人,存在与其智力水平不一致的学习上的困难(Hallahan, Kauffman, and Lloyd, 1999)。[①] 事实上,学习障碍的定义是排除智力障碍的。在定义中,一个人不能同时被诊断为既有学习障碍又有智力障碍(ibid)。专家们可能会争论实际上每一种分类的定义远比我们这里说的复杂的多,但是我们仅需要

---

① 这些不是我们所给出的定义,而是被应用在社会、教育和医疗政策中的定义。

询问一般的概念而不是专业的临床定义。我们发现,93%的参与者,他们对于智力障碍和学习障碍的概念与那些在美国社会政策和实践中的概念有着显著的不同①。

在印度和西方理念的冲突中有两个明显的例子。理念冲突的第一个例子可以在英语术语的"学习障碍"中找到,而在印地语中没有这个术语。我们在开始着手研究时就知道这个问题,因为第二位作者曾经在孟买完成过类似的研究(Vyas,1996)。因为没有一个印地术语与学习障碍的概念一致,所以无法将学习障碍的意思翻译成印地语言背景的词语。对于我们来说,这成为我们最重要的挑战之一。事实上,我们不得不用英语来谈论学习障碍,这也限制了我们收集有关的语言数据。尽管如此,我们的参与者还是用印地语谈论学习障碍,在谈话中插入英语的术语"学习障碍"。他们跟随我们的引导——由于参与者缺乏这方面分类的知识,我们不得不引导开始学习障碍的讨论。当要求参与者告诉我们使用"学习障碍"这个词意味着什么时,他们却受到字面翻译的影响,因为他们没有理解学习障碍的文化背景。因此在谈论学习障碍时,参与者将"学习"(learning)和"障碍"(残疾,disability)联系起来,理解为"无法学习",部分是因为"残障的"(disabled)在印地语中经常被翻译为apang,意思为伤残的或肢体残疾的。因此,学习障碍经常被认为是学习上的残疾,或者更特殊指无法学习,即使没有肢体残疾。理解翻译问题以及跨文化残疾研究问题的含义有另一种办法,即可以研究 mundh buddhi 的例子,或智力障碍。我们的参与者相互交换着使用这两个术语。对他们来说,这两个词意义多样,指"有好的头脑但是选择不去使用",有"智力落后"或"大脑发育落后",或者由于心里有"不良的要求"而导致的智力问题等意思。一般来说,我们的参与者认为学习障碍比智力障碍更严重,因为智力落后,或 mundh buddhi,比起完全不能学习来说,问题小得多。持有这个观点的参与者认为至少智力障碍的人能够学习,他们仅仅是学得慢一点而已。

一位中年的参与者,这样解释这些术语:

  当我想到学习障碍时,我是很难过的,因为它意味着根本不能学习。我宁愿有智力障碍(mundh buddhi),因为至少我还能学。因此,智力障碍(mundh buddhi)更好一些。

在对一幅有一个笑着的儿童的图片进行评论时,一些参与者说:"她没有

---

① 这其中的一个例外是我们的一个耆那教徒参与者,他拥有西方大学的心理学硕士学位。

学习障碍,因为她在微笑。"访谈者询问他们给予这样评论的原因时,他们解释道:"如果你不能学习,那么你做每件事情就都必须依靠别人。当她需要别人为她做每一件事时,她不会感到幸福的。"另外一名参与者,一位从西方大学中获得博士学位的工程师,这样解释了他对学习障碍的理解:

> 如果你说你有学习障碍,我认为那是很糟糕的。如果你不能学习,你就无法做生命中的任何事情。如果你有智力障碍,你还可以慢慢地学。你就可以做一些简单的工作。但是如果你无法学习,那么你就什么工作都不能做。

这位参与者的观点是重要的,因为作为一个在美国工作40年并受过高等教育的人,他表明了在美国生活数十年后对文化理念的一种坚持。他和其他印度人拥有同样的对于认知残疾的理念,而那些人是最近的新移民或年轻的印度人。

最后,前面我们提过,我们参与者的文化定位是反对公开谈论残疾。因此,在他们感到文化上不适的时候,我们应努力使他们感到舒服。直接谈论我们的主题是困难的,尤其是在第一次访谈时。如果我们间接地获得参与者对认知残疾的理解,那么我们能更成功地引出我们的谈论话题,尤其是我们利用图片提示和决策树模型。

可能是由于勉强谈论残疾的缘故,我们发现我们很难接近残疾儿童的家长或残疾成年人。调查他们不愿意的原因,使我们揭开了这个特殊印度教社区的印度家庭的秘密。我们访谈过的一位印度教牧师描述它为"宗教罪恶"(religious guilt)的结果。尽管没有进一步的调查我们不能确保这种言论的正确性,但我们后来访谈的其他印度散居者也有同样的观点①。然而,我们的两个参与者的直系亲属患有认知障碍,并且他们仍然居住在印度。从这两位参与者的访谈中获得的访谈数据经过仔细的审查,他们对残疾人的观点和其他有或没有残疾亲属的参与者的观点有所不同,但是这些不同对报告中的结果没有影响。

综上所述,我们分析了数据中出现的三个问题。第一,我们发现了印度教哲学和残疾理念之间的关系。第二,我们发现参与者对认知残疾的理念和美国主流观念以及美国社会政策和实践中的观念之间存在明显的冲突。最后,

---

① 在进行数据分析后,我们可以访谈一位有着认知障碍的成年女儿的斐济印度母亲。这位印度教妇女从斐济迁移到美国。她确认了牧师的观点,和耆那教徒以及穆斯林教徒一样。

我们的参与者认为在谈论残疾时是很奇怪和不舒服的。不管他们是与社区中的人或外人谈论都是如此。这使得我们想接近有残疾成员的家庭存在很大的问题。在下一部分，我们将根据比较残疾研究涉及的更广泛的问题，来讨论我们研究发现的重要性。

讨　论

总的来说，我们的每一部分数据都与跨文化残疾研究有关。第一部分，印度教哲学与残疾理念的关系，是数据收集和分析的一个挑战。有三位印度学者Srivastava，Tripathi & Misra(1995)描述过这个联系，他们认为智力的问题包括"哲学的问题在纯粹的主流心理学的经验主义框架研究中是不容易被理解的……概念也不容易被翻译成西方的分类方式"(p.36)。这些作者认为智力(buddhi)是"被认为是最好的……人类拥有的实体。一个人能够通过他所做的事情或行动(karma)获得智力(buddhi)。智力也被认为是上帝赐予的礼物"(p.39)。他们的说法也支持了我们的发现，即印度教哲学中关于智力的问题和智力的概念是很复杂的。我们的参与者也认为智力对于积极的思考、形成有益的行动和选择正确的行为是非常重要的。相反，在美国诊断和治疗认知残疾的社会机构没有认识到任何宗教哲学和人类品质之间的关系。我们的研究结果说明在今后的跨文化残疾研究中，需要考虑到宗教或哲学可能会对与残疾相关的文化价值产生一定的影响。如果研究者和参与者不在同样的文化背景下，那么这种情况是尤其重要的。在我们的项目中，我们非常幸运地拥有一只横跨东西方的研究团队。我们的第一作者是一位美国出生的白人女性。我们的第二作者是一位在美国完成博士学位的印度女性，第三位作者是第一代的美籍印度人，他的父母从印度迁移到美国。第四位作者是美国出生的印度人，他是从加拿大迁移到美国的。尽管我们拥有文化资源，但是为了保证数据收集和分析的完整性我们仍然付出了艰辛的努力。因此，在项目的前期设计中，考虑到这些可能性对将来的研究是非常重要的。

第二部分，参与者与美国主流社会对残疾理念之间的冲突，是在任何有迁移者的社会中都存在的问题，但是这些冲突在东西方对立中尤其强烈。这部分可以被扩展为更广泛的方法学问题。研究者可以设计调查来发现理念系统冲突的解决办法。我们认为，在文化差异经常被忽视的政策中这种工作是非常重要的。例如，第一作者和第二作者是教育研究者，并且以前是印度和美国的特殊教育老师，他们能够证明一个事实，就是当老师引导学生做特殊教育评价时,很少考虑学生及其家庭的残疾理念。此外,诊断和治疗政策也没有考虑文化冲突的因素。使政策和实践更具有文化敏感性,将是这类研究的意义所在(Gabel,in press)。

最后部分,在谈论残疾时的不适感是在数据收集和分析中的另一个问题。对于这个问题,我们建议在一开始的访谈中采用其他方式引入话题。在这一点上,我们发现所使用的图片提示的方法很成功。我们不是直接开始询问关于残疾的问题,而是让参与者用本国的语言描述图片中残疾或非残疾的人。我们也发现在第二次访谈中一个问题是非常有帮助的。在这个问题中,我们要求参与者描述他们认为的智力障碍或学习障碍的人①。对个人的经历进行描述或构思对很多参与者来说是容易的,只要这些情节不是关于他们自己的家庭成员的。我们开始问的问题越直接,我们收集到的数据就越少。为了进行最有效的分析,研究者必须关注研究的文化群体的舒适程度,并在数据研究过程中考虑到这个问题。

我们认为我们的工作突出了跨文化的残疾研究中的一个基本问题:即不能假设概念或分类的可翻译性,尤其是当研究者和参与者有着不同的世界观。Dayal(1998)描述过跨越东西方鸿沟的挑战,他认为生活在美国的南亚人②和南亚的国土之间有着很强的纽带联系,这条纽带使他们不会被同化。他还认为,这个同化的阈值(threshold of inclusion)是很难跨越的。我们的研究认为,这个实际上可以被作为最基本的概念水平上的案例。我们的参与者,不管在美国生活时间的长短,在谈论认知残疾时,都表现出所谓的印度人的敏感性。这不能意味着所有的印度人在谈论认知残疾时都会有同样的表现。这仅仅意味着在大部分的有印度经历和信念的印度人中,这是非常有可能的。

结 论

综上所述,我们所做的很多方法学上的决定还是很有道理的。总体而言,第一次访谈中使用的图片提示方法对于收集语言信息和了解参与者对

---

① 术语"智力障碍""学习障碍"与参与者谈论残疾人时使用的方式是一致的。一个智力障碍的人被称为"mundh buddhi hai",而不是"一个有智力障碍的人"。这个不同说明了人们对待残疾的特殊的模式。

② 我们的印度参与者是南亚人。

谈论残疾的感受还是很有帮助的。我们前面提到过,第三次访谈包含了建立分类树的内容,这对于帮助我们理解参与者思考认知残疾的方式是最有效的。然而,我们也犯了一些错误,这限制了我们实现最初设想的能力。我们希望能够征募到一些有残疾的家庭成员并一起生活的参与者。然而,我们没能做到,我们只联系到两个家庭,这两个家庭的残疾家庭成员生活在印度。作为被研究社区的成员之一,我们的把关人(守门人,gate-keeper)在访谈中的出现,在有残疾家庭成员的参与者中引起了某些抵触情绪。我们发现这与社区的文化意识是一致的,与内部自己人相比,他们更愿意和外来的专业人员谈论残疾。

　　下一次选择参与者,我们会做哪些改进呢?最重要的是,我们不能假设我们能够为研究做好前期的分类工作,虽然在这篇文章中我们还把前期的数据收集策略作为一个方法学的问题。我们不能假设我们和我们的参与者对于同样的术语有同样的理解,即使我们在谈论同一件事情。与其用我们自己的概念分类开始工作,不如尽可能地收集我们的参与者在日常生活中使用的概念和分类。为了达到这个目的,我们还是要和参与者谈论残疾,但可以从更广泛的概念开始:"人"(person),"自我"(self),或"智力"(intelligence)。使用这个策略的问题是即使这些似乎没有伤害性的概念,例如"人",也存在一些无法解决的概念上的问题(Wierzbicka,1993;Shweder,1991;Spiro,1993;Crapanzano,1990;Roseman,1991;Fadiman,1997;Parish,1991)。

　　为了尝试理解我们的参与者的广泛的概念的多样性,我们应通过问自己一些问题来进行我们的研究设计:如何在语言和文化上利用这些变量?在每天的对话中,何时、如何发挥它们的作用?使用什么样的"本国的"术语?我们如何能从参与者的对话中理解这些术语?我们现在明白,最后一个问题和我们一年前理解的有很大的不同,那时我们开始问的问题是"我们的参与者会怎样谈论我们的术语?"一个参与者在我们研究早期就暗示过这个问题。他在美国生活了5年,但是有很亲近的家庭成员生活在印度。当被要求谈论关于认知残疾时,他表现出很多参与者所有的疑惑。他的最后的两次谈话也总结了大多数参与者对于谈论残疾所表现的普遍的态度。

　　　　在印度我们不谈论这些事情。它不算是什么。如果一个人 pagal(疯了),或 mundh buddhi,或 dimaagi kamzori(大脑有问题),你仅仅是和它生活在一起。你叫它什么并不重要。如果你有钱,你应该尽力使那个人生活的更舒服一些或者找到治疗的方法,但是大多数印度人没有钱做这些事。我始终在研究为什么美国人要大量的谈论这些事情,我不能理解。印度人遭受了残疾,但是我们并不抱怨这种生活。

(庞丽华、解韬译,陈功审校)

参考文献

Bernard, R. (1995). *Research Methods in Anthropology: Qualitative and quantitative Approaches* (2nd ed.). Walnut Creek, CA: Sage Publications.

Bohannan, L. (1996). Shakespeare in the Bush. *Natural History*, August/September.

Crapanzano, V. (1990). On Self Characterization. In: J. Stigler, R. Shweder & G. Herdt (Eds). *Cultural Psychology: Essays on Comparative Human Development*. New York: Cambridge University Press.

Dayal, S. (1998). Min(d)ing the Gap: South Asian Americans and Diaspora. In: L. Shankar & R. Srikanth (Eds), *A part Yet Apart: South Asians in Asian America* (pp. 235—266). Philadelphia, PA: Temple University Press.

Denzin, N. (1997). Interpretive Ethnography: Ethnographic Practices for the 21st Century. London/California/New Delhi, India: Sage Publications.

Fadiman, A. (1997). *The Spirit Catches You and You Fall Down: A Hmong Child, Her American Doctors, and the Collision of TWO Cultures*. New York: Farrar, Strauss, and Giroux.

Fay, B. (1975). *Social Theory and Political Practice*. London: Unwin Hyman.

Gabel, S. (in press). Cultural Orientation, Disability, and Dilemmas of Transition. *Focus on Autism and other Developmental Disabilities*.

Fay, B. (1993). Intelligence Testing: Western Ontology and Control of Perceived Deviance. *Disability Studies Qauarterly*, 13(3), 30-32.

Gupta, R. S., & Kapoor, K. (Eds) (1991). *English in India. Issues and Problems*. Delhi, India: Academic Foundation.

Hallahan, D., Kauffman, J., & Lloyd, J. (1999). *Introduction to Learning Disabilities* (2nd ed.). Needham Heights, MA: Allyn and Bacon.

Kumar, S. (1999). Personal conversation. Ann Arbor, M1. February 18, 1999.

McKechnie, J. (Ed.) (1983). *Webster's Unabridged Dictionary* (2nd ed.). New York: Simon and Schuster.

Mehan, H., Hertweck, A., & Meihls, J. L. (1986). Handicapping the Handicapped: Decision Making in Students' educational Careers. Stanford, CA: Stanford University Press.

Parish, S. (1991). The Sacred Mind: Newar Cultural Representations of Mental Life and the Production of Moral Consciousness. *Ethos*. 19. 313—351.

Peters, S. (Ed.) (1993). *Education and Disability in Cross-Cultural Perspective*. New York: Garland Publishing, Inc.

Priestley, M. (1998). Constructions and Creations: Idealism, Materialism, and Disability Theory. *Disability and Society*, 13(1), 75-94.

Roseman, M. (1991). Head, Heart, Odor, and Shadow: The Structure of the Self, the Emotional World, and Ritual Performance among Senoi Temiar. *Ethos*. 227—251

Rossman, G., &Wallis, S. (1998). *Learning in the Field. An Introduction to Qualitative Research* Thousand Oaks, CA: Sage Publications.

Sen, A. (1992). *Mental Handicap Among Rural Indian Children*. Delhi, India: Sage Publications.

Shakespeare, T(1997). Cultural Representation of Disabled People: Dustbins for Disavowal? In: L. Barton&M. Oliver(Eds), *Disability Studies. Past, Present, and Future* (pp. 217-236). Leeds, England: The Disability Press.

Shakespeare, T, &Watson, N. (1997). Defending the Social Model. *Disability and Society*, 12 (2). 293-300.

Shankar, L. D., & Srikanth, R. (Eds) (1998). *A part, Yet Apart: South Asians in Asians America*. Philadelphia, PA: Temple University Press

Shweder, R. (1991). *Thinking Through Cultures: Expeditions in Cultural Psychology*. Cambridge. MA: Harvard University Press.

Spiro, M. (1993). Is the Western Conception of the Self Peculiar within the Context of the World Cultures? *Ethos*, 21(2). 107-153.

Srivastava, A. Tripathi, A., &Misra, G. (1995). Western and Indian Perspectives on Intelligence: Some Reflections. *Indian Educational Review*. 30(2), 30-45.

Tharoor, S. (1997). *India: From Midnight to the Millennium*. New York: Arcade Publishers.

Trent, J. (1994). *Inventing the Feeble Mind: A History of Mental Retardation in the United States*. Berkeley. CA: University Of California Press.

Trupin, L., &Rice, D. (1995). Health Status, Medical Care Use, and Number of Disabling Conditions in the United States. *Disability Statistics Abstract*. Number 9. Washington D. C.: U. S. Department of Education.

U. S. Department of Commerce Bureau of the Census (1990). Census of Population and Housing: Summary Tape File 3A-27/MSA/Race P009/Asian Indian. Washington D. C.: Department of Commerce.

U. S. Bureau of Immigration and Naturalization (1999). Washington D. C.: INS.

Vlachou, N. (1998). *Struggles for Inclusive Education*. England: Open University Press.

Vyas, S. (1996). Special Education in Indian Educational Organizations: The Social Construction of Learning Disabilities in Schools in Bombay. Paper presented at the American Educational Research Association. San Diego. CA.

Wenger, B. , Kaye, H. S. , & La Plante, M. (1996). Disability Among Children. *Disability Statistics Abstract*. Number 15. Washington. D. C. : U. S. Department of Education.

Wierzbicka, A. (1993). A Conceptual Basis for Cultural Psychology. *Ethos*, 21(2), 205—231.

Witherspoon. G. f 1977). *Language and Art in the Navajo Universe*. Ann Arbor, MI: The University of Michigan Press.

Wolcott. H. (1995). *The Art of Fieldwork*. Walnut Creek, CA: AltaMira Press.

对新闻和残疾研究的内容分析方法：
来自美国和英格兰的个案研究[*]

贝思·A.哈勒和苏·M.拉夫

前 言

在社会科学研究领域，媒体内容的分析是一个有用的工具，它被认为是"非干扰性的研究"(unobtrusive research)。这意味着一个项目的研究可以几乎不受到干扰。在本文中，我们从两个方面对内容分析这种方法学进行分析：(1)定量的内容分析从总体上告诉我们美国主流新闻媒体是如何覆盖残疾问题的；(2)定性的内容分析告诉我们，英国的新闻媒体，包括主流媒体和小报，是如何报道关于残疾人负面评价的特殊事件[①]。通过对美国和英国的报纸故事的定性和定量研究，我们相信我们能够说明适当的内容分析帮助我们理解了现代新闻媒体是如何报道残疾问题的。

媒体是社会的重要镜子。由于在建筑、沟通、教育、交通等方面存在的障碍，与其他社会群体相比，普通公众与残疾人的接触更少一些，因此在残疾问题上，媒体对普通公众形成问题的看法是至关重要的。因此，媒体内容告诉我们公众正在接受关于残疾的什么样的信息。关于定量案例研究，我们主要着眼于1998年美国主要的报纸上关于残疾的新闻故事，并与Clogston在20世纪90年代初的研究(1989,1990a,b,1991,1992a,b,c,1993a,b)以及Haller在20世纪90年代中的研究(1995a,b,1996)进行对比，以阐明是否发生了变化。关于定性个案研究，我们着眼于英国报纸对发生在1999年的Glenn Hod-

---

[*] 社会科学研究与残疾，第二卷，
  理论与方法研究，229—253页
  Elsevier Science Ltd. 版权所有 © 2001
  ISBN:0-7623-0773-0

[①] 本文使用了在英国和美国都能接受的术语，在美国使用的残疾人是"people with disabilities"，英国使用的残疾人是"disabled people"。

dle 事件的报道,在该事件中英国国家足球队长由于对残疾人的负面言论而遭到解雇。由于足球在英国几乎是一种宗教信仰,足球教练的过分言论导致媒体长达一周的疯狂报道,在其中残疾人首次在新闻报道中占据了主要的角色。

内容分析方法

Babbie 强调适当的内容分析是要进行大量的信息研究。内容分析方法能够回答 Laswell 式的对信息研究的问题:"谁对谁说了什么,为什么、怎样说的,以及有什么效果。"(1989,p. 294)本研究调查了新闻媒体通过使用资源报道了什么样的残疾事件,用了什么样的语言,使用了什么形象,产生了什么样的效果。Janowitz 大体上解释了有关术语"无论什么情况下对象征性行为的观察,都含有内容分析的成分"(1968,p. 647)。他认为,Harold Lasswell 通过使用定量分析方法帮助改革了内容分析的方法。尽管由于 Lasswell 的宣传研究,他被认为是定量内容分析的现代创始人,但是 Krippendorf 解释道,信息内容的经验主义研究早在 17 世纪就已经开始使用,而在那时宗教领袖们担心非宗教的信息通过报纸进行传播(1980)。

大众媒体的内容分析要寻找两种不同类型的内容:表面内容(manifest content)和潜在内容(latent content)。Lasswell 认为内容分析应该包括这两种类型(Janowitz, 1968)。表面内容指可以直接观察到的,对一个信息的真实特征(Babbie,1989)。例如,一个表面内容分析可以着眼于报纸中残疾术语的使用。潜在内容在信息中包含了一些含义,需要研究者进行推论(Babbie,1989)。例如,美国的主要报纸,如《纽约时报》,在 20 世纪 90 年代晚期仍然在某些关于残疾人的报道中使用"残障"(handicapped)一词,这有什么样的含义?

> ……对 Lasswell 来说,内容分析包括在解释模糊不清问题时,对历史、文化、心理和法律框架的各层次意义、微妙含义和成效等的应用。在最广泛意义上来说,内容分析是对推论过程进行客观化的一个系统,因为象征环境(语境)的意义只能从推论的过程中得到(Janowitz, p.648)。

通过内容分析对大众传媒内容进行研究,使得研究者能够研究社会和媒体的各个方面。因此,研究者能够通过调查大众媒体的内容来了解一个特殊文化的特征。"最基本的假设是不管在媒体内容上有什么变化或规律,它都能可靠地反应或报道当时社会的真实方面……文化指标分析的目的经常是检验随着时间的变化,来自媒体的主张和建议对社会的影响,同时它也是一种研究自身权力的社会变化以及比较不同国际社会和文化的方法"(McQuail,1989,p.178)。但是正如 Wright 所说,"然而,大众媒体的内容不是'为它自己所说的',它的意义可能不是不言而喻的。媒体内容可以从多种观点来进行分类和分析"(1986,p.125)。例如,对于 Glenn Hoddle 事件的定性个案分析,可以通过新闻媒体的报道来帮助我们理解英国社会对残疾人的信仰特征。

除了研究媒体中一种文化的反应,内容分析也能够被用来评价媒体的表现。例如,研究者通过研究新闻故事或电视节目中的内容,了解在大众媒体中观念的差异性(McQuail,1989)。内容分析可以展现如何对不同的观点和少数群体进行报道和描述,从而反应这些群体被主流媒体的接受程度。例如,利用关于残疾的新闻故事中的消息来源,可以来调查有多少不同的观点正在融入或无法融入媒体。

新闻媒体构思残疾主题和残疾人内容的方法支持了 Graber(1989)的观点,即新闻记者会选择新闻的内容和结构,以便使那些读、看和收听他们故事的人能够产生真实感。但是因为新闻记者和观众通常是在同样的文化背景中,所以他们之间可以进行交流。内容分析的应用需要明确一点,即大部分的西方社会都拥有大众媒体文化,在这种文化中市民通过个人经验和大众传媒信息来理解"真实性"。正如 Shoemaker & Reese 所解释的:"如果我们假定媒体提供了人们个人经验之外的大部分的'真实性',那么研究媒体内容一定会帮助我们评价媒体提供了哪些真实性。"(1996,p.28)

新闻媒体使人们意识和了解社会真实性的特点的能力符合 Max McCombs & Don Shaw 的议题设置(agenda-setting)的概念(1972)。McCombs & Shaw 告诉我们,媒体不仅应告诉他们的观众思考什么,而且应该告诉他们对某些社会问题应该如何去思考(1993)。因此,McCombs & Shaw 相信新闻记者构思新闻的方式应该与议题设置密切相关:"新闻议题主题的选择和这些主题故事的架构的选择都是议题设置的重要角色,都有重要的伦理责任。"(1992,p.813)例如,关于残疾人的新闻故事在新闻媒体中扮演的属性能够影响公众对残疾话题的观点,并且可能影响人们对残疾人的态度。

在发展内容分析所使用的特殊技术时,我们需要考虑所有这些问题。McQuail 对传统的定量内容分析方法的解释是:

(1)确定内容的总体或样本;(2)建立一个与研究目的相关的分类框架(例如,一组政党或国家);(3)从内容中选择一个"分析单元"(词,句子,条目,故事,图片,序列等);(4)通过计算在分类框架中条目的数量,将内容和分类框架进行匹配,包括每一个被选择的内容单位;(5)根据在所收集资料中出现的频率,解释总体或样本整体分布的结果(McQuail, 1989, p. 183)。

由于这种方法会提供一个更大范围的统计学结论,因此它非常适合去研究在某一给定时间媒体的表现如何与其他观点相关联,以及如何与社会或文化因素相关联。例如,内容分析被用在研究媒体内容的广泛范围,从20世纪50年代的少儿电视节目中的广告(Alexander et al., 1998)到音乐电视中的性别问题(Gow, 1996),再到电视新闻杂志对犯罪意识形态内容的描述(Grabe, 1999)。所有这些分析揭示了媒体文章中潜在的含义以及社会文化中的内涵。Janowitz解释道,大众媒体的内容能够提供社会文化的两个不同指标:"大众媒体的内容是社会组织和社会或群体价值体系的反应。与此同时,大众媒体的内容是社会变迁的目的要素,也是社会群体目标和价值改变的代表"(1968, p. 648)。

因此,新闻媒体的内容使我们能够理解在描述残疾人及其关注的问题时新闻媒体的价值。反过来,也帮助我们评价残疾人的社会地位,以及在有关他们的问题方面,社会文化是否发生了改变。

定量内容分析:新闻故事中对残疾的描述

为了了解美国新闻媒体中有哪些关于残疾的报道,本研究收集了1998年美国主要报纸和新闻杂志关于残疾的新闻故事,并归纳在一个有294个问题编码的表格中。我们选择了11种报纸和新闻杂志,主要是因为它们发行量大,并且它们作为议题设置的精英媒体在美国具有显著地位(表1列出了这些报纸和新闻杂志的发行量,以说明它们覆盖多少读者)。

尽管很多大众信息研究也揭示了大众媒体对美国文化生活的影响,但我们应该知道内容分析并不是要说明新闻故事对听众有明显的影响。内容分析能够显示不同的观念和少数群体是如何被报道的,例如残疾社区。反过来,也反映了主流媒体对这些群体的可及性。内容分析是对内容进行判断,而不是评价媒体的效果。在这种情况下,它允许我们去观察某些新闻记者在新闻内容中表现出来的行为。

表 1　1998 年印刷媒体的发行量①

出版物	每日（周一到周五）	周日	每周
日报			
华尔街日报	1820186		
今日美国（周一到周四）	11715245		
纽约时报	1110143	1650179	
洛杉矶时报	1095007	1385373	
华盛顿邮报	808884	1110703	
芝加哥论坛报	655522	1034440	
费城问询者报	433489	871659	
巴尔的摩太阳报	327102	473666	
新闻杂志			
时代			4155806
新闻周刊			3177407
美国新闻和世界报道			2224003

假设很多读者从这些报纸和新闻杂志的故事中获得了他们认为"真实的"关于残疾的报道。电视新闻不包括在本研究之内，因为在 1998 年仅有 34 个关于残疾的报道，对电视新闻来说使用定量分析不是一个恰当的研究方法（Haller,1999）。尽管美国公众认为电视新闻是最经常使用的新闻资源，但是更经常的是，公众认为报纸是最有价值的新闻资源（Schwartz,1996）。因此，我们认为报纸和新闻杂志达到"舆论领袖"（opinion leader）的水平，能通知到最想得到信息的人群。

数据中的大部分的出版故事都是从 Lexis-Nexis（网上信息检索系统）中收集到的，但研究中的三种出版物——费城问询者报、华尔街日报和芝加哥论坛报——在 Lexis-Nexis 中没有被列出或仅有摘要，因此是从他们的网站中获得的资料。我们使用了如下的检索词"残疾的"（disabled）、"残疾"（disability）、"残疾"（disabilities）和"残障的"（handicapped）。所有包含这些词的内容都进行了评估，其中与残疾主题或残疾人无关的内容被删除。例如，在残疾列表中

---

①　*Gale's Directory of Pubilshed and Broadcast Media*,132 edtion,1999.

关于运动员的故事就被删除；餐厅列表中"残障人员可以通行"（handicapped accessible）这样的内容也被删掉。但是任何包括关于残疾人的故事，即使与故事的其他部分不相关，也仍然会保留在样本中。本研究的局限性是它会丢掉关于个体残疾的故事，如果故事中没有使用这四个术语中的任何一个，例如一个故事中使用了"失明"而不是"残疾"。然而，因为本研究关注的是普遍的残疾主题和残疾人问题，使用上述四个检索词是最可行的方法，尽管会稍微限制了研究中的故事的数量。

出版样本包括1998年10月和11月八种报纸的故事，以及三种新闻杂志在1998年全年的故事。数据收集的结果是在1998年10月和11月共256个故事。选择这两个月是因为国会、最高法院和学校都在工作时间，而且10月份是美国商业部的"全国残疾人就业宣传月"。每个月都有30～31天，因此我们希望这些月份可以为我们的研究提供更多的故事。为分析文章而编制的编码表格要寻找故事发生的地点、提到的残疾的种类、使用的资料来源的种类、提到的残疾主题和使用的残疾语言等。我们的分析寻找了故事所涵盖主体的广泛的多样性，并允许在一个故事中出现多个主题。这些主题在文章样本的预实验中发展出来，并和残疾人活动家进行咨询。本研究并不是要试图给出覆盖全部残疾问题的结果，而是通过对这两月的分析展示目前关于残疾新闻报道的趋势，同时和 Clogston 以及以前 Haller 的研究进行比较。我们使用三组编码来对故事进行分析。所有人都经过内容分析的培训，并且所有三组编码以前已经对与残疾有关的故事进行了分析。

表2列举了每种出版物的故事的数量。最突出的是《芝加哥论坛报》和《费城问询者报》，可能由于在 Lexis-Nexis 中的缺失。在他们的网站上收集这两份报纸的文章获得了最大数量的残疾故事，是因为他们拥有大量的郊区（suburban）版面和街区（section）版面，这使得检索更为容易。尽管 Lexis-Nexis 也覆盖了一些郊区版面，但是我们不清楚它是否覆盖了特定的街区版面。

表2　每种印刷出版物故事的数量

出版物	频数（$N=256$）	百分比（%）
日报（1998年10月和11月）		
费城问询者报	70	27.2
芝加哥论坛报	52	20.2

续 表

出版物	频数($N=256$)	百分比(%)
纽约时报	38	14.8
洛杉矶时报	29	11.3
巴尔的摩太阳报	20	7.8
华盛顿邮报	18	7
今日美国(周一到周四)	7	2.7
华尔街日报(周一到周五)	6	2.3
新闻杂志(1998年全年)		
时代	6	2.3
每周新闻	5	1.9
美国新闻和世界报道	5	1.9

关于放置的部位,关于残疾的故事似乎最经常被放在局部角落(local angle)的地方。表3说明,超过60%的故事被放在地铁版面或郊区版面。仅有14%的故事被放在国家新闻版面前面。由于收集方法的原因,《费城问询者报》郊区版面的故事最多,占57%。这份报纸有大量的针对城市周围县城的郊区版面,有数位自由作家似乎很积极的报道县城中的与残疾相关的故事。然而,《洛杉矶时报》在其地铁版面的故事所占比例最大,达到69%。《洛杉矶时报》也是最有可能在故事中使用照片的(62%),它将38%的残疾故事放在前面的版面。

表3 印刷故事在出版物版面的位置

版面	频数($N=256$)	百分比(%)
地铁版面/地方版面	95	37.0
街区/郊区版面	61	23.7
头版/国家版面	35	13.6
时尚/特写/娱乐	19	7.4
商业	15	5.8
周日杂志	10	3.9

续 表

版面	频数（$N=256$）	百分比（%）
运动	6	2.3
健康版面	5	1.9
技术/科学	3	1.2
房地产/住房/花园	1	0.4
旅游	1	0.4
不能归类的	5	1.9

然而,这些故事中很多表现出"启发的"(inspirational)方面,作者选择这些故事似乎为了平衡在地铁版面中那些硬新闻(hard news)。例如,一个故事是关于一个聋人妇女找到了照顾宠物的一份工作(Glionna,1998);另一个故事是关于当地仅有一只手臂的吉他演奏者(Ricci,1998)。这些都是新闻记者们所谓的"无价值的"故事,特点就是使读者"感觉好",但是却没有新闻价值。这两个故事也包含了一些同情和一种启发性的语气,却没有给出任何实质性的残疾主题"新闻"。另一方面,《洛杉矶时报》在它的地铁版面头版中就报道了很多有实质内容的残疾故事,例如关于在精神病治疗机构或其他不适当团体中的残疾孩子的深入报道。这个故事的特点是来自残疾专家的精彩点评,这些专家解释了相关的制度化问题(Rainey,1998)。尽管只有很少的故事,《华尔街日报》将6个故事的4个放在了版面的头版位置。

大多数的故事是新闻(48%)而不仅是特写故事(37.5%),因此在新闻内容上,残疾主题是与有新闻价值的信息相联系的。表4列出了各种类型故事的百分比。虽然《费城问询者报》的有些故事是放在郊区版面中的,但是大多数仍然是新闻(53%),而不仅仅是特写故事(39%)。由于有大量的残疾故事,《费城问询者报》也是最有可能提及美国残疾人法案(ADA)的,在提到ADA的29篇新闻中,它占了10篇。《芝加哥论坛报》中的有最多的基于特写的故事(50%)。研究中的这些故事都有一定的长度,67%的长度都大于六英寸。内容分析能够给出这种类型的信息,即故事的长度揭示了细节特征类型的信号趋势。例如,故事越长被认为越有深度,因此将关于残疾的故事写得长一些是写得好的标志(参见表5)。

表4 印刷故事的类型

故事类型	频数($N=256$)	百分比(%)
硬新闻	123	47.9
特写	96	37.5
新闻摘要	24	9.3
特别专栏(信息,不是观点)	7	2.7
新闻分析	5	1.9
其他(电视节目回顾/故事)	1	0.4

表5 印刷故事的长度

故事长度	频数($N=256$)	百分比(%)
中(6—17英寸)(500—1199个单词)	133	51.8
短(2—5英寸)(76—499个单词)	77	30
长(6—17英寸)(1200个单词及以上)	39	15.2
摘要(1英寸或更短)(少于或等于75个单词)	7	2.7

本研究也尽力评价在故事中提及的残疾的类型。正如预期那样,由于我们使用的是一般的检索词,一般意义上的残疾人占有最大的比例,占54%。然而,更为有趣的发现是,提到的大量的残疾与认知残损有关。学习障碍排在残疾被提及最多的第二位,占14%,排名前十位的还有智力障碍(12%),精神疾病(9.3%),情绪障碍(6%)。表6中列出了所有被提及的残疾类型。与之相反,Haller在1995年进行的内容分析研究中发现,关于ADA的新闻故事,学习障碍被提及的比例为2.7%,智力障碍为4.8%($N=524$)。在1998年新闻内容中的残疾类别与主题的发现紧密相连,这些发现表明很多出版故事是关于教育和儿童的问题。

表6 印刷故事中前15种的残疾类型

残疾类型（共40种特殊类型）	频数（$N=256$）*	百分比
总体状况：有躯体或精神残疾的人	139	54.1
学习障碍/阅读困难	37	14.4
运动障碍（要求使用轮椅）	36	14
智力障碍	30	11.7
主要精神疾病	24	9.3
失明/仅有部分视力	20	7.8
失聪/听力受损	17	6.6
情绪问题/情绪障碍	16	6.1
瘫痪/四肢麻痹	14	5.4
口吃/失语	13	5.1
脑瘫	12	4.7
孤独症	12	4.7
多发性硬化症	11	4.3
艾滋病	10	3.9
艾滋病病毒携带者	9	3.5

*在一个故事中可以有超过一种残疾类型被提及。

一些故事从正面或负面报道了学校的特殊教育项目。例如，Baltimore Sun 的故事认为一个县的特殊教育项目"过于膨胀"，因为其在区域预算中占有很高的比例(Antonelli,1998)。但是，故事也对此观点进行了解释，由于很多学生被错误地认为有学习障碍，导致了该项目的负担过重。其他有关残疾和教育的，已经出现或在将来可能变得更为主要的问题是，在校期间需要医疗服务的残疾儿童问题。《芝加哥论坛报》的一则故事报道了伊利诺伊州的一个校区要求年幼的孩子自己管理自己的处方药(Manier,1998)。

根据故事所覆盖的主题，本研究确定了一种与教育和儿童有关的故事趋势。表7表明，有关儿童残疾的故事排第一位，占23.3%。此外，全纳教育(inclusive education)主题的占17%，普通教育(general education)主题的占10.5%，两者都在前10位排名之中。与之相反，Clogston(1990a)在对残疾相关新闻故事的内容分析中发现，有关普通教育的仅占2.6%，在主流媒体中仅占 2.4%。Haller 在对涉及 ADA($N=524$)的新闻故事的内容分析中发现,故事中提及教育的仅占 4.6%(1995a)。

表 7　出版故事的主题的前 15 名

主题(共 74 特殊分类)	频数($N=256$)*	百分比(%)
残疾儿童	60	23.3
残疾项目的政府基金	49	19.1
教育——主流/全纳	44	17.1
健康服务的获得和成本	30	12.1
态度障碍	29	11.3
教育问题——普遍的	27	10.5
工作的可获得性	26	10.1
老龄/老年问题	19	7.4
娱乐/运动的可获得性	19	7.4
残疾项目的私人基金	18	7
对残疾人的普遍歧视残疾人	17	6.6
建筑的可获得性	17	6.6
特殊教育的隔离	16	6.2
独立生活	16	6.2
交通的可获得性	14	5.4

* 在一个故事里主题多于一个。

关于语言的使用,新闻媒体似乎都能够理解,术语"残障"(handicapped)不再是个被接受的词语。"残疾人"较少有污蔑的语言,在 1998 年的新闻故事中最经常被使用。表 8 中列举了在新闻故事中使用的术语。有趣的是,《纽约时报》被认为是在所有出版媒体中议题设置最好的报纸,但却最可能使用术语"残障",尽管它只占了 25 篇使用该词语的文章中的 5 篇。较早的新闻故事的内容分析显示,"残障"已经从大多数的故事中消失(1.8%),而更多地使用"残疾的"(disabled)(11%);而"残疾人"(people with disabilities)仍然不是 ADA 相关新闻故事中使用的最主要的术语(1.8%)(Haller,1995a)。

表8　印刷故事中使用的残疾术语

术语	频数($N=256$)*	百分比(%)
残疾人(People with Disabilities 或 People with a Disability)	63	24.5
残疾人(The Disabled)	39	15.2
残障的(Handicapped) 有残障的人(The Handicapped 或 Handicapped People)	25	9.7

*在一个故事中使用的术语可以超过一种,或者不用。

对于定量内容分析的批评之一是认为它仅考虑新闻文章的表面,而不考虑文章的内容。但是,内容分析的百分比显示了关于覆盖率、故事来源或某些主题等的重要的发现,并允许我们理解媒体对待残疾的"行为"。例如,来自内容分析的数据揭示了一个未曾预想过的发现,也是值得进一步研究的发现:在很多重要的报纸故事中,残疾主题、教育和儿童之间存在显著的联系。对此有一些常识性的解释。第一,故事是从10月和11月份收集来的,当时所有的美国学校都在开学期间。第二,强制性的公共教育是美国社会的一个重要特征,已经持续数十年,每种美国报纸,不论大小,传统上在他们的地理社区中都会覆盖有教育和学校机构。第三,自从1975年《残疾人教育法案》(IDEA)成为法律之后,关于残疾儿童的全纳教育成为地方残疾活动者和残疾儿童家长们的重要的关注焦点。因此,出版媒体正在覆盖与残疾相关的教育问题,这一发现与1990年他们的研究结果(Clogston,1990a)相比是非常重要的。

内容分析也考虑在新闻故事中的资料来源,并且表明新闻记者们通常不会写一些将残疾人作为资料来源的故事(36%)。媒体的新闻记者更愿意把残疾人作为他们新闻故事中的例子而不是作为资料来源。但残疾人本身却更愿意成为特写故事的来源(48%),而不仅是作为新闻故事(17%),因为这意味着他们不是被用在更有力度的主题中。这些内容分析给普通公众这样的信息暗示:残疾人不能为自己讲话。这显然是不真实的,但是这可能就是留在读者心目中的印象。

然而,残疾人和地方残疾组织的确可以在报纸和新闻杂志故事中拥有"发言权"。残疾人(24%)或他们的家庭(24%)是在故事中最常出现的资源,这是一个非常好的信号。地方残疾组织占故事资料来源的10%。被媒体忽视的是国家残疾组织,这也是个意外的发现,因为本研究中使用的报纸和新闻杂志都是美国最大的媒体,有些甚至被认为是"国家级的"报纸。新闻工作者的故事具有一定的地方化特点,这以说明国家残疾资料来源的缺失。

综上所述,定量的内容分析给了我们很多重要的发现,帮助学者或残疾组织理解关于残疾问题的社会信息。对于残疾组织来说,能够指导他们发展更好的媒体关系策略。例如,我们发现很多新闻记者不使用残疾人作为新闻资源,内容分析可以提供信息指导,即残疾组织必须积极(pro-active)影响新闻机构,在新闻故事中获得一席之地。

定性内容分析:Glenn Hoddle 事件

定性分析增加了丰富性,是一种基于背景的内容分析。它有助于揭示用于刻画残疾人特征的媒体框架和主题。在英国媒体的研究中,我们围绕导致媒体五天疯狂的关于残疾人的负面报道,即 Glenn Hoddle 事件,运用了定性评估方法。在英国,足球几乎被认为是一种"宗教",拥有大量的忠诚的,经常是疯狂的球迷。很多足球运动员拥有高额的薪水,并且被当作"明星"对待;有些甚至被他们的追随者所"崇拜"。

Glenn Hoddle 在 1996 年加入英格兰国家队之前,享受着作为一个杰出足球运动员的生活。16 岁时,他开始了职业运动员的生涯,在伦敦的足球队——托特纳姆热刺(Tottenham Hotspurs)作队员。在由于伤病退役之前,他 53 次被选中参加国家队的比赛。此后他开始了他作为英格兰足球队教练的生涯,指导英格兰队战胜了法国和意大利,使国家队获得了参加世界杯的资格。然而,Hoddle 由于其宗教信仰问题,他与信仰治疗师 Eileen Drewery 的关系,以及他对球员的公开批评,很快变成一个有争议性的人物。Hoddle 自称是一个天生反对基督教的人,而且谈论关于转世和信仰治疗的话题。事实上,他雇用他的宗教导师 Drewery 在国家队工作。但是,1998 年他的职业生涯开始走下坡路,英格兰队在世界杯的比赛中没能获胜,在第二轮比赛中输给了阿根廷队。他在他的书中指责英格兰队的表现,加之对某些球员的处理,这些激怒了更多的人(1998)。最终,在 1999 年初,他关于残疾人的言论导致他被解雇。

因此,当新闻媒体都关注英国社会的残疾人时,定性内容分析使我们可以分析这次的批判性事件。媒体内容的分析要揭示,当运动和残疾人交叉在一个新闻事件时,哪个主题是英国社会的优先主题?正如 Christians 和 Carey 对评价新闻事件的定性解释:"任何重要的事件都被在某种意义上接触整个人类和历史的联系网络所包围着。"(Christians & Carey, 1981, p. 351)

Christians 和 Carey 认为定性研究的任务就是更好的理解在媒体文章中要阐明的意义。这个目标就是发现"什么是媒体中要阐明的意义和价值？它们与生活的其他方面是什么关系？"(Christians & Carey, 1981, p. 351)。正如 Altheide 所说,这种类型的分析要说明在媒体文章和文化之间的沟通的意义(1996)。关于残疾人的新闻是至关重要的,因为在 1995 年英国通过了《反残疾人歧视法案》,英国正在努力变成一个更加包容的社会。按照 Christians 和 Carey 的观点,定性研究者应该评价语言的、非语言的和图像符号,定性分析应该整合从 Hoddle 事件媒体报道中过滤出来的,精华的以及小报上的新闻故事、评论、图片和卡通图片等,将其作为全部的研究信息。

我们收集了在 1999 年 1 月 30 日至 2 月 3 日之间的所有小报和主流英语报纸,寻找关于 1 月 30 日 Glenn Hoddle 在《伦敦时报》上对残疾人言论的报道。由于对高价足球教练的高度关注以及英国公众对国家足球队的兴趣,所有的英语报纸都报道了这个新闻;大部分不仅是一条而是若干个故事,并附有照片、观点、编辑的卡通图片和评论等。分析完所有的报纸内容后,我们可以确定几个主题。他们包括:

- 残疾人已经"遭受足够多的痛苦",不应该再被看成"罪人"。
- Hoddle 的非正统的宗教信仰导致了他的毁灭。
- Hoddle 作为国家足球队长的失败是真正的问题所在。
- Hoddle 关于残疾人的言论犯了太大的政治错误而不能够被容忍。

我们对所有的媒体内容进行了定性分析,关于这些主题在 Hoddle 事件中如何被展示出来,我们这里讨论最具有说明性的例子。

通过使用定性和定量分析,内容分析的方法论得到了发展。然而,对于 Glenn Hoddle 事件的个案来说,单独使用定性分析是完美的,因为它发生在很短的时间段内,叙述性的描写能最好的表达其中的发现。正如 Altheide 解释到,定性方法的研究者都更主动地倾向于使用叙述性的描写方式。

Glenn Hoddle 事件源于 1999 年 1 月 30 日《伦敦时报》的一则访谈。Hoddle 开始进行一个全国性的讨论,他宣称残疾人是"在赎罪","他们的残疾是对他们前世罪过的惩罚"(Dickinson & Farrel, 1999, January 30, p. 1)。接下来的一周时间,他的这些语言几乎占据了每一种全国性报纸的头版以及英国的电视和广播新闻栏,"你和我都被给予了两只手和两条腿,还算不错的大脑。一些人出生时不是这样,是有原因的。这是来自另一个生命时间内的因果报应。对此我没有隐瞒。这不仅仅只是残疾人。你种下什么,你就会收获什么"(Dickinson,1999,January 30,p.33)。

Hoddle 的言论代表了对残疾人生命的理解的退步。他倾听《圣经》的言论,在以前残疾人被放在较低的社会地位中,因为他们被认为"残疾代表惩罚"。关于媒体内容方面,Hoddle 事件也说明媒体的作用是在一种文化中形成社会事件,以及潜在的重新定义他们的角色(Gitlin,1980;McCombs & Shaw,1993)。正如 Klaus Bruhn Jensen 阐述定性分析是如何被应用在大众信息研究中的:"定性方法把研究作品含义作为一个过程,这需要融合在广泛的社会和文化实践中,并进行复杂的整合。"(1991,p.4)

主题1:残疾人已经"遭受足够多的痛苦",不应该再被看成"罪人"。

尽管在故事中引用了某些残疾人的事迹,但是在 Hoddle 事件的媒体架构中,仍然非常忽略了他所提出的非常负面的言论,并且更多的关注对英国足球的争论的影响。首先,在分析残疾人对于新闻报道中的争论会说些什么的时候,我们的主要发现是这些故事都是引自残疾的足球球迷,而不是残疾活动家。例如,时代杂志只去了海布利球场,阿森纳球队的主场,而这仅给他们有限的来自残疾人的观点,因为这些残疾人可能就生活在伦敦并且能够参加足球比赛(Steiner,1999,February 1)。这个故事包括三个残疾人在体育场外的图片,故事的焦点是公然使用一种"怜悯"的叙述方法,以一则奇闻开始,讲述一个坐轮椅的人仅仅为了给 Hoddle 足球队的胜利喝彩而挣扎着站起来。这个报道清楚地表明这些足球球迷为了不受到国家足球教练的侮辱做出了足够的努力。

另一方面,故事也允许一些残疾人来讨论他们的独立、公民权利和残疾自豪感。Cathel O'Philbin 所说的话被引用:"残疾人为了我们自己的独立经过了长期和艰苦的斗争,现在即将到了胜利的时代。一个人有他的信念,但是你们不能证明很多人都是这样。为此我感到很糟糕。我为我的残疾感到骄傲,我不想改变它。我想改变社会,他的言论使得我们被认为是问题所在,而不是这个社会有问题。"(Steiner,1999,February 1,p.7)这种类型的故事说明我们允许一些残疾人对同情和反抗的报道进行反驳。然而,来自像 O'Philbin 这样有强势残疾人权力的残疾人的言论是非常少的,事实上是媒体应作为慈善的代表,其他组织应为残疾人奔走,而不应该是通过残疾人自己。除了引言 O'Philbin 的话,故事中还包含了来自一些机构的言论,包括唐氏综合征协会、Cheshire 基金会、国家残疾人足球支持者协会和 Scope——英国最大的残疾慈另外，故事中的主题 1 还表现为非残疾人对残疾人的"支援"。很多人在听到 Hoddle 的言论后都表示对残疾人的支持，但是他们在媒体中的"支持"给出了一个耻辱的信息。很多非残疾人提出陈词滥调"我的一些最好的朋友是……"例如，《体育日报》的"大弗兰克"专栏评论道："我有一个非常好的残疾朋友叫做 Timmy Mapother，尽管他只能在轮椅上活动，但是他可能是我见过的最好的人。可怜的 Timmy 患有脑瘫，但是与 Lennox Lewis 进行了最多的斗争，现在是 Nigel Benn 最亲密的朋友之一"(Maloney，1999，February 2，p.8)。与专栏一起配发了一张年轻人的照片，Timmy 和他著名的朋友 Benn。Maloney 的专栏仅是 Hoddle 事件中众多例子的一个，在这个事件中很多著名人士谈论他们与残疾人的联系，例如与他们见面或者有慈善活动的联系。这样做就是为了支持他们的"残疾的信任书"。他们也愿意强调他们所看到的作为一个残疾人存在和应对的"成就"。主题 1 中的潜在的信息暗示残疾人已经遭受了足够多的痛苦。

在对残疾人的视觉图像进行定性分析时，Knoll(1987)发展了 83 个分类标准用来评价残疾人的照片。基于 Knoll 的标准，一个人可以根据照片判断残疾人是否表现出无助，或者是否他表现出受害者或值得同情的样子，这也是和主题 1 相一致的。Knoll 的一种解释标准是残疾人被当作儿童看待或本身就是儿童。Hoddle 事件中，残疾儿童也被最用来加强"遭受足够痛苦"的主题。例如，在 Hoddle 事件报道过程中，新闻图片包括了大量天真的残疾儿童的图片。一些孩子抱着足球，他们被称为"受害者"(Sun，February 1，1999，p.6)。一些小报的图片更是强调了被 Hoddle 侮辱的残疾儿童的"状况"。在小报的头版，《太阳报》一篇题为"一条腿的儿童足球明星"的文章，表示了对 Hoddle"咆哮"的"愤怒"。这个少年甚至被称为"勇敢的少年"。大标题继续"遭受足够痛苦"的叙述，并引用少年的话"我仅剩一条腿了，Hoddle，你还能怎么样伤害我？"(Askill，1999，February 1，p.1)

主题 2：Hoddle 非正统的宗教信仰导致了他的毁灭。

这个主题主要表现在体育栏目和卡通漫画上。例如，一个足球专栏作家认为，Hoddle 的言论是迟钝的，但是称它为"准宗教打油诗"，并与 Monty Python 的一些言论作比较(Townsend，1999，January 31)。大量的表现非正统的宗教信仰主题的视觉图像是卡通漫画。因为围绕 Hoddle 的反基督教和信仰疗法、关于残疾人的残疾"罪恶"言论的辩论已经有很多年了，一些卡通漫画和讽刺漫画将罪恶和他们对 Hoddle 的宗教批判联系在一起。例如,《每日星报》,一家小的新闻报纸,图片上一张貌似 Moses 的脸,被闪电击中,大标题写到"Hod,你将像鼻涕虫一样回去"(Paul,1999,February 4,p.4/5)。在同一页的另一个大标题按照《圣经》体例写到,"你不要对 Hoddle 讲废话"(*Daily Star*, 1999, February 4, p.4)。类似的态度还表现在《独立报》中,这是一家有声望的报纸,公开在卡通漫画中嘲笑 Hoddle,称之为"信仰疗法的丧失",图片上很多不同的手正在尽力揪着他的教练衫,"这是将你的灵魂从世间的外套中解放出来的手"(Brown,1999,February 3,p.3)。很多卡通漫画关注这些宗教主题,努力表现出对 Hoddle 言论的争辩,即 Hoddle 必须为他非正统的宗教信仰忏悔。尽管很多媒体努力表现出对残疾人的支持,但是媒体中的这些卡通漫画并不是真的"支持"残疾人,而仅仅是"反对"Glenn Hoddle 所谓的"罪恶"。

然而,在《时代》杂志上有一幅非常有趣的卡通画,它将转世、罪恶、残疾和 Glenn Hoddle 事件结合起来。这幅漫画还联系了对艾滋病的文化恐惧症,很多信奉正统派基督教的人将艾滋病与罪恶联系在一起。漫画中,两只黑猩猩在读关于谴责他们造成艾滋病传播的媒体故事。他们抱怨这种"艾滋病的罪恶"是由于人类自己导致的,并说道:"……这可能意味着我们会有和 Glenn Hoddle 一样的下场!"(Brookes,February,2,1999,p.4)卡通画家 Peter Brookes 可能是仅有的选择残疾和艾滋病的人,也能够在讽刺 Hoddle 言论的同时与罪恶联系起来。其他漫画家在他们的画中对其他残疾类型表现沉默,因为他们有权利小心地不去冒犯到任何人。

主题 3:Hoddle 作为国家足球队长的失败是真正的问题所在。

作为国家足球队教练的 Hoddle,要对英国政府和英国人民担负政治和社会的双重责任,因为他们把足球作为他们国家的象征。在评论世界足球时,Brendon Hanley 解释道,Hoddle 在作为足球教练和角色模范两方面都是失败的。"这是英格兰经理人必须具备的两个角色:他必须在这个领域有所成绩,他也必须是某个英国最重要机构的傀儡。从这两方面来说,Hoddle 都是失败的"(Hanley,1999,February 8,p.1)。Hanley 认为 Hoddle 关于残疾人的言论仅仅是"最后一根稻草"。如果英国国家队胜利的话,他绝不会因为这些话被解雇。

媒体内容说明了很多新闻记者和专栏作家忽视了 Hoddle 对残疾人言论的负面影响,而更多的关注对足球的影响。例如,《独立报》认为 Hoddle 的言论是"一种失态",甚至质疑在足球专栏上引用 Hoddle 关于残疾人言论的准确性(Townsend,1999,January 31)。这个专栏认为 Hoddle 的言论最重要的方面是:它们对国家足球运动的影响,更重要的是对国家足球队的影响。

在1998年世界杯之前的媒体内容很容易确认主题3,因为1999年的言论并不是 Hoddle 第一次关于残疾人的负面评论。在1998年5月17日的BBC广播5频道的一次访谈中,Hoddle 在讨论"有躯体残疾的人"的话题时,谈到了他的转世的信念:"在此刻,存在着一种不平衡。为什么有些人来到这个世界上有着严重的肢体残疾,而其他家庭成员却肢体完整?……我们就是制造这种不平衡的人,一群灵魂降落在这个世上。"(Reid,1999, January 31, p.21)

这份前世界杯的引文表明英国社会和英国媒体并没有真正关注有关残疾人的这些粗鲁言论,否则在世界杯之前就应该让他辞职了。在这个引文中,Hoddle 所说的不仅针对残疾人,还包括了他们的家庭。在他的言论中,他认为"残疾的罪恶"是整个家庭的"罪恶"。在 Glenn Hoddle 的哲学中,这意味着,唐氏综合征儿童的父母是因为他们前世是罪人而遭受了惩罚。

但是媒体内容表明,实际上正是英国国家足球队延续了不佳的表现,从而导致英国社会和英国媒体把矛头指向了 Hoddle,而不是由于他关于残疾人的言论。他1999年关于残疾人的负面言论仅仅给了他们一个恰当的政治理由来拒绝他出任国家足球队教练。

主题4:Hoddle 关于残疾人的言论犯了太大的政治错误而不能够被容忍。

例如,小报《体育日报》认为,Hoddle 关于残疾人的话"使每个公正正直的人感到厌恶"(*Daily Sport*,1999,February 2, p.33)。它继续说道,Hoddle 被这些正直的人从心理上解雇了(甚至在他被官方解雇之前)。其他报纸也表达了类似的言论,例如,《快报》进行了一次"投票",宣布10个读者中有8个希望他下台(Gallagher, February 2, 1999, p.1)。然而,《体育报》在一篇社论中也指出,真正令公众不愉快的是他的教练能力,而不是他关于残疾人的言论才导致他被驱逐:"他们知道,他不是一个成功的国际经理人"(*Daily Sport*,1999,February 2,p.8)。

正如 Hall(1979)解释道,新闻媒体框架是一个"竞争的领域",在此一个主题的不同方面都要为争取曝光和话语而竞争。在 Glenn Hoddle 事件中,从媒体对残疾问题的报道范围上来看,这一点表现得极为明显,或者非常缺乏。尽管《镜报》在头版刊登了一幅非侮辱性的残疾人图片,主张残疾人在足球比赛中的权力,但是他们在大标题里称抗议者为"这些人",并在故事中大谈足球比赛,而不是残疾问题(Walters & Dillon,1999,February 1, p.1)。

结论和讨论

关于残疾人的媒体内容分析对于理解他们在不同社会中的地位变化至关重要。由于过去累积的耻辱感,以及建筑、职业、教育、沟通和态度等方面的障碍对很多残疾人来说仍然存在,因此在西方文化中人们得到关于残疾人及其问题的信息主要是通过大众媒体来源。内容分析使我们可以评估是否关于残疾的新信息能帮助残疾人融入社会。

在两个个案研究中,我们发现新的信息大量涌入美国的媒体内容。新闻记者的报道正覆盖一个重要的残疾问题——教育——比从前报道得更多。他们也使用更恰当的术语例如"残疾人"(people with disabilities),而不是"残疾的"(the disabled)或"残障的"(the handicapped)。基于故事的长度来看,美国关于残疾的新闻故事具有一定的深度;基于在地铁版面中的很多故事的版面位置来看,关于残疾的新闻故事覆盖到了地方角落。来自媒体内容的信息告诉我们,美国社会正在更好的接受关于残疾问题的信息。然而,对于英国新闻事件的分析表明,英国新闻媒体依然还是依赖于过去同情的叙述方式。来自英国媒体的内容明显显示,足球这种国家运动比侮辱残疾人的言论更重要(p.249)。英国人的观念是残疾人是可怜的受害者,他们已经"遭受足够多的痛苦",这在报道中很明显,这也为驱逐一个失败的足球教练提供了一个方便的机制。相反的,关于 Hoddle 事件报道的更好的结果应该是在英国引发一场关于如何对待残疾人的对话。但实际上,媒体报道卷入了对 Hoddle 的谴责,而真正的关于残疾的问题消失了。

关于残疾的内容分析,本文认为方法学上的重要性在于为我们打开研究西方社会残疾的一扇窗户。应用结构分析过程来评价残疾新闻报道的先行者是 John Clogston(1989,1990a,b,1991,1992a,b,c,1993a,b)。他基于过去对少数群体和变异理论的研究发现,发展了有用的模型,研究者可以利用这些模型来研究关于残疾的媒体内容。这些模型揭示了残疾人是否仍然被以耻辱的方式对待,或者残疾人是否被以更进步的、有公民权利的方式对待。

媒体内容帮助我们了解残疾人在社会中普遍的地位,因为正如 Higgins(1992)所说,我们通过我们的语言、媒体和其他公共可视的途径来"认识残疾"。这些媒体信息影响着整个社会,同时也潜移默化地影响着残疾人自身的自我概念。Zola(1991)说,社会通过媒体给予残疾人一份双重信息。一方面,关于残疾人的成功的新闻故事说明他们过着充实的、幸福的、有目标的生活。另一方面,成功的信息产生这样的预期,即所有残疾人都必须努力去达到这样的目标。这个信息"表明如果 Franklin Delano Roosevelt 或者 Wilma Rudolph 能够克服他们的残疾,那么所有的残疾人也应该能做到。如果我们失败了,那是**我们的**问题,是**我们的人格**问题,是**我们自己的软弱**"(Zola,1991, p.161)。Higgins 补充到在美国文化中"把残疾人和其他人分开,是我们对待残疾的一个首要的内在条件"(1992,p.19)。

因此,很明确的是,大众媒体内容尤其是新闻对于残疾人的社会认知发挥着重要的作用。无论正确与否,出版新闻故事每天都在向成百万的公众传递着信息。"在一天中,超过三分之二的18岁及以上的美国人至少阅读一份报纸的部分内容"(Fedler,1989,p.173)。Bird and Dardenne(1988)解释道,听众接收到的信息不是事实和真相,而是新闻夸大了的象征体系。作为一种沟通的方法,新闻能保证质量简直就像神话。它们两个都是传播文化的。因此,新闻记者是一种文化故事的传递者,"新闻故事讲述者实际上把文化埋藏在故事价值中,带他们从文化中来,到文化中去……"(Bird and Dardenne, 1988, p.80)

因此,新闻记者在媒体内容中表现的文化信息能反映出他们自己,以及社会上的那些人对残疾人的误解和恐惧。Mitchell(1989)坚持认为新闻报道经常忽视与残疾有关的故事。当新闻记者确实注意到它们的存在时,他们会把这些新闻作为鼓舞心灵的"SuperCrips"或者作为"无助的受害者"。Biklen 发现,当报道残疾时,写作的人"基本上根据悲剧、慈善以及伴随的感情,同情,或者根据斗争和成就等进行写作"(1987,p.81)。Biklen 说新闻故事的主题变成可以预测的了。他们集中在鼓励和激励的角度上。

Krossel 解释大部分关于残疾的新闻故事需要补救时说:"讲究实际的报道必须代替那些廉价的、煽情的、创造出来的'残疾英雄'。"(1988,p.47)美国新闻故事的定量内容分析表明,关于残疾的深度报道在20世纪90年代后期出现。例如,在美国的研究中大量的新闻文章将残疾人作为故事的来源,并且涉及一些实质性的问题,如全纳教育。然而,在英国一些新闻记者继续报道充满着同情、激励和明显无知的媒体内容。但是在英国媒体内容中也有一些闪光点;一些英国新闻记者寻找残疾人来访谈,英国卡通漫画家意识到残疾在他们的夸张和讽刺的世界中是一个不恰当的主题。

因此,内容分析给我们提供了一种方法来创造社会中残疾的文化编码的蓝图。因为媒体内容的各个方面都是人们创造的—有意识或无意识的理解残疾人的人们——他们的信息直接影响到新闻的受众。如果我们以不同的方式来描述报道残疾人,那么这些报道内容将会潜移默化地影响社会和残疾人之间的关系。另一方面,正确的和具有权威性的媒体内容能够使社会更加接纳残疾人,将其作为平等的社会成员。

（刘岚、陈华译,陈功审校）

参考文献

Alexander, A., Benjamin, L. M., Hoerrner, K, &Roe, D. (1998). 'We'U be back in a moment': A content analysis of advertisements in children's television in the 1 950s. *Journal of Advertising*, 27(3), 1-8.

Altheide, D. L. (1996). *Qualitative media analysis*. Thousand Oaks, Ca.: Sage.

Antonelli, K. (1998, October 23). Auditors say special education misused. *The Baltimore Sun*, p. 3B.

Askill, J. (1999, February 1). I've only got one leg, so how could you be so hurtful to me Hod? Anguish of Sam, aged 13. The Sun, p. 1.

Babbie, E. (1989). *The Practice of Social Research*. Belmont. Calif: Wadsworth.

Biklen, D. (1987). Framed: Print journalism's treatment of disability issues. In: A. Gartner T. Joe (Eds), *Images of the Disabled, Disabling Images*. New York: Praeger

Bird, S. E., & Dardenne, R. W. (1988). Myth, chronicle, and story. In: J. W Carey (Ed), *Media, Myths and Narratives* (pp. 67-86). Newbury Park: Sage.

Brookes, E(1999, February, 2). Which probably means we'11 come back as Glenn Hoddle! [Cartoon]. *The Times*, p. 4.

Brown, D. (1999, February 3). It's a laying on of hands to release you're spirit from this wordly overcoat. [Cartoon]. *The Independent*, p. 3.

Christians, C., & Carey, J. (1981). The logic and aims of qualitative research. In: G. H. Stempel & B. H. Westley (Eds), *Research Methods in Mass Communication* (pp. 342—362). Englewood Cliffs. NJ: Prentice—Hall.

Clogston, J. S. (1993a, August). Changes in coverage patterns of disability issues in three major American newspapers, 1976—1991. Paper presented at the Annual Meeting of the Association for the Education iu Journalism and Mass Communication, Kansas City. Mo.

Clogston, J. S. (1993b, March 8). *Media models*. Personal communication.

Clogston, J. S. (1992a, August). Fifty years of disability coverage in the New York Times. 1941-1991. Paper presented at the Annual Meeting of the Association for the Education in Journalism and Mass Communication, Montreal, Canada.

Clogston, J. S. (1992b, August). Coverage of persons with disabilities in prestige and high circulation dailies. Paper presented at the Annual Meeting of the Association for the Education in Journalism and Mass Communication, Montreal, Canada.

Clogston, J. S. (1992c, March). Journalists' attitudes toward persons with disabilities: A survey of reporters at prestige and high circulation dailies. Paper presented at the spring conference On Women, Minorities, and the Mass Media, Association for the Education in Journalism and Mass Communication, Atlanta, Ga.

Clogston, J. S. (1991). Reporters' attitudes toward and newspaper coverage of persons with disabilities. Unpublished doctoral dissertation at Michigan State University Clogston, J. S. (1990a). Disability Coverage in 16 Newspapers. Louisville: Advocado Press.

Clogston, J. S. (1990b, June). Perceptions of disability in the New York Times. Paper presented at the annual meeting of the Society for Disability Studies, Washington, D. C.

Clogston, J. S. (1989, August). A theoretical framework for studying media portrayal of persons with disabilities. Paper presented at the Annual Meeting of the Association for the Education in Journalism and Mass Communication.

The Daily Sport. (1999, February 2). You're a gonna. For Hod's sake, it's the end. p. 33.

The Daily Sport. (1999, February 2). Thanks for nothing, Mr. Hoddle! p. 8.

The Daily Star (1 999, February 1). In the next life you'll be back as a slug Hod. [Illustration] p. 5.

The Daily Star. (1999, February 1). Thou shalt not talk twaddle Hoddle. *The Daily Star*, p. 4.

Dickinson, M. and Farrell, S. (1999, January 30). Hoddle says disabled are paying the price of sin. The Times, P. 1.

Dickinson, M. (1999, January 30). Hoddle puts his faith in God and England. *The Times*, p. 33.

Fedler, F. (1989). Reporting for the Print Media. NY: Harcourt Brace Jovanovich.

Gallagher, I. (1999, February 2). Game's up for Hoddle. *The Express*, P. 1.

Gitlin, T. (1980). The whole world is watching. Berkeley, Ca.: University of California Press.

Glionna, J. M. (1998, October 6) Woman's deafness proves no barrier to listening. Los Angeles Times, p. B2.

Gow, J. f 1996). Reconsidering gender roles on MTV: Depictions in the most popular music videos of the early 1990s. *Communication Reports*, 9(2), 152-163.

Grabe, M. E. (1999). Television news magazine crime stories: A functionalist perspective. *Critical Studies in Mass Communication*, 16(2), 155- 171.

Graber, D. (1989). Content and meaning. *American Behavioral Scientist*, 33(2), 144-152.

Hall, S. (1979). Culture, media and the 'ideological effect'. In: J. Curran, M. Gurevitch & J. Wollacott (Eds), *Mass Communication and Society* (pp. 3 1 5-348). London: Edward Arnold.

Hailer, B. (1 999, July). News Coverage of Disability Issues: A Final Report for the Center for an Accessible Society. San Diego: Center for an Accessible Society. Part of Grant No. H133A980045 from the National Institute on Disability and Rehabilitation Research.

Haller, B. (1996). Balancing Acts: Disability, Business, and Government Sources in News Coverage of Disability Legislation. Paper presented at the Annual Meeting of the Association for the Education in Journalism and Mass Communication, Anaheim, Ca. , August.

Hailer, B. (1 995a). Disability Rights on the Public Agenda: News Media Coverage of the Americans with Disabilities Act. Unpublished doctoral dissertation, Temple University, Philadelphia, Pa.

Haller, B. (1995b). Narrative Conflicts: News Media Coverage of the Americans with Disabilities Act. Paper presented at the Annual Meeting of the National Communication Association, San Antonio, Texas, November.

Hanley, B. (1 999, February 8). Why Hoddle had to go. http://worldsoccer.miningco.com/sports/worldsoccer/library/weekly/aa020899.htm

Higgins, R C. (1 992). Making disability: Exploring the social transformation of human variation. Springfield: Ill. : Charles C. Thomas Publisher.

Hoddle. G. (1998). Glenn Hoddle: The World Cup 1998 Story. London: Chameleon.

Janowitz, M. (1968). Harold Lasswell's contribution to. content analysis. *Public Opinion Quarterly*, (Winter), 648.

Jensen, K. B. (1991). Introduction: The qualitative turn. In: K. B. Jensen & N. W Jankowski (Eds), *A Handbook of Qualitative Research Methods For Mass Communication Research* (pp. 1-12). London: Routledge.

Knoll, J. A. (1987). Through a glass, darkly: The photographic image of people with a disability. Unpublished doctoral dissertation. Syracuse University.

Krippendorf. (1980). *Content analysis*. Newbury Park, Ca. : Sage.

Krossel, M. (1 988). Handicapped heroes and the knee-jerk press. Columbia Journalism Review, 46-47

Maloney, E(1999, February 2). Hoddle could be throwback to Nazi sperm bank. *Daily Sport*, p. 21.

Manier , J. (1998, November 22). *Medicine in kid's hands*. Chicago Tribune, P. SWl.

McCombs, M. , &Shaw, D. (1 993). The evolution of agenda-setting research. *Journal of Communication*, 43(2), 58-67.

McCombs, M. (1992). Explorers and surveyors: Expanding strategies for agenda-setting research. *Journalism Quarterly*, 69(4), 8 13-824.

McCombs, M. &Shaw, D. (1972). The agenda-setting function of the press. *Public Opinion Quarterly*, 36, 176-187.

McQuail, D. (1989). *Mass Communication Theory*. London: Sage.

Mitchell, L. R. (1989). Beyond the Supercrip syndrome. *Quill*, 18-23.

Paul, D. (1999, February 1). Fans fury at slur on disabled. *The Daily Star*, p. 4/5.

Rainey, J. (1998, October 19). County policy on troubled children faces court test. *Los Angeles Times*, B1.

Reid, T. (1999, January 31). Hoddle'S turn to reap what he SOWS. *Sunday Telegraph*, p. 21.

Ricci, J. (1 998, October 1 7). Guitarist uniquely strums to the rhythm of his heart. *Los Angeles Times*, p. B1.

Schwartz, J. (1996, July). Local news matters. *American Demographics*, p. 18.

Shoemaker. P. J. , & Reese, S. D. (1996). Mediating the Message, *Theories of influences on mass media content*. NY: Longman.

Steiner, S. (1999, February 1). Proud fans hurt by "terrible" words. *The Times*, p. 7.

The Sun (1999, February, 1). Brave lad... but soccer ace Sam was sickened by attack. [Photograph]. p. 1.

The Sun (1999, February, 1). Jemma Hardy. [Photograph]. p. 6.

The Sun (1999, February 1). Sack Hoddle. Stars, fans and disabled unite to condemn him, P. 6.

Townsend, N. (1 999, January 3 1). Nick Townsend, Football Correspondent, says the England coach stands accused of astonishing naivety. Hoddle's gaffe a gift to enemies. The Independent, P. 3.

Walters, M. , & Dillon, J. (1999, February 1). Why couldn't you face these people Glenn? *The Mirror*, p. 1.

Wright, C, R. (1986). *Mass Communication: A sociological perspective*. NY: Random House.

Zola, I. K. (199 1). Communication barriers between 'the able-bodied' and 'the handicapped'. In: R. R Marinelli & A. E. Dell Orto (Eds). *The Psychological and Social Impact of Disability* (pp. 1 57-164). New York: Springer.

残疾研究的个案研究方法

桑乔伊·玛祖姆达和吉尔伯特·盖斯

摘　要

本文探讨个案研究方法,对其优点、缺点以及关于它的批评进行考察。通过从文献中撷取的一些案例,本文描述了个案研究方法的重要特性和特征。本文尝试纠正一些错误的印象,并指出那些被忽视的潜在价值、新的合理性及其未来的可能发展和方向。个案研究方法的特点在残疾研究中有着特殊的重要意义。本文的结论是:个案研究,尤其是那些专注于理解(verstehen)和特别的深度理解的个案研究,将为残疾研究提供巨大的帮助。

单一个案研究的时代已经结束(Dissertation committee member, Author 1, c. 1987)。

谁还在研究单一个案?……现在,绝大多数社会科学家已经不再研究单一个案或少数几个个案。这是否是因为单一个案已经不合时宜,它只是早期社会科学家所采用的原始研究方法呢?我们是否应该彻底摒弃单一个案,并转移到主要依赖成千上万个体的海量信息上来呢?(Feagin, Orum & Sjoberg, 1991: 1)

引　言

个案研究已经成为过去时了吗?单一个案研究的时代真的已经结束了

---

* 社会科学研究与残疾,第二卷,
理论与方法研究,255—275 页
Elsevier Science Ltd. 版权所有 © 2001
ISBN:0-7623-0773-0

吗？这些说法让我们深信不疑。我们还应该考虑个案研究吗？曾几何时，个案研究在社会科学研究中的地位蒸蒸日上，得到更为广泛的应用（见 Platt, 1992a, b, Znaniecki, 1934）。如 Feagin、Orum and Sjoberg（1991：1）等研究人员认为，这种研究方法有很强的生命力。在缺乏正确分析、充分理由和确凿证据的前提下，就对个案研究全盘否认是不适当也不负责任的。

一些评论提出了个案研究作为一种研究方法在应用和普及方面的问题（比如 Stoecker, 1991; Miles, 1979; Long & Hollin, 1995）。Geis（1991：217）认为，"个案研究题材很难在当今一流期刊上发表……"这或许是其流行度下降的原因之一。在一些人看来这加速了个案研究的危机（见 Yin, 1981a, b），尽管其他学者认为这种"所谓的"危机主要出于学术霸权及对学术的控制（King & Applegate, 1997），而且也并不必然是由对个案研究方法的优缺点进行仔细分析而引起的。

虽然就许多研究问题而言，定量和经验方法拥有许多个案分析方法所不具备的优势，但是个案分析方法同样有许多无可比拟的长处。它提供了一个可供选择的强有力的方法，这对社会科学家在选择研究方法来对社会及其构成进行研究是一个很好的补充。

在残疾研究中，统计报告常常把人们的情绪带入枯燥乏味的数学公式，却不能把残疾人世界中最重要的东西传达出来，也无法提供对这个世界的深刻理解。对残疾人来说，被当作非人性化的研究主题而不是满怀同情去作真诚的探索，这样的做法往往令人愤慨，因为这正是被别人疏远的表现。在传达那些能感动并说服人们的信念、感情和戏剧化的故事方面，个案研究方法尤为可贵。

好的个案研究并不追求情感和宣传效果，它们通过对所观察到事物做忠实的解释、对资料进行仔细分析来打动人，从而引导读者接受隐含信息的含义；至少按照令他们满意的方式来重新解释。个案研究要求研究者把研究结果准确地表达出来。

本文的结构如下：首先，我们对个案研究下一个定义，随后对个案研究方法进行简要回顾，并描述个案研究的重要特征。接下来，文章将对个案研究的贡献进行讨论，最后一部分是探讨这种研究方法在残疾研究中的应用。在探讨个案研究方法的作用及在残疾研究领域的应用的可能性之外，本文还提出了未来个案研究的实施和改进的框架。本文的另一个目的是对那些更具挑战性和相关的批评做出回应。

什么是个案研究？

个案研究有多种定义。有些定义显得较为宽泛：

个案研究是运用定性分析方法对单一社会现象进行深入、多维度分析的一种研究方法。这种方法力求详尽并依赖于多种数据来源（Feagin, Orum & Sjoberg, 1991:2）。

其他定义则相对狭义和具体：

"1. 个案研究是一种经验调查，即
- 在现实生活背景中研究当代现象，尤其是
- 当现象和情境界限不清时"（Yin 1994:13）。

"2. 个案研究调查，即
- 应对技术上存在差别的状况，在这种状况下，感兴趣的变量比数据点更多，由此带来一个结果是
- 依赖于多元化的证据来源，并且在反复测量的情况下数据需要保持一致性，由此导致另一个结果是
- 会从理论命题的优先发展中获益，从而指导数据收集和数据分析"（Yin, 1994:13）。

这些定义带来了不少问题。在个案研究中一定要有确定性变量吗？需要多少？必须要有多个数据吗？理论支持是数据搜集的先决条件吗？还有，现象和本质必须泾渭分明吗？当其中的一个或多个前提条件不满足时，还能进行个案研究吗？

另一个较为详尽的定义是：

个案研究是对一个事件、群体及社会过程完整和详尽的记录。一些个案研究以那些已经发生的事件作为研究对象。社会学家通过与当事人深度访谈、参考涵盖警方记录到偶发新闻报道的各种资料来重现这些事件。这种方法通常会用在诸如骚乱之类的偶发、暂时性事件中。个案研究还被用于当前正在发生的事件中。对这些"目击者"的研究提供了大量丰富的社会学信息和洞见（Robertson, 1987:42）。

综上所述，我们把个案研究定义为：在特定背景下，对一个事件、群体及社会过程等现象所进行的深入、多面向的调查。

个案研究:简要回顾

  Platt(1992a)对个案研究方法在社会学中的应用的历史做过一个描述。她指出,20世纪早期社会工作者的案例分析以及20世纪20年代,"私人文件",包括日记、自传、信函和生活史等,已经被应用到社会研究之中,这种研究方法与个案研究几乎如出一辙(Znaniecki,1934)。一个经常被引用的例子是 Clifford R. Shaw(1930)的 *The Jack-Roller*,这是一篇关于在 Shaw 督促下的一个少年罪犯的报告。Angell(1936)的研究则是萧条时期对各个家庭的影响。

  在个案研究的早期,研究人员认为没必要对他们的方法下定义、证明它或对它进行辩护。有一个隐含的假定认为:一个好的个案研究本质上是有价值的。不过,由于定量分析方法和统计技术显得日益科学而处于上升的趋势,对个案研究和其他定性方法的质疑也就变得更加普遍:

    随着现代定量技术的到来和在社会科学中的广泛应用,在美国我们体会到因为忽略个案研究而导致了令人遗憾的结果(Feagin, Orum & Sjoberg, 1991: vii)。

  在一些人看来,个案研究并不是一种符合要求的科学,或者甚至是不科学的(Yin,1994:9—11)。导致这种态度的原因并没有在出版物上进行讨论。Stoecker(1991:91)提到下面的原因:

- $N=1$,只有一个样本;
- 很难保证客观——可能存在偏见,出于支持或是反对;
- 可证伪性标准模糊;
- 无法进行推广;
- 无法对自变量和因变量进行精确测量;
- 信度得不到保证;
- 效度得不到保证;
- 无法测量外部效度;
- 没有内在的校正机制;
- 不够严谨。

  此外还有:

- 变量不确定;
- 缺少一个或多个假设;
- 缺乏可重复性;
- 缺乏代表性;
- 样本不具备代表性甚至是唯一的。

乍一看,这些批评洋洋洒洒而又措辞严厉。对其中一条或几条的错误或不确切之处提出驳斥,并不足以改变人们的印象。值得注意的是,绝大多数的批评实际上是批评者对他们所谓"科学"方法的流行特征的探究,并试图以此来否定个案研究。其核心在于,试图把定量和统计分析中常用的视角、逻辑、语言、术语和概念应用到一个并非以统计为本质的研究方法中来。这就好比个案研究学者以内容不够翔实为标准来否定统计研究。不管在哪种情形下,用不相关的标准来评价它都是不合适的。

未被触及的问题是:"个案研究方法是否科学?"或"个案研究能不能做到科学?"被这些质疑所忽视的正是个案研究方法的许多重要特征和贡献。

起初对个案研究的批评带来一些反应。许多研究人员把数字、数量、统计数字、图表和表格运用到他们的报告中来(如:Blau,1963;Becker et al.,1961)。另一些人,如 Burgess(1927)主张个案研究也可以是科学的,如果这一研究是在特定方式下完成的话。比如,案例可以精挑细选以保证它具有"典型性"而不是非典型的。有人认为它是科学的(Yin,1994;Lee,1989b),因为它可以在科学的方法下设计和进行,并对假设加以检验。Lee(1989a)还认为,个案研究与自然实验类似,尽管不能像在实验室那样施以严格的控制,仍不失为科学的结论。还有些人指出,个案研究是一个更为人性化的方法(Stake,1995;Abramson,1992)。

如果研究做得不好或者书面报告很糟的话,个案研究就应该被合理地拒绝。仅仅因为个别糟糕的例子就否定整个方法是无用的也是不合适的。因为误解,或是缺乏正确判断的知识而拒绝个案研究是错误的。

重要的问题是:"个案研究能否达到有益的效果?""个案研究对知识的发展能否作出贡献?"对这两个问题的回答是肯定的,这将会在接下来的讨论中得以证明。

个案研究在提升知识的方法中占有一席之地。许多高深的科学家,尤其是在物理学和其他自然科学方面的科学家都对这一方法相当赞赏。他们清楚,很多问题难免受到调查规则、工具限制以及测量对象等因素的制约。诺贝尔奖得主 Percy Bridgman 曾经这样说过:

我想说并不存在科学的方法,科学研究过程中最重要的特征是开动脑筋,破除一切条条框框的限制而全力以赴。具体而言,这意味着任何权威或传统都不享有特权,个人的偏见和偏好应被小心地提防,每个人都应该反复检查以确保自己不出错,每一项研究都是充满希望的(Bridgman,1950:370)。

同样地,Webb,Campbell 等人在一本经典的社会科学研究著作中引用了 Arnold Binder 一段论述作为完整的一章。全文如下:

我们必须拿起一切可能的攻击武器,去面对我们现实的问题而不能撤退到那些不毛之地;应该学会用判断力和本能的想象来竭力挖掘我们的数据;接受每个数据的有用之处,哪怕在实证研究中对它们的分析层次比对其他数据的分析层次要低得多(Webb et al.,1981:329)。

许多年前,杰出的社会心理学家 Kimball Young 就对这个问题做了很好的阐述:

智力测试和个性度量并不足以获取[足够的科学信息]。人们生活在一起是为了得到"进入"现实的信心。个人文件,如信件、自传、充满同情的访谈以及在个人调查基础上的社会事件记录,似乎提供了重要的数据。不过,这些数据未必会被接受,因为它们无法用统计学术语来表达,因此被认为是不科学的。这多少也是由于个人文件描述的是人与人交往中的个性特征,这也是其他技术手段难以企及的。这并不是说定量分析技术在这里无法得到发展,只是认为那些不依赖于探索性调查的分析方法在这并不适用(Young,1931:523)。

近年来,关于个案研究方法的出版物日益增多,涌现出一批有名的著作(如 Yin,1994;Stake,1995;Hamel et al.,1993;Ragin and Becker,1992;Feagin,Orum and Sjoberg,1991;Merriam,1988;Simons,1980;Sauer,1933;Yin,1994)、论文(如 Benbasat et al.,1987;Campbell,1975;Cavaye,1996;Eckstein,1975;Eisenhardt,1989;Foreman,1948;Gable,1994;Hamel,1992;Harper,1992;Jocher,1928;Kaplan & Duchon,1988;Lee,1989a,b;Long & Hollin,1995;Markus,1989;McCutcheon & Meredith,1993;Mitchell,1983;Pare & Elam,1997;Platt,1992a;Stoecker,1991;Walsham,1995;Yin,1981;Stake,1978,1994;van Velsen,1967;Yin,1981a;Young,1956)和文章(Abbott,1992;Becker,1968,1992;Lieberson,1992;Vaughn,1992;Walton,1992;Wievorka,1992;Young,1956)。

在文化人类学等领域,流行的做法是一次只研究一个群体或一种文化,这种做法无须辩护(如,Turnbull,1962;Malinowski,1922/1984)。同样地,考古学家一次只发掘一个地方,并把他们发现的发表出来。

再看看被归入"科学"和定量研究领域的信息系统(IS)领域,从1983年1月到1988年6月大约五年半的时间里,发表在管理信息系统(MIS)期刊上的个案研究论文占了总数的13.5%(Orlikowski & Baroudi,1991)。信息技术(IT)方面,个案研究应用的增加也有目共睹(如Robey & Sahay,1996;Walsham & Waema,1994;Walsham,1995)。

尽管对各种方法存在着激烈和漫长的争论,个案研究仍然在社会学上得到深入的应用。社会学家,尤其是芝加哥学派的社会学家写了许多他们所研究的案例(如 Leibow,1967;Becker et al.,1961;Thrasher,1927),有不少是极具影响力的。

还有一些学科也采用个案研究方法。在医学研究中个案分析方法必不可少。例如,Cytowic(1993)认为,用深入的个案分析来做医学描述非常重要,对那些不常见和从未见过的病症尤其如此。在心理学的许多方面,个案研究也随处可见(如,Healy,1915)。这种方法还被应用到政治学(Eckstein,1975)、法学和犯罪学(Geis,1967)、组织行为学和管理学(Rohlen,1974;Kanter,1977;Van Maanen,1978;Luthans & Davis,1982)、教育学(Stake,1978;Merriam,1988;Simons,1980)、建筑学(Mazumdar,1988;Riemer,1979)、运筹学(曾在1998年在加拿大帕萨迪纳举行的耶鲁大学运筹学会大会中被讨论,见 Gans,1962)以及残疾研究中(见下文的进一步讨论)。

和其他大多数方法一样,个案研究同样有其优点和缺点。这将在接下来对其特性和作用进行分析时加以讨论。

个案研究方法的重要特征

Platt 抓住了个案研究方法的重要特征:

> 个案研究方法的核心在于强调每个案例数据完备的重要性、对个体及其共性特征的关注、对变量之间关系和它们随时间变化的方式的关注,以及抓住问题的主旨而不是随意施加个人意志的必要性(Platt,1983:361)。

个案研究方法最重要的特征莫过于强调领会,以及对现象的深入理解。

William Dilthey（见 Burrell and Morgan,1979:229）提出了领会这一概念,马克斯·韦伯（见 Burrell and Morgan,1979:230）则将之发展并推广成一种社会科学方法。个案研究方法使得研究人员投入时间去探索、搜寻并获取数据,从而为更深入的理解现象、根源、发展和当前状况提供必要的洞察力成为可能。在研究某个社会群体时,这与文化人类学家努力去理解这一群体是相似的。正如 Alfred Schutz(1957)所强调的,研究人员有必要对当地人的感受进行了解,即当地人对我们所研究对象的状态、行为是怎么看的,他们认为这个社会群体中的成员是如何看待这个世界的,这些成员对限制又有什么感受,他们会如何选择行动。行动、思想和事物对当地人的意义应该被理解。半个多世纪前 Lohman(1937:892)曾写道:"由亲密关系而建立的同情和身份会产生意义和洞察力,这对正式的调查员具有排斥作用。"

丰富的数据是个案研究的另一个重要特征。这不只是大量的数据,还意味着对关键因素的有深度的数据。关于现象的详尽数据也使得深入的理解成为可能。它帮助读者更好地理解现象,并从中得到结论。

获取和提供尽可能完备的画面是个案研究方法的标志。整体论,或至少尝试做到全面是有价值的。Burgess(1927:112)指出,个案研究强调的是整体而不是分开的个体。他还举了 Thomas 和 Znaniecki(1918—1920)的《波兰农民在欧洲和美国》以及 Frederic Thrasher(1927)的《帮派》作为例子。Thrasher 的实地调查（见 Thrasher,1927）创造了一个经典,即便在初次发表 73 年之后,每年在社会科学引文索引（SSCI）上仍获得不下十几次的引用。著名的社会心理学家 Muzafer 和 Carolyn Sherif 曾把 Thrasher 的个案研究描述成"对非正式组成群体硕果累累的经验观察"（Sherif & Sherif,1956:149）。另一位社会心理学家补充道:

> 整个事件……提出了关于社会知识的本质的问题。在社会过程中,运用想象和洞察力来揭示其重要性和本质往往比运用数字测量有用得多。当然,如果 Thrasher 不亲身体验帮派生活的话就无法把握那些支配帮派成员行为的精神,他的研究也绝不能展示出帮派生活的机制（Young,1931:522）。

作为个案研究方法的一个主要拥趸,据说 Robert E. Park 曾用以下方式对之做了大力的倡导:

> Park 的观点很清晰,他曾经讽刺道:对事物缺乏"了解"的统计数据一文不值,这些数据让一个能干的办事员来搜集就足够了（Lindner,

1996:84)。

Burgess(1927:114)在肯定了统计学显著的科学价值后补充道,William Healy——精神病学家和早期的个案研究方法使用者——曾经说过:"统计学永远不能说明全貌。"(Healy,1915:131)

理解并描述现象的复杂性是个案研究方法的另一特性。社会现象、社会生活、社会系统和人类行为有着多个角度并具有其复杂性,它们环环相扣而不是相互独立。其中的种种联系都应该加以描述。Samuel Stouffer 在他的博士论文中对统计方法和个案研究方法作了比较,他认为个体的历史"提供了被统计工作者忽略的相互联系的线索,这些统计工作者常常被限定在由抽象的数学符号所表达的联系当中"(Stouffer,1930/1980:50)。

把现象放在其背景下来考察是个案研究的另一个重要特征,这在残疾研究中尤其有用。个案研究不仅让研究者得以理解和描述事物的背景,也推动了对背景因素的分析。Alan Watts(1951)强调了背景分析的重要性:

> 亚洲的认识论认为,人们不能掬一捧河水来欣赏整条流动的河,也不能从这一捧水中判断收集到了什么(Uba,1994:vii)。

他还提供了进一步的解释:

> 脱离了环境,就无法正确地理解水究竟是什么了。凝望河水流逝,一个人看到的是万涓汇集,这些支流要么拍打着岩石,要么蜿蜒回环,还有些则是另辟蹊径(Uba,1994:vii)。

虽然不是独有的特性,模式识别仍不失为个案研究的重要特征。Cooley(1928:124)强调了其重要性,他认为"用模式来区分生命现象比用定量方法来得好"。

个案研究的贡献

个案研究可以对现象加以确认和描述。作标记是对这些现象进行分类并对其特征进行发觉和记录的第一步。例如,Van Maanen(1978)描述了警察是如何对他们遇到的人作标记的(如"讨厌的人"),然后再据此拟定对付他们的策略。Mazumdar(1995)描绘了他是怎样标记社会生理集合和社会生理距离,以及组织成员如何与其他组织的成员相联系的。

一旦特征被记录下来并被分类,接下来就要对各种各样的相同点和不同点加以分析和编辑。例如,Cytowic(1993)讨论了一个罕见的例子——"尝出形状味道的人"。这个个案分析帮助他确认和标记了一个曾亲眼目睹却未被记录和未知的现象。随后,通过研讨会,他发现了相关的其他个案并最终找到了一个治疗这种混淆味觉的疾病的方法。

个案研究常常为我们提供所研究对象的历史或是其发展史。例如,对残疾人自助方法的历史回顾是 Oliver 和 Hasler 文章(1987)的主要部分。这些历史可以帮助更好地理解事物是怎么变成现在的样子的。对一些个案研究问题而言,历史是重要的组成部分。有些个案研究问题关注的是单个人的生命历程或人生故事,有些关心的则是若干人的(如 Frank,1981;Langness and Frank,1981;Mazumdar & Mazumdar,在编)。

描述一个现象或事物的顺序、过程或流程是个案研究所能作的贡献。例如,Gyllenhammar(1977)把沃尔沃汽车的制造过程描绘得绘声绘色。同样地,Allison(1971)在《决策本质》一书中详细描述了一个极其重要却独一无二的决策的制定过程。通过这种描述,他向人们展示了即便是那些极端重要的决策也可能是烦人的,也同样依赖于当事人的个人特性。Allison 在个案研究上的洞察力对决策制定得研究发挥了主要的影响力。

个案研究可以回答许多"为什么"的问题,也能解释人们采取某种行动的原因——至少是为他们所感知的那一部分。研究者的分析可以判断这些提供的原因是否准确。比如,Geis(1967)解释了为什么通用电气的执行官们在关于他们在反托拉斯价格操纵阴谋中扮演的角色的说辞是诚实的。

运用个案研究方法,研究人员可以对现象做出更多的分析性描述,以及现象是如何发展的,内部各要素之间是如何相互联系的。这些描述有助于对现象的抽象理解。

个案研究还能推动"被证实的理论"向前发展(Glaser and Strauss,1967)。一个个案研究可以在更抽象的层次对当地人的理解和学习加以描述。例如,尽管"讨厌的人"未必总能在认为的官僚作风中找到,但是这种标记的方法和策略却是可资借鉴的(如 Lipsky,1980)。理论同样可以在归纳中得到发展(Robinson,1951,1952)。

个案分析的研究结果可以帮助研究者对现存理论进行检验,并指出合理与不合理之处。证据支持现有理论。悖论则可借助来拒绝理论或修正原来的构想。比方说,Van Maanen(1995)在他对伦敦某警察局所作研究的基础上,挑战了原有的关于组织权力的理论。

很重要的是,个案研究能够洞悉事物的现象、过程、行动和情感。这种洞察力可以抵达肤浅调查所无法企及的深度。Rosabeth Moss Kanter(1977)对组织的研究深入探索了组织过程、行为和态度是如何影响男性和女性在组织中的地位的。

个案研究在残疾人研究中的作用和可能性

残疾有很多种,人们在特性、经验、抱负和需求上的能力与欠缺是不同的。因此,对于那些想敏锐、深入地理解残疾人来说,对个案进行深入分析直到获得对事物的完整理解是很重要的。

残疾研究领域已经有了不少出色的个案研究,它们的质量和贡献是个案研究方法价值的最好佐证。值得一提的还有 Nagler(1990)主编的书里的文章和《残疾、残障与社会》、《残疾与社会》等期刊里的论文,包括一对有严重学习障碍的老人做抉择时的考虑的文章、关于对那些有学习障碍居民的身体虐待的一篇报告(Cambridge,1999),以及一个关于残疾小学生的初等教育的个案研究(Hadley,1995)。Oliver 和 Hasler(1987)提供了一个作为澳大利亚脊髓损伤学会"内部人"的观点,重点分析脊髓损伤随着国家经济走势的起伏变动。他们强调自助的重要性而不是医疗康复养生,强调社会指导方法而非个人指导,并用个案研究来支持这一观点。其他例子不胜枚举(如 Newell,1987;Wulf,1973;Cambridge,1999;Borland & James,1999)。

接下来我们将讨论个案研究在残疾研究中的作用。

个案研究应该描述社会看待和对待一个社会群体或现象的方式,以帮助读者理解这将对这些人产生什么影响。描述真实的事件,哪怕是一则趣闻轶事,都比那些关于态度的复杂调查更能刻画对残疾人的歧视的细微之处。Berkowitz(1987:193)记载了一位密歇根州立大学学生捕捉的对残疾人内心挫伤。这位学生写道,"如果你问老师,'可以进这些楼吗?'他们会说,'噢,噢。当然可以。我昨天就看到一个坐轮椅的被抬上了楼梯'"。当这些教员被调查时,他们很可能会说学校对待残疾学生的方式是令人满意的。

个案研究可以让人们更好地理解残疾对那些面对残疾的人们的影响。Oliver 和 Hasler(1987)通过许多例子阐述了不同类型残疾的不同影响以及脊髓损伤学会提供的服务是怎样帮助残疾人的。他们还描述了专业人员如何帮助残疾人锻炼体力,如何与残疾人分享力量,构建不同的解决方案的。

个案研究可以很好地帮助人们理解身患某种残疾者的独特体验。在他们遭遇和处理自然、人为或现实社会问题时,每一种残疾患者都有其特殊的体验。描述细节、提供丰富的理解,这对那些想要知道残疾人的体验的完整信息的研究者而言非常重要。

自传式的个案研究,就像自我民族学一样,一旦由经验丰富的民族志学者完成,可以提供独特的洞察力,否则就不能成为社会科学知识的一部分了。例如,在一次严重的脊髓损伤后,人类学家Robert F. Murphy(1987)研究了他自身的状况。其中,他总结认为残疾人可以作为健全人但是他们很脆弱的提醒,这些人有时试图通过与残疾人保持距离来保护自己。这只不过是Murphy(关于Murphy的评论见Abberley,1988)的个案研究方法而不是什么研究手段的成果。

运用个案研究,研究人员可以让读者深入了解那些身患某种残疾或多种残疾的人的社会和生理背景。同样的两个残疾人,可能在不同时间在不同人生阶段致残,他们体验到的情境也大相径庭(cf. Imrie,1996:147)。比如,Matthews(1983)描述了她自身的状况,包括医生和护士都不愿意做出调整,也不能设身处地地理解残疾人的真正感受。

个案研究也让研究者获得尽可能多的关于特定残疾人如何自理生活、生活环境给他们造成了哪些障碍等细节信息。Altman(1981)强调了对问卷调查得来的信息就行补充调查的必要性。她认为这些研究虽然指出了公众对残疾人的负面反应,却没能说明是什么导致了这种负面反应(例如,恐惧、外貌和无能为力),以及这些态度是怎样发展而来的(Altman,1981:322)。个案研究在解释这些反应的来源和动态过程方面尤其有用。

个案研究还能描述愿景与渴望。如果这个世界可以变得更加适合有不同能力的人和残疾人的话,那么这种理想的情景应该是怎样的呢?这样的描述可以鼓励人们从需要做什么来适应残疾人的想法中走出来,转而思考怎样能让他们在日常生活的完全参与中获得满足。例如,Oliver and Hasler(1987:122)指出,残疾人也渴望在服务中承担责任,而不是把事情一股脑儿留给专业护理人员(另见Matthews,1983)。

个案研究提供了一种可能,即可以考察残疾人获得个人实现,并得到一视同仁对待的特定想法。比如,推动美国残疾人法案的运动让人更好地理解为平等而斗争的意义。举例来说,Pfeiffer(1993)描述了为平等而斗争最后却以歧视告终的情况(另见Shapiro,1993;Hockenberry,1995)。

个案研究有助于研究人员弄清现存的哪些方法能帮助残疾人更好地工作,哪些不能。例如,可以对特定公共政策的有效性做一个个案研究。同样地,一栋新的建筑物,比如娱乐场所是否能满足患有残疾的顾客的需要呢?这也可以通过个案研究加以考察(Mazumdar & Geis,2000)。关于执行任务有效性和法律影响(如美国残疾人法案)的研究凤毛麟角(如 West,1996;Watson,1993)。这些都须依赖汇总数据来预测特定政策的效果(如 Condrey & Brudney,1998)。好的评估包括事前和事后的研究。理想情况下,应该有一个比较组或对照组,他们由未参与到项目中的人组成。为使评估有效,还必须搜集和解释汇总数据隐藏的信息,这需要深入、身临其境地参与到项目之中。个案研究可以检视政策是否与实际行动南辕北辙,是否存在一个比评估中的项目成员更能影响结果的魅力非凡的人呢?在为评估添加了这个要素之后,其中的创新就能得到充分的认识。同样地,个案研究也可以对法律诉讼进行研究,从而弄清楚法制是怎样通过司法来帮助残疾人得到社会的接受并获得参与社会的机会,并终结歧视。建筑学家和规划专家是如何处理建筑的设计任务的(见 Mazumdar & Geis,2000)。

从现实角度看,个案研究的洞察力和理解力能使变革推动者依据当时环境采取行动,或实行开放性的政策从而使所有人都能尽可能地发挥最优能力。特别有趣的是 Watson(1993:720)的建言"残疾研究人员应该改变他们的研究方法和表达方式以推动实用的政策目标的发展"。她的信条直指研究的根本目的这一尖锐话题:为知识而知识还是学以致用,用某种方式来改变世界?前者是一个综合的探索但对不能给予社会成员直接的帮助,而政策驱动和实用的研究却让研究人员陷入迷茫,往往还有只关心自己想要的结果的副作用。简而言之,我们欢迎所有正确的知识,如果一定要排出优先顺序来的话,那些促进人类生存的知识应该摆在第一位。

最后,也许是最重要的一点是,个案研究能传达残疾人的情感。在个案研究中,研究人员可以将因残疾所致的感受表达出来。例如,Matthews(1983)描述了医生和护士对待她的方式给她带来的痛苦,以及被朋友们忽略的孤独。这些对情感的描述对引导他人理解、激励他人采取行动方面意义非凡。

结论与讨论

就研究社会现象和世界而言,个案研究是一个重要的方法。我们认为,个案研究所具有的诸多优点和特性使它成为研究残疾人的强大而有效的方法。

不过,个案研究也不是万能丹。尽管它是一个有用的工具,对某些研究问题来说却并不适合。正如其他社会研究方法一样,个案研究方法同样存在着不足。

个案研究承受过许多批评，其中不少是风马牛不相及或是不恰当的。即便如此，这些批评也有助于个案研究人员深入思考他们的工作的影响和不同的观点，并从中得到收获。不过，对个案研究方法合理性、优点和潜力的质疑可不是什么好事，必须严肃对待并加以纠正。个案研究曾经被，也正在被期刊拒绝。那些有力而深入，并且具备令人信服的论述的个案研究论文的发表值得赞赏。显然，面对一个最适合由个案研究来解决的问题却将这种方法束之高阁，这是对一个好的研究的伤害。

我们的目标是彻底理解这种方法，评估用它来研究特定问题的前景，发掘并发挥它的潜能和优势，理解它的缺点与不足，对批评做出回应，并把它用在最合适的地方。

至此我们已经介绍了对个案研究是怎样发展起来的以及它在众多领域中的应用。我们讨论了许多个案研究案例，有些是转换研究领域的手段，有些则对主要的理论框架的建立中发挥作用，或是更精确地描述社会事实。在当今的社会科学研究中，经典的个案研究仍然被频繁引用，被学生广为传阅。只要做得好，个案研究就能做出持久和重要的贡献。

个案研究方法对残疾研究有重要价值，我们鼓励在适当的地方使用这一方法。残疾研究可以像人类学、社会学、医学、决策分析、信息系统和其他众多领域一样发挥个案研究的作用。

（庞丽华、张前登译，陈功审校）

参考文献

Abberley, P. (1988). Review of book: Murphy, Robert F. 1987. The body silent. In: *Disability, Handicap & Society*, 3(3), 305-307.

Abbott, A. (1992). What do cases do? Some notes on activity in sociological analysis. In: C. Ragin & H. Becker (Eds), *What is a Case? Exploring the Foundations of Social Inquiry*. New York, NY: Cambridge University Press.

Abramson, P. R. (1992). *A case for case studies: An immigrant's journal*. Newbury Park, CA: Sage.

Allison, G. (1971). *Essence of decision: Explaining the Cuban missile crisis*. Boston, MA: Little, Brown and Co.

Altman, B. M. (1981). Studies of Attitudes Toward the Handicapped: The Need for a New Direction. *Social Problems*, 28, 321-333.

Angell, R. C. (1936). *The family encounters the depression*. New York, NY: Scribners.

Becker, H. S. (1968). Social Observation and Case Studies. In: D. L. Sills (Ed.), *International Encyclopedia of the Social Sciences* (Vol. 11, pp. 232-238). New York, NY: Macmillan & Free Press.

Becker, H. S. (1992). Cases, causes, conjunctures, stories, and imagery. In: C. Ragin & H. Becker (Eds). *What is a case? Exploring the Foundations of Social Inquiry*. New York, NY: Cambridge University Press.

Becker, H. S., Geer, B., Hughes, E. C., & Strauss, A. L. (1961). *Boys in white: Student culture in medical school*. Chicago, IL: University of Chicago Press.

Benbasat, I., Goldstein, D. K., & Mead, M. (1987). The Case Research Strategy in Studies of Information Systems. *MIS Quarterly*, 11(3), 369-386.

Berkowitz, E. D. (1987). *Disabled Policy: America's Program for the Handicapped*. Cambridge, U. K.: Cambridge University Press.

Blau, P. (1963). *The dynamics of bureaucracy*. Chicago, IL: University of Chicago Press (revised ed.).

Borland, J., & James, S. (1999). The Learning Experience of Students with Disabilities in Higher Education: A case study of a U. K. university. *Disability and Society*, 14(1), 85.

Bridgman, P. (1950). *Reflections of a Physicist*. New York, NY: Philosophical Library.

Burawoy, M. (1991). The extended case method. In: M. Burawoy et al. (Ed.), *Ethnography Unbound* (pp. 271-287). Berkeley, CA: University of California Press.

Burgess, E. W. (1927). Statistics and Case Studies as Methods of Sociological Research. *Sociology and Social Research*, 12, 103-120.

Burrell, G., & Morgan, G. (1979). *Sociological paradigms and organizational analysis*. Portsmouth, NH: Heinemann.

Cambridge, P. (1999). The First Hit: a case study of the physical abuse of people with learning disabilities and challenging behaviors in a residential service. *Disability and Society*, 14(3), 285-308.

Campbell, D. T. (1975). Degrees of Freedom and the Case Study. *Comparative Political Studies*, 8(2), 178-178.

Cavaye, A. L. M. (1996). Case study research: a multi-faceted research approach for IS. *Information Systems Journal*, 6(3), 227-242.

Condrey, S. E., & Brudney, J. L. (1998). The Americans with Disability Act of 1990: Accessing its Implications in America's Largest Cities. *American Review of Public Administration*, 28, 26-42.

Cooley, C. H. (1928). Case study of small institutions as a method of research. Publications of American Sociological Society, 22, 123-132. Also in C. H. Cooley (Ed.) (1930). *Sociological Theory and Social Research* (pp. 313-322). New York, NY: Henry Holt & Co.

Cytowic, R. E. (1993). *The man who tasted shapes: A bizarre medical mystery offers revolutionary insights into emotions, reasoning and consciousness.* New York, NY: Jeremy P. Tarcher/Putnam Books.

Eckstein, H. (1975). Case study and theory in political science. In: F. I. Greenstein & N. W. Polsby (Eds), *The Handbook of Political Science: Strategies of Inquiry* (Vol. 7, 79-137). Reading, MA: Addison-Wesley Pub. Co.

Eisenhardt, K. M. (1989). Building Theories from Case Study Research. *Academy of Management Review*, 14(4), 532-550.

Feagin, J. R., Orum, A. M., & Sjoberg, G. (Ed.) (1991). *A Case for the Case Study.* Chapel Hill, NC: University of North Carolina Press.

Foreman, P. (1948). The theory of case studies. *Social Forces*, 26, 408-419.

Frank, G. (1994). *Venus on wheels: the life history of a congenital amputee.* University of California Los Angeles Ph. D. Dissertation - Anthropology.

Gable, G. (1994). Integrating Case Study and Survey Research Methods: An Example in Information Systems, *European Journal of Information Systems*, 3(2), 112-126.

Gans, H. J. (1962/1981). *The urban villagers: Group and class in the life of Italian-Americans.* New York, NY: Free Press.

Geis, G. (1967). The heavy electrical equipment antitrust case of 1961. In: M. Clinard & R. Quinney (Ed.), *Criminal Behavior Systems: A Typology* (pp. 139-150). New York, NY: Holt, Rinehart and Winston.

Geis, G. (1991). The case study method in sociological criminology. In: J. R. Feagin, A. M. Orum & G. Sjoberg (Eds), *A Case for the Case Study* (pp. 200-223). Chapel Hill, NC: University of North Carolina Press.

Glaser, B., & Strauss, A. L. (1967). *The discovery of grounded theory: Strategies for qualitative research.* New York, NY: Aldine de Gruyter.

Gyllenhammar, P. G. (1977). *People at work.* Reading, MA: Addison-Wesley.

Hadley, R. et. Al. (1995). Integration and Its Future: a case study of primary education and physical disability. *Disability and Society*, 10(3), 309-324.

Hamel, J. (1992). The case method in sociology. *Current Sociology*, 40(1), 99-120.

Hamel, J., Dufour, S., & Fortin, D. (1993). *Case study method*, Beverly Hills, CA: Sage Publications.

Harper, D. (1992). Small N's and community case studies. In: C. Ragin, & H. Becker (Eds), *What is a Case? Exploring the Foundations of Social Inquiry.* New York, NY: Cambridge University Press.

Healy, W. (1915). *The individual delinquent: a text-book of diagnosis and prognosis for all concerned in understanding offenders.* Boston, MA: Little, Brown.

Hockenberry, J. (1995). *Moving violations: war zones, wheelchairs, and declarations of independence.* New York, NY: Hyperion.

Imrie, R. (1996). *Disability and the city: International perspectives.* New York, NY: St. Martin's Press.

Jocher, K. (1928). The Case Study Method in Social Research. *Social Forces*, 7(2), 203-211.

Kanter, R. M. (1977). *Men and women of the corporation.* New York, NY: Basic Books.

Kaplan, B., & Duchon, D. (1988). Combining Qualitative and Quantitative Methods in Information Systems Research: A Case Study. *MIS Quarterly*, 12(4), 571-587.

King, J. L., & Applegate, L. M. (1997). Crisis in the Case Study Crisis: Marginal Diminishing Returns to Scale in the Quantitative-Qualitative Research Debate. In: A. Lee, J. DeGross (Ed.), *Information Systems and Qualitative Research.* New York, NY: Chapman Publishing Co. also at: http://www.hbs.edu/applegate/cases/research

Langness, L. L. & Frank, G. (1981). *Lives: an anthropological approach to biography.* Novato, CA: Chandler & Sharp Publishers.

Lee, A. S. (1989a). Case Studies as Natural Experiments. *Human Relations*, 42(2), 117-137.

Lee, A. S. (1989b). A Scientific Methodology for MIS Case Studies. *MIS Quarterly*, 13(1), 33-52.

Lieberson, S. (1992). Small N's and big conclusions: an examination of the reasoning in comparative studies based on a small number of cases. In: C. Ragin & H. Becker (Eds), *What is a Case? Exploring the Foundations of Social Inquiry.* New York, NY: Cambridge University Press.

Liebow, E. (1967). *Tally's corner.* Boston, MA: Little Brown.

Lindner, R. (1996). *The Reportage of Urban Culture: Robert Park and the Chicago School.* New York, NY: Cambridge: University Press.

Lipsky, M. (1980). *Street-level bureaucracy: Dilemmas of the individual in public services.* New York, NY: Russell Sage Foundation.

Lohman, J. D. (1937). The participant observer in community studies. *American Sociological Review*, 2, 890-898.

Long, C. G., & Hollin, C. R. (1995). Single Case Design: A Critique of Methodology and Analysis of Recent Trends. *Clinical Psychology and Psychotherapy*, 2(3), 177-191.

Luthans, F., & Davis, T. R. V. (1982). An Idiographic Approach to Organizational Behavior Research: The Use of Single Case Experimental Designs and Direct Measures. *Academy of Management Review*, 7(3), 380-391.

Malinowski, B. (1922/1984). *Argonauts of the Western Pacific.* Prospect Heights, IL: Waveland.

Markus, M. L. (1989). Case Selection in a Discomfirmatory Case Study. In: *The Information Systems Research Challenge* (pp. 20-26). Harvard Business School Research Colloquium, Boston: Harvard Business School.

Matthews, G. F. (1983). Voices from the Shadows: *Women with Disabilities Speak Out.* Toronto, Canada: Women's Educational Press.

Mazumdar, S. (1995). How Birds of a Feather Flock Together in Organizations: The Phenomena of Socio-Physical Congregation and Distancing. *Journal of Architectural and Planning Research*, 12(1), 1-18.

Mazumdar, S. (1988). *Organizational culture and physical environments: A study of corporate headoffices.* Cambridge, MA: M.I.T., Department of Urban Studies and Planning, unpublished Ph.D. dissertation.

Mazumdar, S., & Geis, G. (2000). Stadium Sightlines and Wheelchair Patrons: A Case Study in Implementation of the ADA. *Research in Social Science and Disability*, 1, 205-234.

Mazumdar, S., & Mazumdar, S. (in press). Silent Resistance: A Hindu Child Widow's Lived Experience. In: A. Sharma & K. K. Young (Ed.), *The Annual Review of Women in World Religions* (Vol. VII). Buffalo, NY: State University of New York Press.

McCutcheon, D., & Meredith, J. (1993). Conducting Case Study Research in Operations Management. *Journal of Operations Management*, 11, 239-256.

Meier, R. F., & Geis, G. (1997). *Victimless Crime?: Prostitution, drugs, homosexuality, abortion.* Los Angeles, CA: Roxbury.

Merriam, S. B. (1988). *Case Study Research in Education: A qualitative approach.* San Francisco, CA: Jersey-Bass.

Miles, M. B. (1979). Qualitative data as an attractive nuisance: The problem of analysis. *Administrative Science Quarterly*, 24, 590-601.

Mitchell, J. C. (1983). Case study and situational analysis. *Sociological Reviews*, 31(2), 187-211.

Murphy, R. F. (1987). *The Body Silent.* New York, NY: Henry Holt & Co.

Nagler, M. (Ed.) (1990). *Perspectives on disability: Text and readings on disability.* Palo Alto, CA: Health Market Research.

Newell, C. (1997). Powerful Practices: an Australian case study of contested notions of ethical disability research. *Disability and Society*, 12(5), 803-810 Current Issues.

Oliver, M., & Hasler, F. (1987). Disability and Self-help: a case study of the Spinal Injuries Association. *Disability, Handicap & Society*, 2(2), 113-125.

Orlikowski, W. J., & Baroudi, J. J. (1991). Studying Information Technology in Organizations: Research Approaches and Assumptions. *Information Systems Research*, 2(1), 1-28.

Orlikowski, W. J., Markus, M. L., & Lee, A. S. (1991). A Workshop on Two Techniques for Qualitative Data Analysis: Analytic Induction and Hermeneutics. In: J. I. DeGross et al. (Eds), *Proceedings of the Twelfth International Conference on Information Systems* (pp. 390-391). New York, NY: Society for Information Management & Association for Computing Machinery.

Pare, G., & Elam, J. J. (1997). Using Case Study Research to Build Theories of IT Implementation. In: A. S Lee, J. Liebenau & J. I. DeGross (Eds), *Information Systems and Qualitative Research* (pp. 542-568). London: Chapman and Hall.

Pfeiffer, D. (1993). Overview of the disability movement: History, legislative record, and political implications. *Policy Studies Journal*, 21(4); 724-733.

Platt, J. (1983). The development of participant observation in sociology: Origin, myth and history. *Journal of the history of behavioral science*, 19, 379-393.

Platt, J. (1992a). 'Case Study' in American methodological thought. Current Sociology, 40(1), 17-48.

Platt, J. (1992b). Cases of cases…of cases. In: C. Ragin & H. Becker (Eds), *What is a Case? Exploring the Foundations of Social Inquiry*. New York, NY: Cambridge University Press.

Ragin, C. C. (1992). "Casing" and the process of social inquiry. In: C. Ragin & H. Becker (Eds), *What is a Case? Exploring the Foundations of Social Inquiry*. New York, NY: Cambridge University Press.

Ragin, C., & Becker, H. (Eds) (1992). *What is a case? Exploring the Foundations of Social Inquiry*. New York, NY: Cambridge University Press.

Riemer, J. W. (1979). *Hard hats: The world of construction workers*. Beverly Hills, CA: Sage Publications.

Robertson, I. (1987). *Sociology* (3rd ed.). New York, NY: Worth.

Robey, D., & Sahay, S. (1996). Transforming Work through Information Technology: A Comparative Case Study of Geographic Information Systems in County Government. *Information Systems Research*, 7(1), 93-110.

Robinson, W. S. (1951). The logical structure of analytic induction, *American Sociological Review*, 16, 812-818.

Robinson, W. S. (1952). Rejoinder to comments of 'The logical structure of analytic induction'. *American Sociological Review*, 17, 494.

Rohlen, T. P. (1974). *For harmony and strength: Japanese white collar organization in anthropological perspective*. Berkeley, CA: University of California Press.

Saucer, C. (1993). *Why Information Systems Fail: A Case Study Approach*, Henley-on-Thames, U. K.: Alfred Waller Ltd.

Schutz, A. (1967). *Collected paper I: Studies in social reality*. The Hague, Netherlands: Martinus Nijhoff.

Shapiro, J. P. (1993). *No Pity: People with disabilities forging a new civil rights movement*. New York, NY: Times Books/Random House.

Shaw, C. R. (1930/1996). *The Jack-Roller*. Chicago, IL: University of Chicago Press.

Sherif, M., & Sherif, C. W. (1956). *An outline of social psychology* (Rev. ed.). New York, NY: Harper.

Simons, H. (Ed.) (1980). *Towards a science of the singular: essays about case study in educational research and evaluation*, Norwich [Norfolk], U. K.: Centre for Applied Research in Education, University of East Anglia, Series title: CARE occasional publication; no. 10.

Stake, R. E. (1978). The Case Study Method of Social Inquiry. *Educational Researcher*, 7, 5-8.

Stake, R. E. (1994). Case Studies. In: N. K. Denzin & Y. S. Lincoln (Eds), *Handbook of Qualitative Research* (pp. 236-248). Newbury Park, CA: Sage.

Stake, R. E. (1995). *The Art of Case study Research*, Thousand Oaks, CA: Sage.

Stoecker, R. (1991). Evaluating and Re-thinking the Case Study. *Sociological Review*, 39, 88-112.

Stouffer, S. (1930/1980). *An experimental comparison of statistical and case study methods in attitude research*. New York, NY: Arno.

Strauss, A., & Corbin, J. (1990). *Basics of qualitative research: Grounded theory procedures and techniques*. Newbury Park, CA: Sage.

Thomas, W. I., & Znaniecki, F. (1918-1920). *The Polish peasant in Europe and America: Monograph of an immigrant group*. Chicago, IL: University of Chicago Press.

Thrasher, F. M. (1927). *The gang: A study of 1,313 gangs in Chicago*. Chicago, IL: University of Chicago Press.

Treece, A., Gregory, S., Ayers, B., & Mendes, K. (1999). 'I always do what they tell me to do': Choice-making opportunities in the lives of two older persons with severe learning difficulties living in a community setting. *Disability and Society*, 14(6), 791-804.

Turnbull, C. M. (1962). *The forest people: A study of the Pygmies of the Congo*. New York, NY: Touchstone.

Uba, L. (1994). *Asian Americans: Personality Patterns, Identity and Internal Health*. New York, NY: The Guildford Press.

Van Maanen, J. (1978). The Asshole. In: P > K > Manning & J. Van Maanen (Ed.), *Policing: A View From the Streets* (pp. 221-238). New York, NY: Random House.

Van Maanen, J. (1985). Power in the bottle: Informal interaction and formal authority. M. I. T. manuscript.

Van Velsen, J. (1967/1979). The extended case method and situational analysis. In: A. L. Epstein (Ed.), *The Craft of Social Anthropology* (pp. 129-149). Oxford, U.K.: Pergamon Press.

Vaughn, D. (1992). Theory elaboration: the heuristics of case analysis. In: C. Ragin & H. Becker (Eds), *What is a Case? Exploring the Foundations of Social Inquiry*. New York, NY: Cambridge University Press.

Walsham, G. (1995). Interpretive case studies in IS research: nature and method. *European Journal of Information Systems*, 4, 74-81.

Walsham, G., & Waema, T. (1994). Information Systems Strategy and Implementation: A Case Study of a Building Society. *ACM Transactions on Information Systems*, 12(2), 150-173.

Walton, J. (1992). Making the theoretical case. In: C. Ragin & H. Becker (Eds), *What is a Case? Exploring the Foundations of Social Inquiry*. New York, NY: Cambridge University Press.

Watson, S. (1993). Disability policy as an emerging field of mainstream public policy. *Policy Studies Journal*, 21, 720-724.

Watts, A. W. (1951). *The Wisdom of Insecurity*, NY: Pantheon Books.

Webb, E. J., Campbell, D. T., Schwartz, R. D., Sechrest, L., & Grove, J. B. (1981). *Non-reactive Measures in the Social Sciences*. Boston: Houghton Mifflin.

West, J. (Ed.) (1996). *Implementing the Americans with Disabilities Act*. Cambridge, MA: Blackwell.

White, H. C. (1992). Cases are for identity, for explanation, or for control. In: C. Ragin & H. Becker (Eds), *What is a Case? Exploring the Foundations of Social Inquiry*. New York, NY: Cambridge University Press.

Whyte, W. F. (1943/1955). *Street corner society: The social structure of an Italian slum*, Chicago, IL: University of Chicago Press.

Wieviorka, M. (1992). Case Studies: history or sociology? In: c. Ragin & H. Becker (Eds), *What is a Case? Exploring the Foundations of Social Inquiry*. New York, NY: Cambridge University Press.

Wulf, H. H. (1973). *Aphasia, my world alone*, Detroit, MI: Wayne State University Press.

Yin, R. K. (1981a). The case study as a serious research strategy. *Knowledge: Creation, diffusion, utilization*, 3, 97-114.

Yin, R. K. (1981b). The case study crisis: Some answers. *Administrative Science Quarterly*, 26, 58-65.

Yin, R. K. (1993). *Application of case study research*, Newbury Park, CA: Sage.

Yin, R. K. (1994/1989). *Case study research: Design and methods*. Thousand Oaks, CA:

Sage.

Young. K. (1931). Frederic Thrasher's Study of Gangs. In: S. Rice (Ed.), *Methods of Social Science: A Case Study* (pp. 511-527). Chicago, IL: University of Chicago Press.

Young, P. V. (1956). The case study method. In: *Scientific social surveys and research; an introduction to the background, content, methods, principles, and analysis of social studies* (3rd ed., sociology series, Ch. 1o, pp. 226-254). Englewood Cliffs, NJ: Prentice-Hall.

Znaniecki, F. (1934). *The method of sociology.* New York, NY: Farrar & Rinehart.

关于作者

芭芭拉·奥尔特曼

社会学家，获马里兰大学博士学位，现任美国国家健康统计中心（NCHS）高级研究员和残疾统计特别助理。她同时是马里兰大学兼职副教授。在这之前，她是美国国家健康保健研究质量局的高级研究员，负责医疗花费截面调查（MEPS）中的残疾和健康状态测度，并具体执行使用 MEPS 的研究计划。她曾任残疾研究学会主席，也是该学会的创始会员。她在残疾研究上的方向主要集中在三个领域：残疾定义的操作化/调查数据的测量；残疾人对卫生保健服务的获得、赞助和利用，尤其是劳动年龄人群和女性残疾人；初次、二手和第三手资源对残疾结果的影响。她在残疾问题上发表了许多文章、出版了许多相关的书籍，同时担任《残疾研究季刊》和《残疾政策研究》的编辑。

沙龙·巴尼特

芝加哥大学博士，现任盖劳迪特大学教授。她的研究兴趣在于耳聋和残疾与性别、社会经济地位和社会运动的关系，以及美国和其他发展中国家的社会政策。她是《现在就要聋人当校长：1988年加劳德特大学运动》和即将出版的一本关于残疾社区争议性政治行动的著作的共同作者之一。她还发表了许多论文与专著，也是《残疾政策研究》妇女和残疾专题以及《残疾研究季刊》耳聋专题的编辑之一。她曾任残疾研究学会主席和会员，还参与过医学研究所康复科学与工程评价委员会的工作，并承担过好几份残疾相关刊物的编辑工作。她在美国社会学会相当活跃，曾在这里发表过不少与残疾相关的论文，组织过许多相关的论坛。

萨拉·鲍姆

伊利诺伊大学芝加哥分校调查研究实验室研究助理。她目前是伊利诺伊大学芝加哥分校城市规划与公众项目的在读研究生，研究领域为残疾政策。

苏姗·福斯特

1983年获雪城大学特殊教育与康复学博士学位。1984年起到位于罗切斯特理工学院的美国国立聋人技术学院工作,担任研究系的教授,并负责耳聋和听力障碍人士的中等教育项目。她是一位定性研究方法专家,在聋人教育和就业问题上著述颇丰,其中包括两本专著(《与聋人一起工作:工作场所的可及性和便利性》,Charles C. Thomas 出版社 1992 年版;以及《聋人的大学教育》,与 Gerard Walter 合编,Routledge 出版社 1992 年版)。

苏珊·加贝尔

克利夫兰州立大学教育学系助理教授,主要教授学科课程论(curriculum theory)。从事比较残疾研究,残疾研究的定性方法和残疾研究与课程理论的结合。斯迪亚·维瓦斯(Siddhi Vyas)是这个项目的主要研究助理,在这篇文章写作期间她还是密歇根大学的研究生,目前生活在印度孟买。希特·帕特尔(Hetal Patel)和斯沃普泥奥·帕特尔(Swapnil Patel)是密歇根大学的本科生,参与了这个项目的助理研究工作。本项目得到教员科研补助金的资助,该项资助颁发给第一作者,当时她是密歇根大学的教授。

吉尔伯特·盖斯

博士,加州大学尔湾分校犯罪、法律和社会系的名誉教授。曾任美国犯罪学会主席,因杰出的研究工作而被授予该学会颁发的 Edwin H. Sutherland 奖。他最后一本著作是《本世纪的犯罪:从 Leopold 和 Loeb 到 O. J. Simpson》(与 Leigh Bienen 合著,波士顿:东北大学出版社 1998 年版)。

贝思·A. 哈勒

博士,马里兰州陶森大学大众传播和传播学系助理教授。她从 1990 年起致力于残疾人和残疾刊物在新闻媒体中形象的研究。她的研究成果散见于《大中传播评论》、《杂志与新媒体研究》、《流行电影与电视》、《残疾研究季刊》、《社会科学与残疾》、《新泽西传播研究》和《新闻史》等刊物。

珍妮佛·赫斯

美国普查局住房与家庭经济统计办公室分析员。之前的工作领域是人口学家庭住户调查问卷设计与测量研究,目前从事 Program Dynamics 调查中福利改革数据的分析工作。

蒂莫茜·约翰逊

1988年获得肯塔基大学医学社会学博士学位。曾在校立调查研究中心从事研究工作长达18年之久，现任伊利诺伊大学调查研究实验室主任。Johnson博士还是伊利诺伊大学芝加哥分校公共管理系的副教授。他的研究兴趣集中于调查测量误差和药物滥用的社会流行病学。

凯瑟琳·基利

美国普查局调查统计专家。近来，她的主要研究工作是2000年人口普查重复调查中各种覆盖率评估的计算机辅助工具的发展以及行为编码在调查员辅助的调查工具上的应用。

南茜·马修威兹

马里兰大学调查方法联合项目助理教授，同时是密歇根大学的兼职研究员（社会学研究所）和兼职副教授（社会学系）。她获威斯康星大学理学学士（社会学），并在密歇根大学获得理学硕士（生物统计）和哲学博士学位（社会学）。她从事教学和研究工作，并在调查方法，尤其是应答误差的测量和消除方面发表了许多著作。她还是美国统计学会和美国公共意见研究协会的会员。

贝蒂娜·马提席可

温哥华特区的一位社会工作者，她从1983年起就与智力残障人士一起工作。目前是一个住宅小区里4位年轻的女性智力残障者和精神病患的监护人。本文来自她完成于1998年的硕士论文。除了提升解释性研究水平之外，她也希望这篇论文能鼓励更多处在这个领域"前线"的人能做更多的研究、发表更多的文章，从而把那些投身实践的支持工作者的集体经验表达出来。

桑乔伊·玛祖姆达

任教于加州大学尔湾分校城市与区域规划系，CA 92697-7075。他在位于印度卡拉普尔的印度理工学院获得建筑学学士学位，在城市规划系获硕士学位，并在麻省理工大学获得组织研究和环境设计博士学位。他曾经是环境设计研究学会和设计网络文化视角研究会的主席，还是《建筑与规划研究》编辑委员会的成员。他的研究成果广泛发表在《建筑与规划研究》、《环境心理学》、《环境与行为》、《城市规划》和《社会科学与残疾研究》等刊物，以及许多专著和论文集中。

杰弗里·穆尔

博士,美国普查局心理学研究员,在密歇根大学社会学系获得博士学位。他在美国普查局专攻问卷设计长达 20 多年。目前他的研究兴趣主要集中在访问员主导调查的问卷设计尤其是提升访问效果的标准化问卷设计方法。

珍妮佛·帕森斯

伊利诺伊大学调查研究实验室主任助理,也是伊利诺伊大学芝加哥分校社会学系的准博士。她目前的研究兴趣是电话调查中的非应答问题。

戴维·菲佛

夏威夷大学诺亚分校残疾研究中心的住校学者,他还与城市和区域规划系以及小儿科系(John A. Burns 医学院)有着联系。他在残疾研究领域和其他政策领域发表了一系列文章。他从罗切斯特大学拿到博士学位,他还是一个轮椅的使用者。他曾任残疾研究学会主席,现在是《残疾研究季刊》的编辑。

苏拉夫

博士,英国曼彻斯特大学教育学系教育学和大众传媒高级讲师。她从 1989 年起致力于残疾宣传和媒体关系的研究。她的研究成果发表在《多种弱能人》、《残疾》、《残障与社会》、《社会科学与残疾研究》、《澳大利亚残疾评论》、《残疾研究季刊》和《英国特殊教育》等期刊上。

珍妮佛·罗格博

美国普查局调查方法研究中心的社会科学统计学家。她的研究兴趣主要在于问卷设计评估,并且评估预调查技术在降低测量误差方面的作用。

汤姆·莎士比亚

博士是纽卡斯尔政策、道德和生命科学研究所的发展官员,致力于从社会和道德角度来促进基因问题的研究和学术争鸣。此前,他先后在英国的剑桥大学、利兹大学和桑德兰大学任教或从事研究。作为英国残疾运动的成员之一,他的著作包括《残疾人的性政治》和《残疾读者和残疾探索》。

尼克·沃森

博士是苏格兰爱丁堡大学护理学系的讲师。他在健康和残疾领域发表了大量文章和专著,目前他的研究兴趣包括一个关于轮椅的社会历史的项目。他也是英国残疾运动的成员,同时也是苏格兰著名的残疾人组织 Accessibility Lothian 的召集人。

后　　记

"社会科学视角下的残疾研究"丛书于 2008 年开始筹备翻译工作，是中国残疾研究领域首套从社会科学研究的视角关注残疾理论与方法、研究进展及学科发展方向、调查实践和测量方法专业书籍，由北京大学人口研究所师生通力完成。

该丛书由郑晓瑛教授和张国有教授组织翻译，经过数次集体讨论，确定了初译、翻译、审校的人选，由张蕾博士担任丛书的总体协调、具体组织和联系出版工作。"社会科学视角下的残疾研究"丛书共有四卷：第一卷《拓展残疾社会科学研究的领域》由林艳博士组织翻译，郑晓瑛教授审校；第二卷《残疾理论研究进展及学科发展方向》由刘岚副教授组织翻译，陈功教授审校；第三卷《利用调查数据研究残疾问题：美国残疾人访问调查研究结果》由武继磊副教授组织翻译，宋新明教授审校；第四卷《国际视野下的残疾测量方法：建立具有可比性的测量方法》由张蕾博士组织翻译，庞丽华副教授审校。在此感谢贺新春、赵声艳、张先振、石孟卿、徐蒙、董迷芳、胡国扎、周媛、高羽、杨存、杨爽、张冰子、李庆峰、解韬、陈华、张前登、丁杰、孙慧杰、陈三军、林淦、孙铭徽、徐振华、唐晓雪、古丽青、陈嵘、邱月、刘菊芬、杨蓉蓉、魏继红和郭未在初译工作中的贡献。

丛书由筹备至出版已经历四载，期间所有参与翻译和审校的教师与学生均本着高度认真的态度投入了极大地热情，力求能够达到贴切的翻译程度。也希望这一译丛的出版起到抛砖引玉的作用，为有志于从事残疾及残疾人研究的学者拓展研究思路，激发研究兴趣，也希望能够在整个社会科学领域呼唤交叉学科对残疾问题的深入研究；同时也希望从事与残疾相关事业或产业的实际工作者能从此书得到启发。由于这一译丛是我国首套从社会科学的视角关注残疾问题的研究译著，因此，在翻译水平上会存在这样或那样的不足和问题，我们也真诚地欢迎大家提出宝贵意见，以便我们不断提高我国在这一领域的研究水平，将更多更好的国际经验引入到中国的实践中来。

译者

2012 年 9 月 16 日